JN432301

사례와 법제로 살펴보는

다문화사회와 문화다양성

김양미

KNOWLEDGE COMMUNITY 공동체

머리말

현대는 다양성의 시대, 다문화의 시대이다. 다문화를 광의적 차원으로 접근하면 인종이나 민족의 다양성뿐 아니라, 남성의 문화와 여성의 문화, 젊은이의 문화와 노인문화, 장애인의 문화와 비장애인의 문화 등 인간 공동체의 다양한 집단의 공존 상태라 할 수 있겠지만, 현재 한국을 포함한 여러 국가가 직면한 다문화 관련 사안은 이주를 통한 이민족의 유입과 이에 대한 기존 사회의 대응에 초점을 두고 있다. 다문화와 다양성은 세계화의 진척에 따라 특정 지역이나 국가 차원에 한정되지 않으며, 지역민의 개별적 호불호와도 관계없이 작동되는 강력한 전 지구적 흐름이 되고 있다. 특히 한국의 경우 경제적 발전과 저출산 · 고령화라는 인구구조의 변동 등으로 인해 불가피하게 다양한 문화의 수용과 사회통합을 이루어야 하는 과제를 안고 있다. 이러한 상황에서 전에 겪어보지 못한 시대적 경험이 시작되면서 기대와 우려가 함께 공존하는 실정이다.

이 책은 이러한 시대적 흐름 속에 다문화에 대한 올바른 인식과 이해를 바탕으로 한 사회통합의 실현과, 지속가능한 평화의 공존을 가능케 하는 사회구성원의 역량 증진에 일조하고자 한다. 다문화와 관련한 기본적인 이해와 실태, 다양한 쟁점들의 이해를 돕기 위해 현실의 사례를 그대로 반영한 기사의 활용과, 실제 한국 사회에서 작동되고 있는 다문화 관련 법제 분석을 중심으로 기술되었다.

이 책은 총 4부로 구성되었다. 먼저 제1부에서는 다문화 이해의 가장 기본적인 토대로 전제되어야 하는 인간과 사회에 대한 이해 증진을 위하여 인간과 사회, 그리고 다문화 관련 쟁점에서 많이 거론되고 있는 인권의 기본적인 지식과 다문화에 대한 기초적 이론 등에 대해 살펴본다. 제2부에서는 인류사에서 시간적 · 공간적으로 변함없이 다문화 관련 사안의 핵심 문제가 되고 있는 차별과 인종주의에 대하여 관련 이론과 함께 역사적 사례를 통한 이해를 시도하였다. 제3부 한국 사회의 다문화 부분에서는 현재 한국 사회의 다문화 관련 논의의 주요 대상인 다문화가족, 외국인근로자, 북한이탈주민 그리고 난민에 대해 알아보았다. 마지막으로 제4부에서는 한국에서 시행 중인 다문화 관련 법안들을 살펴봄으로써 다문화에 대한 현실적인 이해와 발전 방향에 대해 논의하고자 하였다.

이 책이 의도한 현실의 사례 분석을 통한 다문화 이해라는 교육적 목적을 효과적으로 달성하기 위해 신문 등 기사를 통한 다문화의 현실 읽기를 시도하여 해당 사안과 관련된 기사를 〈기사 한 컷〉이라는 이름으로 마련하였다. 그리고 개념이나 이론의 이해를 돕기 위해 〈심화자료〉를 중간중간에 삽입하였다. 또한 제1~3부의 각 장별 말미에 〈생각 나누기〉를 넣어 장별 핵심 문제에 대한 토론의 주제를 제시하였다.

한국 사회에서 다문화 시대의 도래는 피할 수 없는 현실이다. 이제는 그동안 단일민족 신화 속에서 사회통합을 구현해 온 기존의 인식에서 벗어나 '다른 문화'를 이해하고, 동시에 우리 자신의 문화에 대해서도 객관적인 시각으로 재인식하는 통합적 관점이 필요한 시기이다. 이 책은 이러한 시대적 과제를 이해하고 머지않아 사회의 주역으로 활동할 대학생들로 하여금 그에 따른 실천적 역량을 갖추는 데 도움이 되기를 바라며 집필되었다.

책의 출간까지 다방면으로 도움을 주신 도서출판 공동체 가족 여러분께 깊은 감사의 인사를 드린다.

2023년 10월

김양미

차 례

제 3 부 한국 사회의 다문화

제 4 부 다문화 관련 법제

제 1 부

인간, 사회 그리고 문화

제1장 인간과 사회

제2장 인 권

제3장 문 화

인간은 누구나
그 인간 자신뿐만이 아니라 삼라만상이
다시는 안 돌아오는
단 한 번뿐인 방법으로 교차하는,
단 하나밖에 없는
매우 특수한
흥미 깊고도 귀중한 존재이다.

Hermann Hesse(1919). 『데미안(Demian)』 중

제 1 장 인간과 사회

1. 인간에 대한 이해

인간이 어떤 존재인지에 대한 물음은 인간의 오랜 질문이었고, 수많은 학자들에 의해 다양하게 정의되어 왔다. '나는 누구인가?', '어떻게 살아야 하는가?', '무엇을 추구해야 하는가?' 등 인간과 인간 삶에 대한 질문은 끊임없이 이어져 왔는데, 이는 인간이 어떤 곳에서 어떤 삶을 영위하든 모든 인간 삶의 다양한 영역의 핵심에는 '인간'이 있기 때문이다. 따라서 인간과 관련된 어떠한 분야라도 인간의 본질과 특징에 대한 이해가 그 출발점이 되어야 할 것이다. 특히 인간과 그를 둘러싼 환경(사회)을 중심 주제로 삼고 있는 사회과학 영역에서는 인간에 대한 이해가 필수불가결한 요소가 아닐 수 없다. 따라서 다양한 인간 혹은 그 집단 간의 공존에 대한 이해, 즉 다문화사회를 제대로 이해하려면 반드시 인간과 사회에 대한 고찰이 선행되어야 한다.

1) 유일무이하고 존엄한 인간

인간은 그 누구와도 같지 않은 각기 자신만의 독특성을 지닌 유일무이한 존재이다. 이는 각 개인은 그 누구도 다른 존재로 대체될 수 없는 개별적 자립 존재(individua subsistentia)이며, 개인 각자 자신만의 가능성을 품고 태어나 일생의 과정을 거치면서 이를 완성(자아실현)해 나가고자 하는 존재임을 의미한다. 개별적 자립 존재란 더 이상 나눌 수 없는 존재, 즉 오직 세상에 하나뿐인 전체로서의 한 인간을 뜻한다.

또한 인간은 존엄한 존재이다. 표준국어대사전에서는 존엄(尊嚴)이라는 단어의 뜻을 "1. 인물이나 지위 따위가 감히 범할 수 없을 정도로 높고 엄숙함, 2. 예전에, 임금의 지위를 이르던 말"이라고 설명하고 있다. 인간은 모두 존엄한 존재이니 인간으로 태어나 살고 있는 우리 모두는 누구도 침범할 수 없는 높고 엄숙한, 왕과 동등한 지위를 갖는 존재라고 할 수 있다. 따라서 모든 인간은 자신만의 독특한 개성을 지닌 개별적인 자립 존재로서 그 누구도 범할 수 없는 존엄한 지위를 가지고 있으며, 이러한 인간의 존엄성은 천부적이며 보편적인 인간의 특징이기에 다른 조건(인종, 지위, 재산, 권력 등)에 의해 그 경중이 가려질 수 없다는 것을 의미한다(김양미, 2018).

인간의 존엄성은 인간 자체가 가지는 절대적 가치를 의미하며, 이러한 가치를 누리고 보호하기 위하여 인권이 존재한다. 가치는 개인과 집단이 추구해야 할 행동의 방향 설정을 가능하게 하여 인간으로 하여금 옳은 것(眞)을 선택하고, 선한 것(善)을 행하며, 아름다운 것(美)을 추구하는 기준이 되며, 인간 존엄성을 핵심 가치로 한 인권은 인간이 마땅히 누려야 할 기본권의 바탕이 된다(장하성 외, 2008).

2) 자립적인 자기실현을 하는 인간

인간은 그 누구와도 같지 않은 자신만의 독자적인 가능성을 품고 태어나며, 삶을 통해 독특한 자신의 가능성을 실현하는 존재이다. 이러한 개념은 근대에 이르러 강화된 개념이다. 스토아 학파 이전 시대, 특히 고대 그리스 시대에는 공동체가 개인보다 우선시되었는데, 국가를 인간의 자기실현을 위한 필수적인 토대로 간주하여 개인은 전체의 한 부분에 지나지 않는 것으로 간주하였다. 스토아 학파[1)]에 이르러 인간은 덕을 추구하는 이성적 공동체

---

1) 스토아 학파 철학자들은 인간이 동일한 자연의 산물일 뿐만 아니라 동일한 이성의 힘을 부여받은 존재이기 때문에, 결국 동일한 법의 지배를 받는 세계국가의 동등한 시민으로 대접받아야 마땅한 존재라 역설하였다(박호성, 2012 : 79).

의 일원으로 각 개인의 차이에도 불구하고 서로 평등한 존재라는 인식의 틀이 마련되었고, 근대에 들어와 사회 전반에 걸친 새로운 규범의 창출을 배경으로 인간존엄의 사상과 각 개인의 독자성에 대한 개념이 발전되면서 개인으로서 인간은 스스로를 규정하고 실현하는 존재로 정립되었다(박호성, 2012; 우국희 외, 2015).

3) 관계를 통해 성장하는 인간

인간은 타인과의 관계를 통해 생존·성장하고, 인간다운 삶을 영위한다. 인간은 타인에게 의존하는 존재이며, 의존의 영역도 다양하고 그 기간도 길다. 예를 들면, 인간은 그 어떤 동물보다도 출생 후 타인에게 의존하는 기간이 길다. 그 이후에도 인간의 전 생애주기에 걸쳐 발생하는 다양한 문제들을 해결하기 위해서는 인간 상호 간의 도움이 필요하다. 결국 인간은 자신과 타인과의 만남을 통해 자신의 세계를 형성하고, 서로의 인격을 교환하는 과정에서 각자 자신의 세계를 확장하며, 존재 자체를 인정하는 인격적인 만남을 통해 궁극적으로 자아실현에 도달하게 된다.

인간이 타인과 관계를 맺는다는 것은 동시대, 한정된 공간에서의 만남만을 의미하지 않는다. 인간은 인류가 남긴 다양한 기록과 소통방식을 통해 시간과 공간을 넘어 타인과 교류할 수 있다. 우리가 앞선 시대를 산 위인의 삶에 감응하거나, 조상을 기억하고 그 족적을 기리는 것, 혹은 현 시대의 여러 통신 기법을 활용하여 다른 지역에 사는 사람들과 직·간접적으로 교류하는 것 등은 모두 이에 해당된다 할 것이다.

인간은 자신만의 세계 안에 갇힌 존재가 아니라 끊임없이 다른 존재와 관계를 맺으며 자신의 세계를 확장해 나가는 존재이며, 타인과의 만남을 통해 새로운 지평을 형성하게 되고 서로의 인격적 관계 안에서 성장하게 된다(김명현, 2010). 결론적으로 인간은 심리적·정서적 영역뿐 아니라 실질적인 생존 측면에서도 혼자서는 온전한 삶과 성장을 보장받을 수 없는 존재이며, 이러한 특성에 따라 서로 모여 집단을 이루고 사는데 이를 '사회'라고 한다.

2. 사회에 대한 이해

사회는 상호의존적인 특성을 지닌 인간들이 물질적·정서적으로 서로의 필요에 부응하고 협력하며 살아가는 공동체이다. 사회 안에서 인간은 인간의 개체성을 강조하는 개인(individual)이라는 의미보다는 사람(person), 즉 정치철학자인 다렌도르프(R. Dahrendorf)가 정의한 '다른 사람들과의 관계 속에서 사회적 역할을 하고 있는 누구(someone)-그가 차지하고 있는 역할의 총화'(Dahrendorf, 1973)를 뜻한다. 사회 안에서 그 구성원들은 각자의 역할을 가지며, 타인과의 관계에서 특정한 권리와 의무의 관계를 맺게 된다. 사회는 인간이 다양한 관계맺음을 통해 자아실현으로 나아가는 장(場)이며, 인간이 사회 안에서 사회구성원으로 살아가는 것은 인간의 기본적 본성이라 할 수 있다. 니버(Niebuhr)가 정의했듯이 "각각의 사람들이 살고 있는 사회는 곧 그들이 추구하는 삶의 완성을 위한 토대이자 결과"이다(Niebuhr, 1992 : 26). 인간이 사회 안에서 원만한 삶을 영위하기 위해서는 구성원들의 해당 사회에 대한 사랑, 즉 사회애(社會愛)를 바탕으로 인간 존엄성의 존중과 사회정의의 가치 실현이 필요하다. 인간 존엄성은 사회의 가장 중요한 원리이다. '존엄한 존재'인 인간은 사회를 구성하는 가장 중요한 요소이며 사회의 목적이다. 사회는 인간의 존엄성을 실현하는 장소이다. 사회의 경제·정치·문화 등 모든 하위체계와 조직은 인간의 존엄성을 인정하고 이를 실현하기 위해 존재한다(김명현, 2010). 인간 존엄성 존중과 사회정의의 가치 구현은 신뢰를 바탕으로 안정적인 환경을 제공하여 각 구성원들의 존재가치 고양과 자아실현의 장을 제공하며, 나아가 전체 사회의 바람직한 발전을 도모할 수 있게 한다.

생각 나누기

❖ 여러분이 오늘 이 자리에 있기까지 도움을 준 '소중한 타인'은 누구인가요?

❖ 여러분은 누구의 '소중한 타인'인가요?

제 2 장 인 권

1. 인권에 대한 이해

인권은 인간이 가지는 절대적 가치인 인간의 존엄성을 보호하고 사회정의를 구현하기 위하여 존재한다. 인권의 핵심 가치인 자유・평등・연대를 바탕으로 인권의 개념, 핵심 가치와 특징, 그리고 발달과정을 살펴보면 다음과 같다.

1) 인권의 개념

현대에서 인권(human rights)은 '모든 인간이 본질적으로 선천적으로 가지는 권리로서 그것이 보장되지 않으면 인간답게 살아갈 수 없는 모든 권리'(UN, 1987)로 많은 사람들이 수용하는 보편적인 개념이지만 사실 그 연원은 서구 봉건사회의 붕괴에 따른 신분제도 해체와 함께 등장한 역사적 산물이라 할 수 있다. 인권이라는 용어가 처음 등장한 것도 1789년 프랑스 혁명 이후 프랑스 국회가 채택한 헌법 서문인 「인간과 시민의 권리선언」에 처음 등장한 것으로 알려져 있다(최 현, 2008). 물론 근대 이전에도 자연법 사상이 현재의 인권 개념 특성 중 하나인 보편적 권리성 등에 영향을 준 것으로 평가되며, 이러한 자연법 사상의 영향으로 인권은 천부 인권으로 인정되기 시작하였다. 그러나 자연법 사상은 오늘날 인권의 개념과는 일치하지 않으며, 현재 인권은 권리의 개념이지만, 고대의 자연법은 권리보다는 사회구성원으로서의 의무에 가까운 개념이었다(김소연, 2016).

인권과 관련된 여러 개념정의를 살펴보면, 우선 인권을 근거로 미국 독립의 정당성을 제시하여 미국 독립에 정신적 기반을 제공한 토마스 페인(Thomas Paine)은 1791년 저술한 『인간의 권리(Rights of Man)』에서 '인간이 인간으로서 가지는 지위로 인하여 가지는 것이며, 인간의 권리는 모든 시간 모든 장소에서 모든 사람이 가지는 권리'로 정의하고 있다. 제2차 세계대전 후 전쟁의 비극을 반복하지 않기 위해 1948년 12월 10일 UN총회에서 채택한 세계인권선언(Universal Declaration of Human Rights)에서는 모든 인간은 어떤 상태나 상황에서든지 천부적으로 존엄한 존재이므로 어떠한 차별도 받지 않고 인간으로서의 모든 권리와 자유를 향유할 수 있음을 명시하고 있다.[1] 이후 1987년 국제연합이 제시한 인권에 대한 질의응답에서도 인권을 인간의 본질적이고 선천적인 권리로 정의하고 이를 인간답게 살 권리와 연결하여 정의하고 있다(UN, 1987).

국가인권위원회의 용어 정의에 따르면 인권 또는 인간의 권리란 인간이기 때문에 당연히 갖는 권리를 말한다. 국가인권위원회법 제2조 제1호는 인권을 "헌법 및 법률에서 보장하거나 대한민국이 가입·비준한 국제인권조약 및 국제관습법에서 인정하는 인간으로서의 존엄과 가치 및 자유와 권리"라고 정의하고 있다. 인권은 단순히 사람이 사람이기 때문에 갖는 권리를 말한다. 모든 사람은 시민으로서, 가족구성원으로서, 노동자로서, 또는 어떤 결사나 조직의 구성원으로서 어떤 권리와 의무를 가지느냐와 상관없이 인권을 누린다. 인권은 보편적 권리인 것이다.

만일 모든 사람이 사람이라는 이유만으로 인권을 갖는 것이라면 인권은 모든 사람에게 평등하게 주어진다. 그리고 사람이라는 사실을 폐기할 수도, 잃어버릴 수도, 몰수할 수도 없기 때문에 인권은 양도 불가능한(inalienable) 것이다(Donnelly, 2002 : 50, 국가인권위원회 인권용어사전 재인용).

---

1) 〈부록 1〉 참조 : 세계인권선언(Universal Declaration of Human Rights) 전문 기재

2) 인권의 핵심 가치

(1) 자유

인간이 인간다움을 실현하여 자신의 존엄성을 드러내기 위해서는 자신의 이성과 의지로 진리를 추구하고 선을 행하는 등 자기결정권의 원칙에 의한 능동적 선택을 할 수 있어야 하는데 이를 위해 전제되어야 할 가치가 바로 자유(freedom)이다. 자유는 18세기 시민혁명 이후 구체제에 대항하였던 근대 시민계급이 추구하였던 가장 중요한 가치이다(남기민, 2010).

자유와 관련하여 다양한 개념 정의가 있으나 많이 알려진 개념으로 이사야 벌린(Isaiah Berlin, 1909~1997)의 자유에 대한 개념 정의가 있다. 그는 자유의 개념을 무엇으로부터의 해방을 뜻하는 소극적 자유(negative freedom)와, 무엇을 향한 투신을 의미하는 적극적 자유(positive freedom)로 범주화하였다.

소극적 자유는 '~로부터의 자유(freedom from ~)'로 ~에 해당하는 것들은 무지·억압·불안·공포 등 인간다운 삶을 방해하는 모든 외부의 구속을 의미하며 따라서 이러한 것들로부터 해방되어 자신의 의지대로 행할 수 있는 것을 의미한다.

적극적 자유는 '~을 향한(위한) 자유(freedom to ~)'로 인간이 자신이 원하는 삶의 궁극적 목적을 스스로 정하고 이를 실현할 수 있는 가능성을 가지는 것을 의미한다.

자유는 인간이 사회생활을 영위하는 과정에서 인간의 존엄성을 실현하는 것과 매우 밀접한 관련이 있고 따라서 해당 사회는 본질적인 목적인 인간 존엄성의 실현을 위해 그 구성원에게 합당한 자유를 보장해 주어야 한다.

(2) 평등

평등은 자유와 더불어 본질적 가치인 인간 존엄성 추구와 사회정의 실현과 관련된 기본권적 가치로 명시되는 중요한 개념이다. 평등은 자원의 재분배와 관련된 가치로 분배의 정의와 연결된다. 자유라는 가치도 마찬가지이지만 평등 또한 그 개념 규정이 어렵고 논란이 끊이지 않는 가치이다. 그 이유는 역사적으로 인간의 사회생활은 긴 연원을 가지고 있으나 인간의 사회생활은 매우 복잡한 이해관계 속에서 끊임없이 분배와 관련된 새로운 문제를 발생시키고 있기 때문일 것이다. 인간 본성에 대한 라인홀드 니버(Reinhold Niebuhr)의 설명은 분배와 평등의 중요성을 잘 설명하고 있다.

> 인간의 재주가 인간적 욕구를 충족시키기 위해 자연이 제공해 주는 재화들을 아무리 증가시켜 준다고 하더라도, 그런 재화는 결코 인간의 욕망을 충족시켜 줄 수는 없다. 왜냐하면 인간은 다른 동물들과 달리 생존에 필요성을 넘어 욕구를 확대시키는 상상력을 갖고 태어나기 때문이다. 인간 사회는 인간 생활의 보존과 실현을 보장해 주는 자연적 혹은 문화적 산물들을 공정하게 분배해야 하는 문제로부터 절대 벗어날 수 없다(Niebuhr, 1992 : 26).

평등에 대한 개념 정의는 대략 아리스토텔레스(Aristoteles)가 구분한 '수량적 평등(numerical equality)'과 '비례적 평등(proportional equality)', 그리고 평등의 가치가 보다 완화된 개념인 '기회의 평등(equality of opportunity)'의 세 가지 개념으로 구분할 수 있다.

수량적 평등(numerical equality)은 모든 사람에게 같은 몫이 주어지는 동등한 대우가 전제되는 적극적인 평등으로 결과의 평등, 혹은 산술적 평등이라고도 한다. 비례적 평등(proportional equality)은 각자의 욕구, 능력, 공적 등에 따라 사회 자원을 분배하는 것으로 형평(equity)의 의미를 가진다. 마지막으로 기회의 평등(equality of opportunity)은 결과와는 무관하게 과정상 기회만을 똑같이 제공하는 평등을 말하며 여타 평등의 개념 중 가장 소극적인 평등이다(남기민, 2010; Gilbert & Terrell, 2005).

(3) 연대

연대(solidarity)는 '굳게 결합하다'라는 의미의 어원을 가지는 개념으로, 사회 안에서 각 개인들이 서로 밀접한 관계를 맺고 있음을 나타낸다. 인간의 모든 행동은 타인과 상호의존적으로 연결되어 있으며, 서로가 서로에게 책임과 의무의 관계하에 상호 간에 그리고 전체 사회에 영향을 미친다. 이러한 상호의존성을 인식하면서 행동하는 태도가 바로 '연대(solidarity)'이다(김명현, 2010).

인간은 전 생애에 걸쳐 타인들과 긴밀한 관계를 맺으며 서로의 삶에 영향을 미치며 살아가는데, 연대란 이러한 상호의존적인 특성을 가진 인간이 행복한 삶을 영위하기 위해 서로의 밀접한 관계를 인정하고 서로에게 책임과 의무를 다하며 서로의 삶에 형제애를 바탕으로 한 관심을 갖는 자세라 할 수 있다. 사회구성원들은 연대성의 원칙에 따라 사회의 구성원으로서 우리가 속한 사회를 발전시킬 의무가 있으며, 타인의 고통에 동참하고, 서로 간에 신뢰를 구축하여 사회 전체 구성원을 위한 공동선을 추구하여야 한다(김양미, 2018).

3) 인권의 특징

현대 사회에서 많이 거론되는 인권은 앞에서 살펴본 바와 같이 자유, 평등, 연대라는 핵심가치를 바탕으로 인간이 가진 천부적인 권리로 이해되고 있지만, 그 정의가 역사적으로 그리고 현실적으로 합의된 개념이라고 보기는 어렵다. 왜냐하면 인권은 시대적, 문화적, 사회적 조건에 의해 변화의 가능성을 가진 역동적 개념이기 때문이다. 그럼에도 인권에 대해 이해할 때 공통적으로 가지는 인권의 일반적인 특징이 있다(김영화 외, 2013; 양옥경, 2017; UN Center for Human Right, 2005).

- 인권은 인간이 태어나면서부터 가지게 되는 천부적 권리이다. - 인권은 인간의 기본적이고 필수적인 권리로, 존엄한 인간으로서 인간다운 삶을 영위할 권리가 있다는 뜻이다.
- 인권은 보편적 권리이다. - 인권은 성별, 연령, 종교, 장애 여부, 사회적 출신, 재산 등에 따른 어떠한 조건과도 관계없이 모든 인간이 인간이기에 가지는 권리이다.
- 인권은 약자를 위한 권리이다. - 인권은 어떠한 조건과도 상관없이 모든 인간이 누리는 권리이기는 하지만 현실적으로 인간으로서의 권리 행사에 불리한 위치에 놓인 약자들이 강자들에 비해 자신의 권리를 침해당하거나 박탈당하는 경우가 많으므로 약자들을 위해 확보되어야 하는 권리이다.
- 인권은 국가권력의 정당성을 판단하는 기준이 된다. - 국민에게 주권이 주어진 근대국가에서 국가는 국민의 인권을 보장해 주어야 하며, 국민은 국가에게 인권보장을 요구할 권리를 가지게 된다. 만약 국가가 국민의 인권을 억압한다면 그 국가권력은 더 이상 정당성을 가지지 못한다. 따라서 인권은 국가권력의 정당성을 판단하는 기준이 되며, 동시에 국가권력의 자의적 남용을 견제하고 권력행사의 한계를 규정하는 척도의 역할을 한다.
- 인권은 실정법으로 보장되는 한계를 넘는 권리이다. - 법이 인권보장에 기여하지 못하고 인권을 억압하는 수단으로 작동되는 경우도 있으므로 인권을 실정법에 한정할 수 없으며, 법의 한계를 넘어 인간의 존엄성을 보장해야 한다.

- 인권은 타인에게 양도할 수 없으며, 동시에 타인의 인권을 탈취할 수 없다. - 자신의 인권은 해당 개인에게만 속하는 것으로 그 누구에게도 양보하거나 양도할 수 없다는 불가양성(inalienability)을 가진다. 이는 그 누구도 다른 사람의 인권을 빼앗을 수 없다는 의미로, 만약 누군가 자신의 권리를 이용해 타인의 권리를 침해하고자 하면 그 사람의 권리를 제한할 수 있다.

4) 인권의 발달과정

인권(human rights)은 인간이 인간으로서 가지게 되는 보편적 권리로 알려져 있지만 인간과 관련한 다양한 가치를 포함하고 있어 시간적·공간적인 변화에 따라 변화와 진화의 가능성을 가진 개념이며, 실제적으로도 핵심 내용을 달리하며 개념의 변화를 거듭하고 있다.

17세기와 18세기에 자유주의 사상에 기반하여 개인이 사회(국가)에 대해 자신의 재산 소유와 자유를 하나의 권리로 주장하였고, 이러한 주장이 자연권 사상에 근거하여 천부적인 성격을 지닌 인권으로 확립되었다. 그러나 당시에 논의된 인권은 남성-백인-재산 소유자의 권리였을 뿐 그 외 여성, 노동자, 유색인 등은 인권의 주체가 될 수 없었다. 이후 사회구성원들 간의 갈등과 투쟁의 과정을 거쳐 인권의 주체와 그 내용이 확대되어 오늘날 적어도 개념적으로는 인권의 보편성이 인정되는 단계에 이르고 있으며, 나아가 국가에 대한 개인의 권리로서뿐 아니라 전 공동체에 집단적으로 적용되는 권리로 발전하고 있다. 이러한 인권의 변화과정을 UN의 구분을 중심으로 정리해 보면 다음과 같다(UN Center for Human Right, 2005).

(1) 제1세대 인권 : 자유권

첫 번째 단계인 제1세대 인권은 시민적·정치적 자유권을 중심내용으로 하며, 기존 신분질서 중심의 봉건체제에 대항하여 자유와 평등을 바탕으로 근대 시민국가 건설의 사상적 기반이었다. 또한 국가권력의 존재 이유와 정당성의 근거를 인권의 보장에서 찾음으로써 근대적인 인권보장체제를 확립할 수 있는 기반을 제공하였다(김영화 외, 2013).

자유권은 민주사회에서 개인이 가지는 기본적인 권리로 시민권으로 칭해지기도 한다. 자유권은 국가의 간섭을 받지 않고 자유롭게 생활할 수 있는 권리로, 누구나 법률에 의하지 않고는 체포 구속되지 않는다는 신체의 자유권, 종교의 자유, 언론·출판의 자유 등과 같은 정신적 자유권, 거주이전의 자유, 주거의 자유와 같은 사생활 관련 자유권, 재산보장의 자유, 직업선택의 자유와 같은 사회·경제적 자유권 등이 해당된다(김양미, 2018). 시민적·정치적 권리를 강조하는 제1세대 인권은 세계인권선언(Universal Declaration of Human Rights) 제3조부터 제21조, 국제인권규약(International Covenants on Civil and Political Rights)[2] 중 자유권과 관련된 B규약, 우리나라 헌법 제12조, 제20조, 제21조, 제14조, 제16조, 제23조, 제15조 등에도 각 내용이 명시되어 있다.[3]

제1세대 인권인 자유권은 적극적인 행동을 통해 실현되는 권리라기보다는 이미 인간이 인간으로서 가지게 된 권리이므로 이에 대한 위협이나 침해

---

2) 세계인권선언(1948)에서 제창한 이상을 실현하기 위한 조약으로, 1966년 제21회 유엔총회에서 채택되어 1976년 발효되었다. '경제적 사회적 문화적 권리에 관한 규약'(A규약)과 '시민적 정치적 권리에 관한 규약'(B규약)으로 나뉘는데, A규약에서는 '노동자의 단결권'과 '사회보장', B규약에서는 '비인도적 처우의 금지'와 '소수민족의 권리' 등을 보장받을 권리로서 명시하고 있다(이철수, 2013).

3) 제12조 모든 국민은 신체의 자유를 가진다.
제14조 모든 국민은 거주·이전의 자유를 가진다.
제15조 모든 국민은 직업선택의 자유를 가진다.
제16조 모든 국민은 주거의 자유를 침해받지 아니한다.
제17조 모든 국민은 사생활의 비밀과 자유를 침해받지 아니한다.
제18조 모든 국민은 통신의 비밀을 침해받지 아니한다.
제19조 모든 국민은 양심의 자유를 가진다.
제20조 모든 국민은 종교의 자유를 가진다.
제21조 모든 국민은 언론·출판의 자유와 집회·결사의 자유를 가진다.
제22조 모든 국민은 학문과 예술의 자유를 가진다.
제23조 모든 국민의 재산권은 보장된다.

가 일어나지 않도록 국가가 보호해 주어야 하는 권리이다. 이런 이유로 자유권은 쟁취되거나 실현되는 권리가 아니라 기존에 이미 가진 것을 빼앗기지 않도록 보호되어야 하는 권리라는 측면에서 소극적인 권리로 간주된다(양옥경, 2017).

17세기 이후 주장되고 확산된 자유권은 자본주의 초기 사상적 기반이 되었지만 현실에서의 불평등을 외면한 채 인간에 대한 추상적 평등의식에 근거한 자유방임적 특성의 자본주의 확장은 자본가들의 이익에만 부합될 뿐 실제 당시 노동자계층은 열악한 노동환경과 심각한 불평등에 처하게 되었다. 부의 극심한 양극화와 노동자계층의 피폐화는 장기적인 관점에서 자본주의 사회의 존립을 위협하는 요인으로 작용될 수 있기에 인간의 권리에 대한 새로운 관점이 요청되었다.

(2) 제2세대 인권 : 평등권

개인이 가진 자유권을 강조한 초기자본주의가 가진 관념상 '모든 사람은 평등하다'는 추상적인 관점이 불평등한 현실적·실제적 상황과 유리된 채 다양하고 심각한 사회문제를 유발하자, 무한한 자유방임이 아닌 시장에 대한 국가의 일정 부분 관여를 통해 실질적 평등을 실현하여 약자를 보호하고 정의를 실현하고자 제시된 것이 제2세대 인권인 평등권이다. 평등권은 사회권이라고도 하며 사회복지와 밀접한 관계가 있다.

제2세대 인권에서 강조되고 있는 평등권은 모든 사람은 법 앞에 평등하며 누구든지 성별·종교 또는 사회적 신분에 의하여 경제적·사회적·문화적 생활의 모든 영역에 있어서 차별을 받지 아니하고, 국가에게 인간다운 생활과 근로의 권리, 교육받을 권리, 나아가 문화를 향유할 권리를 요구할 수 있음을 의미한다. 세계인권선언(Universal Declaration of Human Rights) 제22조와 제25조, 국제인권규약(International Covenants on Civil and Political Rights) 중 A규약, 그리고 우리나라 헌법 제34조, 제32조, 제31조, 제35조 등에 명시된 조문이 이에 해당한다.

제1세대 인권이 자유권으로 본격적인 시장경쟁체제의 자본주의를 본격화 시켰다면, 제2세대 인권은 평등권을 바탕으로 인간적인 삶의 보장을 요구하는 사회권으로 관점을 확장시켜 초기자본주의가 초래한 사회문제를 극복하고 민주주의가 확대되는 결과를 가져왔다(김영화 외, 2013). 또한 소극적 권리로 여겨졌던 제1세대 인권과는 달리 제2세대 인권은 국가에게 다양한 사회보장제도를 통해 국민의 인간다운 삶을 보장하도록 요구한다는 측면에서 적극인 권리로 간주된다.

국제인권규약
(International Covenants on Civil and Political Rights)
- 경제적, 사회적 및 문화적 권리에 관한 국제규약(전문 일부)

이 규약의 당사국은, 국제연합 헌장에 선언된 원칙에 따라 인류사회의 모든 구성원의 고유의 존엄성 및 평등하고 양도할 수 없는 권리를 인정하는 것이 세계의 자유, 정의 및 평화의 기초가 됨을 고려하고, 이러한 권리는 인간의 고유한 존엄성으로부터 유래함을 인정하며, 세계인권선언에 따라 공포와 결핍으로부터의 자유를 향유하는 자유 인간의 이상은 모든 사람이 자신의 시민적, 정치적 권리뿐만 아니라 경제적, 사회적 및 문화적 권리를 향유할 수 있는 여건이 조성되는 경우에만 성취될 수 있음을 인정하며, 인권과 자유에 대한 보편적 존중과 준수를 촉진시킬 국제연합 헌장상의 국가의 의무를 고려하며, 타 개인과 자기가 속한 사회에 대한 의무를 지고 있는 개인은, 이 규약에서 인정된 권리의 증진과 준수를 위하여 노력하여야 할 책임이 있음을 인식하여, 다음 조문들에 합의한다.

(채택일 1966. 12. 16. / 발효일 1976. 1. 3. / 당사국 수 143 / 대한민국 적용일 1990. 7. 10)

출처 : 국가인권위원회(www.humanrights.go.kr).

(3) 제3세대 인권 : 연대권

제3세대 인권은 연대권, 집단권, 환경권 등으로 불린다. 이전 세대의 인권이 개인을 대상으로 했다면, 제3세대 인권은 개인뿐 아니라 개인들의 집합체를 대상으로 한 공동의 권리를 강조한다.

제3세대 인권은 이전 세대의 주류인 남성, 백인, 자본가계급 관점을 극복하고 그간 소외되어 있었던 여성, 유색인, 소수민족을 대상으로 성차별, 인종차별, 국제사회 내 빈부격차, 핵전쟁 위협, 환경파괴에 따른 환경문제 등 개인의 노력만으로 해결이 불가한 사안에 대한 국제적 문제에 대한 각성에서 나온 인권의 새로운 분야로, 전 지구적 관점에서 경제개발과 성장에 대한 공유의 권리, 전쟁 반대 및 평화 정착의 요구, 사회적 조화 및 건강하고 깨끗한 환경을 누릴 권리 등이 포함된다(김영화 외, 2013; 우수명 외, 2015).

<표 2-1> 인권의 변화과정

	제1세대 인권	제2세대 인권	제3세대 인권
발현시기	17~18세기	19세기	20세기
관련 권리	자유권(시민권)	평등권(사회권)	연대권 (평화권, 집단권, 환경권)
주요 내용	• 시민적·정치적 자유권 • 소극적 권리 • 신체적 자유 • 정신적 자유 • 사생활 보장 • 사회경제적(사유재산) 자유 • 선거권	• 경제·사회·문화적 권리 • 적극적 권리 • 노동권 • 인간다운 삶을 영위할 권리 • 사회보장을 받을 권리 • 분배 정의의 실현	• 평화주의 • 집합적 권리 • 환경권 • 평화 추구 • 흑인민권운동 • 민족해방 운동 • 전쟁 반대

2. 다문화사회와 인권

인권은 인간의 존엄성 인정을 기본으로 한다. 인간이 태어날 때 타고난 여러 조건들과 이후 처해지는 상황이 어떠하든 상관없이 인간이 단지 인간이라는 이유만으로 가지는 권리가 인권이다. 인권은 세계화와 교통의 발달 등으로 빈번하고 긴밀한 교류가 불가피한 현대 사회에서 일국을 넘어 세계의 평화와 안정의 초석이 된다. 인권에 대한 국제사회의 최초의 선언이라 할 수 있는 세계인권선언 전문에 명시된 바와 같이 '인류가족 모두의 존엄성과 양도할 수 없는 권리를 인정하는 것이 세계의 자유, 정의, 평화의 기초'인 것이다.

인권은 다문화사회의 통합과 밀접한 관계가 있다. 인권에 대한 이해와 인식은 다문화사회에서 나와 다른 문화적 배경을 가진 타인과 평화롭게 공존하기 위한 필수불가결한 요소가 될 것이다. 만약 인간의 존엄성 인정에 기반한 인권적 사고에 기초하지 않은 채 단지 여러 문화의 공존질서 유지를 위한 형식적 제도 마련만 추구한다면 실질적인 통합은 어려울 것이며, 오히려 특정 문화에 대한 편견과 차별이 조장되고, 다문화라는 단어의 의미가 왜곡될 수도 있다. 따라서 다문화사회에서의 통합은 서로 간의 인간 존엄성의 존중에 바탕을 두고, 자신의 문화뿐 아니라 타 문화가 가지는 우수성을 인정하고, 선입견과 차별 없이 서로 이해하고 소통하는 가운데 공동선을 이루는 방향으로 진전될 필요가 있다.

최근 우리 사회는 결혼이주민을 포함한 다문화가족의 확산과 노동시장의 필요에 의해 수급되고 있는 외국인 근로자 증가, 우리나라의 특수한 역사적 상황에 의한 북한이탈주민 유입 등 일련의 사회변화에 따른 다문화사회로 진입하고 있다. 이러한 흐름은 개인의 선호를 넘어 이제 돌이킬 수 없는 시대적 변화이며, 남은 과제는 성공적인 사회통합을 이루는 것이다. 그러나 많이 알려지고 있듯이 이전에 경험에 보지 못한 상황에 따른 갈등과 혼란이 존재하는 것도 사실이다.

생각 나누기

❖ 여러분은 인권이 침해되는 것을 경험하거나 목격한 적이 있나요? 여러분이 차별받았거나, 다른 사람이 차별받는 것을 보았을 때 어떻게 했나요?

❖ 여러분은 타인의 인권을 침해한 적이 있나요? 무엇 때문이었나요? 같은 상황이 반복된다면 어떻게 해야 할까요?

제 3 장 문 화

1. 문화의 개념

문화란 사전적 의미로는 '사회의 개인이나 인간 집단이 자연을 변화시켜 온 물질적 · 정신적 과정의 산물'(한국민족문화대백과), 또는 '인간이 사회구성원으로 습득한 지식, 신념, 예술, 도덕, 법률, 풍습, 능력, 습관 등을 포괄하는 복합체로 사회구성원들에 의해 습득, 공유, 전달되는 행동양식 혹은 생활양식의 과정'(Peterson, 2004) 등으로 정의되지만 실제로는 다양한 의미를 함축하고 있어 단순하게 정의하기 어려운 개념이다. 서양의 경우 문화(culture)의 어원은 경작(耕作)이나 재배(栽培) 등의 뜻을 지닌 라틴어 cultura에서 유래하였는데 나중에 교양(敎養), 예술(藝術) 등을 의미하게 되었다. 어원적인 측면에서 볼 때 문화는 기존의 자연에 인간의 활동이 추가되어 만들어진 산물 또는 그러한 행위 양식을 의미하며, 인간이 살아가는 생활양식의 총체라 할 수 있다. 따라서 쿠체(Cuche, 2009)가 설파하듯 인간은 본질적으로 문화적 존재이며 따라서 인간 사회의 모든 영역에서 문화를 제외하고 설명하기는 어렵다.

심화자료 인류의 동질성과 문화의 다양성

사회과학 연구에서 문화는 생물학적 의미에서와는 달리 다양성을 가진 인류의 동질성을 고찰하기 위해 필요하다. 사회과학 연구에서 인종을 거론하는 대답은 인간 유전자 연구의 진보와 함께 점점 그 설득력을 잃어가는 반면, 문화는 민족 간의 차이에 대한 가장 만족할 만한 해답으로 제시된다.

> 약 1,500만 년 전에 시작되어 오랜 시간 진행된 인간화 과정은 결국 자연환경에 유전적으로 적응하며 문화적 적응으로 이동하는 과정이다. 이러한 진화 과정에서 인간의 첫 번째 인류인 호모사피엔스사피엔스로 진화하는데, 이는 동물적 본능이 퇴보하고 문화로 대체되는 아주 놀라운 과정이다.
> 연구가 진행됨에 따라 인간이 상상하고 통제하는 문화적 적응 과정이 유전자적(생리적) 적응 과정보다 훨씬 기능적임이 밝혀지는데, 그 이유는 문화적 적응이 훨씬 유연하며 더 빠른 속도로 쉽게 전달될 수 있기 때문이다. 인간은 문화를 통해 환경에 적응할 뿐만 아니라 자신의 필요와 계획에 환경을 적응시킨다. 달리 말하면 문화가 자연을 변형시킬 수 있다는 것이다. 모든 인류 종족이 동일한 유전자 정보를 갖고 있다면 각 종족은 문화적 선택으로 서로 차별화되고, 각자에게 제기된 문제에 대해 고유의 해결책을 만들어낼 것이다. 그러나 이러한 문화적 차이는 몇 가지로 축소될 수 없다. 왜냐하면 인간의 유전자가 단일하다고 전제한다면, 이러한 차이점은 범우주적 문화 원칙을 적용하고 적용 자체 또한 진화와 변형이 불가피하기 때문이다.
>
> 출처 : Cuche(2009). 사회과학에서의 문화 개념, pp. 7-8.

문화의 구성은 종종 빙산에 비유되는데 그 이유는 보이는 부분, 즉 가시적 부분(10%)보다 보이지 않는 비가시적인 부분(90%)이 훨씬 더 크다는 점에서 공통성을 가지기 때문이다. 문화의 구성에 대한 빙산 모델은 1970년대 문화인류학자 홀(Edward T. Hall)에 의해 처음 제안된 이후 많이 학자들에 의해 활용되었다.

문화 빙산을 살펴보면 우선 문화에 있어 **가시적인 부분**으로 표면에 속하는 것에는 인간의 오감으로 감지할 수 있는 음식, 언어, 의복, 관습, 행동 등이 있다. 문화의 가시적인 영역은 인간의 상호작용을 이해하는 데 있어 중요한 부분이지만 시간적·공간적 상황에 따라 변화하기도 한다.

문화 빙산의 보이는 부분을 지나 수면 아래로 내려가면 수면 아래 첫 단계는 **비언어적 규칙** 부분이다. 이 영역은 개인적 공간, 예절, 시간관념, 행위규칙 등 비언어적 의사소통과 상호 관계적 상호작용 등이 해당된다. 비언어적 규칙 영역을 지나 더 깊은 곳에는 **무의식적 규칙**이 존재하는데 신념, 가치, 태도, 문제해결 접근법, 관점, 철학, 종교 등과 같은 것이 해당한다.

문화의 구조 중 무의식적 규칙 영역은 가시적 영역보다 인간에게 더 큰 지배력을 행사한다. 홀은 그의 저서 『문화를 넘어서』에서 다양한 문화를 가진 세계 각국의 문화적 차이를 강조하면서 미래는 개별적인 문화가 가지는 한계성을 초월할 수 있느냐 없느냐 하는 인간의 능력에 달려 있으며 그 한계를 초월하기 위해서는 먼저 무의식적인 문화의 이면에 숨겨진 다층의 차원을 인지하고 수용해야만 한다고 주장하고 있다. 또한 특정 문화를 부정하고 인간의 재능을 발휘할 수 있는 효력을 모호하게 만드는 것은 파괴적이고 잠재적인 위험을 지닐 수 있다는 점을 경고하면서, 인간이 드러나지 않는 문화의 숨겨진 긴장으로부터 벗어날 수 있는 유일한 길은 인간이 당연한 것으로 여기는 일상생활에 적극적이고 의식적으로 개입하고, 어떤 문화도 우월과 열등으로 나눌 수 없다는 점을 인정하는 것이라고 설파하였다(Hall, 2000).

<표 3-1> 홀(Hall)의 문화 빙산(Cultural Iceberg)

<table>
<tr><td>가시적 문화</td><td>• 표면 문화
– 오감으로 인지되는 부분
– 쉽게 확인되고 공유되며 변화도 가능</td><td rowspan="3"></td></tr>
<tr><td rowspan="2">비가시적 문화
(심층 문화)</td><td>• 비언어적 규칙 영역
– 표면 바로 아래 위치
– 예의, 개인적 공간, 비언어적 의사소통 영역, 행위 규칙 등</td></tr>
<tr><td>• 무의식적 규칙 영역
– 표면에서 먼 깊은 부분
– 가치관, 관점, 신념, 철학, 태도 등</td></tr>
</table>

2. 문화의 특징

문화는 그 어원에서 알 수 있듯 인간의 모든 일상과 관련이 있다. 문화는 지식, 상징체계(언어), 관습, 종교, 예술, 제도, 도덕, 관점 등을 모두 포괄하는 개념이며, 인간이 스스로를 표현하고 타인과 교류하며 공동체를 구축해 가는 구체적인 활동 양식이다. 따라서 문화는 우리 인식체계의 한계로 작동하며 우리가 생각하는 것 이상으로 인간의 삶과 행동을 지배하고 있다(우수명 외, 2015). 이러한 문화의 특성을 정리하면 다음과 같다.

- **공유성** : 문화는 개인적인 성향이나 특징이 아니라, 다른 사회집단과 구별되는 그 집단만이 공유하는 공통적인 특성이다.
- **학습성** : 문화는 인간에게 선천적이거나 자연적인 것이 아니라 인간이 사회의 일원으로 태어나 성장하면서 학습을 통해 지속적으로 습득된 것이다. 18세기 말 계몽주의 사상가들은 문화를 동물과 구별되는 인류의 특성으로 간주하면서, 문화(culture)와 자연(nature)의 개념적 대립을 강조하였다(Cuche, 2009 : 18).
- **축적성** : 문화는 인간의 대표적인 상징적 체계인 언어를 통해 다음 세대로 전승되며, 선대로부터 전승받은 문화에 후세대의 경험이 추가적으로 누적된다.
- **가변성** : 문화는 축적성에도 불구하고 불변된 정체된 개념이 아니라 역사적 시간의 흐름에 따라 변한다. 문화는 인간이 새로운 환경에서 봉착하는 문제들을 해결하는 과정에서 습득·학습·전달되고, 그 유용성이 확인되면 전 사회에 확산된다. 때로는 이러한 확산이 다른 부분의 변화를 유발하여 문화변동으로 이어지기도 한다.
- **전체성** : 문화를 이루는 각 요소들(지식, 관습, 예술, 제도, 종교 등)은 상호 긴밀한 관계를 가지는 동시에 하나의 체계를 이룬다. 따라서 문화의 한 요소가 변화하면 그 변화가 다른 부분들에 영향을 미친다.

〈기사 한 컷〉

'출산 후엔 꼭 미역국'은 이주민 산모에겐 고역

"애 낳고 나서 몇 주간 미역국만 줄곧 먹었는데 정말 힘들었습니다."

(스리랑카 출신 귀화인)

'출산 후에는 반드시 미역국'이란 공식은 한국인 산모에게는 자연스럽지만 결혼이민자 여성에겐 또 하나의 문화적 장벽이자 고역이다.

누구나 해외여행 가서 현지 음식이 입에 맞지 않아 한번쯤 고생했던 경험을 떠올려 보면 음식문화가 다름에서 오는 적응의 어려움은 매우 실존적 고통이다.

더군다나 출산의 고통 후 육체적 · 정신적으로 힘든 상황에 놓인 결혼이민 산모에겐 모국의 음식이 절실히 그리울 수밖에 없다.

베트남에선 출산 후 산모는 미역국 대신 생선소스와 후추 등을 넣어 짜고 맵게 오랫동안 졸인 돼지고기를 먹는다. 애를 낳은 후 매운 돼지고기를 먹고 땀 한번 쏟으면 기운을 돋는 느낌이 난다고 한다.

반면 몽골 여성들은 주로 양고기를 먹는다. 특별한 양념 없이 고기만 넣고 끓여서 먹으며 몽골에선 양고기가 여성들에게 좋은 음식으로 알려졌다.

스리랑카에선 커피가 산모에게 보약이다. 단 한국의 '커피믹스' 같은 제품이 아니라 직접 갈아 만든 커피를 마신다. 보양식으로 고기를 주로 먹는데, 커피는 하루에 한 잔씩은 마신다고 한다.

결혼이민자여성평등찾기 김혜련 대표는 "결혼이민 여성이 애를 낳고 나서 이런저런 음식을 먹고 싶다고 말하려 해도 가정 분위기상 그렇지 못한 경우가 대부분"이라며 "우리나라 방식을 일방적으로 주장하기보다는 서로 잘 소통해 좋아하는 음식을 먹도록 배려하는 것이 중요하다"고 말했다.

출처 : 연합뉴스(2010. 6. 13). pseudojm@yna.co.kr

3. 문화를 보는 관점

문화를 보는 관점에는 총체론적 관점, 상대론적 관점, 비교론적 관점이 있다(신군재, 2016; 이순배 외, 2014).

1) 총체론적 관점

문화는 전체사회의 맥락에서 속에서만 의미를 가진다는 전제하에 문화를 한 부분이 아니라 전체적인 맥락에서 이해하려는 태도를 말한다. 문화는 각 부분들이 지속적이며 상호의존적인 관련을 맺으며 전체로서 존재하기에 사회의 전체적인 맥락 속에서 문화를 이해할 필요가 있다.

2) 상대론적 관점

상대론적 관점은 해당 문화가 처한 독특한 자연적・사회적・역사적 맥락을 고려하여 문화를 이해하는 객관적인 관점을 말한다. 상대론적 관점에 따르면 모든 문화는 그 문화만의 존재 이유가 있으며, 문화에 있어 우열은 없다는 입장이다. 따라서 문화를 이해함에 있어 편견 없는 객관적인 관점을 견지한다.

3) 비교론적 관점

비교론적 관점은 두 지역 이상의 문화를 비교하면서 각각의 공통점과 차이점을 찾아 문화 간 보편성과 특수성을 이해하여, 자신이 속한 사회의 문화뿐 아니라 다른 문화에 대한 이해를 넓히고자 한다.

4. 문화에 대한 태도

문화에 태도에는 크게 자신이 속한 사회의 문화 혹은 다른 사회의 특정 문화만이 가치가 있고 우월하다고 믿는 문화절대주의와, 문화를 특정한 기준 혹은 환경과 배경에 따라 상대적으로 파악하는 문화상대주의로 구분할 수 있다.

1) 문화절대주의

문화절대주의는 자문화중심주의(문화적 제국주의)와 문화사대주의가 있다.

(1) 자문화중심주의

자문화중심주의(ethnocentrism)는 자신이 속한 집단의 문화가 타 문화보다 우월하다고 믿으며, 자신의 문화를 기준으로 다른 지역의 문화를 부정적인 시각으로 판단하고 폄훼하는 태도를 말한다. 15세기 이후 서구 국가들은 과학기술의 발달로 마련된 장비와 무기로 장거리 세계 탐험을 하면서 만나게 된 유색인종과 그 문화를 미개하고 야만적인 열등 문화로 간주하면서 자신들의 문화를 기준으로 재편을 시도하였고 이 과정에서 집단학살이나 인권유린이 자행되기도 했다(이정은 외, 2017). 역사적으로 특정 사회의 문화에서 자신의 문화의 우월성을 주장하면서 타 지역에도 이를 강요하는 사례는 수 없이 많았으며 심지어 전쟁으로 연결되기도 했다. 아메리카 대륙 원주민 문화 말살, 독일의 유대인 및 집시 학살, 중동지역과 발칸반도의 전쟁 등이 그 사례이다.

브루어와 캠벨(Brewer & Campbell)은 다음과 같이 자문화중심주의의 특징을 설명하고 있다(조원탁 외, 2014 재인용).

- 자신의 문화권에서 일어나는 일들은 자연스럽고 정상이며, 다른 나라 사람들이 보여주는 행동은 비적절하며 틀린 행위로 생각한다.
- 자신이 속한 집단의 습관이 세계적으로 정당하다고 인식하며, 자신이 속한 집단의 것이 다른 나라 사람들에게도 최고라고 인식한다.
- 자신이 소속된 집단의 규범, 역할, 가치관이 항상 옳다고 생각한다.
- 같은 집단에서는 서로 도와주고 협조하는 것이 당연하다고 본다.
- 같은 집단 사람들끼리 좋아하는 것을 행한다.
- 같은 집단 사람들끼리 자부심을 느낀다.

• 다른 집단 사람들에게는 적대감을 느낀다.

극단적인 자문화중심주의의 예로 **문화적 제국주의**를 들 수 있다. 문화적 제국주의는 정복, 경제적 침탈, 정치적 식민화 과정에서 다른 사회가 기존에 가진 문화를 미개한 것으로 평가절하 하며 자신의 문화를 다른 사회에 강요하는 것으로 피지배사회의 전통문화를 말살시키려는 것이다.

심화자료 문화제국주의(Cultural Imperialism)

제2차 세계대전이 끝나면서 서구 국가들은 식민지의 해방과 자립을 지원하면서 다른 한편으로는 종속 상태를 유지해야 했기에 전보다 훨씬 교묘하고 세련된 수단이 필요했는데 그것이 바로 문화제국주의다.
서구의 경제적 지원이 절실하게 필요했던 신생국들은 도움을 받는 과정에서 문화적 종속이 심화된다는 사실을 미처 깨닫지 못했다. 신생국 형편에서는 당장 밀가루를 받아 식량난을 해결해야 했고, 미군의 주둔을 허용해 국방비 지출을 줄일 수밖에 없는 처지였다. 그러나 밀가루를 받으면 햄버거가 따라 들어왔고, 미군의 주둔을 허용하면 영어가 널리 퍼졌다. 과거의 가시적인 침략과는 달리 눈에 보이지 않는 침투와 침탈, 이것이 문화제국주의의 특징이다.
정보화 시대에 접어들면 문화제국주의의 도구는 정보로 집중된다. 그래서 정보제국주의라고도 말하는데, 미국을 비롯한 서구 국가들이 중요한 국제적 정보를 장악하고 전 세계에 포괄적인 영향력을 행사하며 세계 여론을 좌지우지하는 현상을 가리킨다.

출처 : 남경태(2006). 개념어 사전 중 '문화제국주의' 부분 발췌.

(2) 문화사대주의

문화사대주의는 특정 사회의 문화를 우월한 것으로 평가하여 동경·숭상하면서 자신의 문화는 열등한 것으로 과소평가하는 태도이다. 문화사대주의는 외래문화 수용 가능성 측면에서는 순기능으로 작용할 수도 있으나 자신의 문화를 과소평가한다는 점에서 문화적인 주체성을 상실할 우려가 있다(신군재, 2016).

2) 문화상대주의

문화상대주의는 다양한 사회의 문화를 인정하고 각 문화를 그 사회의 고유한 환경 속에서 이해하고자 하는 자세를 말한다. 20세기 초반 서구의 문화인류학자들은 다양한 인간 사회를 비교연구하면서 각 사회의 문화는 그 사회의 생활양식을 반영하고 있으므로 서로 다른 사회의 문화를 비교할 수는 있어도 어느 문화가 다른 문화보다 더 우월하다고 말할 수는 없으며 따라서 각 사회의 문화를 선진문화와 후진문화로 구분할 것이 아니라 서로 상이한 표준과 체계를 가진 문화로 보아야 한다고 주장하였다(남경태, 2006; 이순배 외, 2014). 문화상대주의에는 도덕적 상대주의와 인식적 상대주의 관점이 있다. 도덕적 상대주의는 문화적 맥락에서 가치체계에 따라 특정 행위나 사상에 대하여 옳고 그름을 판단하는 것을 말하며, 인식적 상대주의 관점은 사람들은 자신을 둘러싼 환경적 배경에 따라 세계와 사물을 상대적으로 파악한다는 것을 말한다. 문화의 상대성을 인정하는 태도는 개방적인 현대 사회에서 세계문화의 다양성을 그 문화의 독특한 환경・역사・사회상황의 맥락에서 이해하고, 각 문화의 가치를 인정하고 존중하는 기준이 되기에 더욱 중요하다(신군재, 2016).

그러나 문화적 상대주의에서 주의해야 할 점은 문화적 상대주의가 '무규범성'을 의미하지 않는다는 것이다. 인간의 보편적인 가치인 자유, 생명존중, 평등 등은 어느 사회에서든 중요한 인류의 보편적 가치이므로 이러한 개념에 상대주의의 기준을 적용하는 것은 맞지 않다. 따라서 특정 사회의 문화를 이해할 때 극단적인 상대주의를 피하면서 동시에 보편적인 가치를 인정하는 자세가 바람직하다(이순배 외, 2014).

생각 나누기

이슬람 여성 전통의상을 금지하는 것에 대한 여러분의 생각은?

❖ 2011년 프랑스는 공공장소에서 '부르카'나 '니캅' 등 몸 전체를 가리는 이슬람 전통 복장을 입지 말라며 '부르카 금지법'을 제정했습니다. 독일은 교사들의 히잡 착용을 금지했고, 인천아시안 게임에서도 카타르 여자팀의 히잡 착용이 금지되었습니다.

이란에서는 여성이 히잡을 쓰지 않았다는 이유로 괴한이 여성의 얼굴에 산성 용액을 뿌린 사건도 있었습니다.

이슬람 전통의상에 대해 거부하는 저항운동도 있고, 반대로 여성의 선택의 문제이므로 이를 금지하는 것이야말로 종교탄압이자 인종차별이라는 주장도 있습니다.

여러분의 생각은 어떤가요?

출처 : EBS 뉴스(2015. 1. 21).

이슬람여성 전통의상 종류

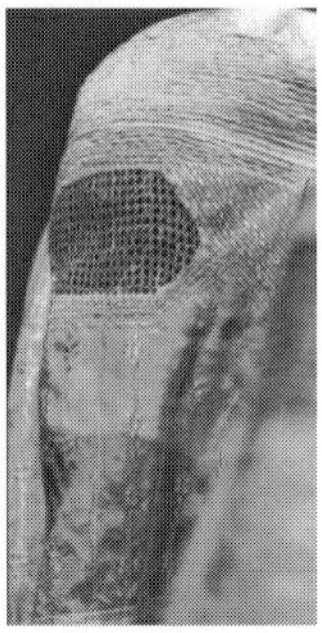

부르카

눈을 포함한 전신을 가림. 눈 부위는 얇은 천을 사용하며 장갑을 끼기도 함. 아프가니스탄, 이집트 여성들이 주로 착용

니캅

눈을 제외한 전신을 가림. 색상이 다양한 것이 특징. 파키스탄과 모로코 여성들이 주로 착용

루사리

얼굴만 내어놓는 두건모양으로 코란에도 언급된 의상. 시리아 등 아랍권 여성들이 주로 착용

차도르

부르카와 비슷한 헐렁한 겉옷의 일종이며 속에는 양장을 입는 경우가 많음. 이란 여성들이 주로 착용

사진 출처 : 서울신문(2016. 5. 3). 샤넬·돌체도 사로잡은 '히잡'…수백만 원 호가하는 명품으로.

5. 다문화[1)]

세계화에 따른 국경을 초월한 전 지구적 노동력 이동과, 교통수단, 정보통신의 발달 등 기술의 비약적 발전 그리고 국제결혼의 증가로 다양한 인종, 종교, 문화를 가진 사람들이 공존함으로써 세계 곳곳이 다인종, 다문화 사회로 변화하고 있다. 이러한 문화의 다양성은 개인과 사회의 풍요한 자산으로서 이를 보호, 증진, 유지하는 것은 현재와 미래 세대의 지속가능한 발전을 위한 필수 요건이다(신군재, 2016).

그러나 일각에서는 세계화의 움직임 속에 국가 간 빈부격차에 따른 양극화와 경제 자본에 의한 문화 독점 내지는 문화 획일화 현상에 대한 우려를 나타냈고, 세계 시장이 확대될수록 자국의 문화 정체성과 고유성에 대한 보호가 절실해졌다. 전 세계 인류가 직면한 문화적 획일화, 상업화, 종속화에 대응하고 인류의 자산인 다양한 문화를 보존·유지하며, 다원적 가치를 상호 존중함으로써 민족 간 갈등과 대립을 극복하기 위한 노력의 일환으로(홍종열, 2014) 유네스코에서는 2001년 1월 2일 프랑스 파리 제31차 유네스코 총회에서 '세계문화다양성 선언(Universal Declaration on Cultural Diversity)'[2)]을 채택하기도 했다. 유네스코가 채택한 '세계문화다양성 선언'에 따르면, '문화는 사회와 사회 구성원의 특유한 정신적·물질적·지적·감성적 특성의 총체로 간주해야 하며, 예술 및 문학 형식뿐 아니라 생활양식, 함께 사는 방식, 가치 체계, 전통과 신념을 포함한다'는 전제하에 '점점 다양해지는 우리 사회에서는, 함께 살려는 의지와 더불어 다원적이고 다양하며, 역동적인 문화 정체성을 지닌 사람들과 집단의 조화로운 상호작용을 반드시 보장해야 한다'는 점을 명확하게 명시하고 있다.

---

1) 다문화의 개념과 다문화유형 부분은 김양미(2018). 대학생을 위한 사회봉사 입문 중 제4장 '5. 다문화 관련 사회봉사' 편에서 내용과 사례를 발췌·수정하였다.

2) 〈부록 2〉 전문 수록

다양한 문화 속에 공존의 가치를 이해하고 실제 삶의 현장에서 실천하기 위한 역량을 고취하기 위해 다문화와 관련된 다양한 측면을 고찰할 필요가 있다.

1) 다문화의 개념

다문화의 개념은 다양한 측면에서 정의될 수 있다. 통상 다문화가 인종적·민족적·국가별 차이에 초점을 맞추어 개념 정의가 되는 경우 단일문화에 대비되는 다의적인 개념으로 동일한 혈통과 문화를 추구하던 단일문화에 다른 문화들이 통합되어 여러 문화가 공존하는 상태(김범수 외, 2007), 즉 성별, 종교, 직업, 계층, 인종 등에서 비롯되는 각 사회집단들의 고유한 문화적 특성이 다양하게 존재(정하성, 2007 : 42)하는 상태를 말한다. 따라서 **다문화사회**란 일반적으로 다양한 문화적 배경을 가진 민족 집단들이 하나의 국가 혹은 지역사회에 함께 거주함으로써 형성되는 사회로 각 문화집단이 가지고 있는 문화적 특수성과 유사성을 동시에 경험하고 있는 사회라고 할 수 있다(박기관, 2009; 함정현 외, 2008). 이러한 기준에서 보면 한국의 다문화현상은 국내노동시장의 해외시장 확장에 의한 노동의 수요 공급 문제, 국가 간 교류 활성화로 국제결혼의 보편화 현상, 북한이탈주민의 유입 등으로 가시화되고 있다.

그러나 광의적인 측면에서 볼 때 다문화란 단지 인종적·민족적 차원뿐 아니라 성별, 장애 유무, 연령, 사회적 지위 등을 기준으로도 이해할 수 있다. 문화가 인간 삶의 전 영역을 아우르는 총체적 생활양식이라면 남성과 여성, 장애인과 비장애인, 청년과 고령자, 부자와 빈자 사이의 삶의 경험은 분명 차이가 있을 것이며, 각각에 해당되는 문화적 지평이 존재할 것이기 때문이다. 다문화에 대한 개념을 이런 식으로 확장해서 포괄적으로 바라보면 우리 사회는 이주민의 유입에 따른 사회구성원의 변화 경험 이전에 이미 다문화사회에서 살고 있었던 것이다. 실제로 다문화 갈등은 민족적 문화 차이보다 오히려 사회적 지위와 경제적 자원, 권력의 위계 등에서 압도적으로 더 많이 나타난다는 주장(Peterson, 2004)도 있다.

다문화사회를 미시적으로 정의하면 자기와 타자의 관계가 성립되는 곳으로부터 존재하는 것으로 볼 수도 있으나 정치철학적 관점에서 보면 한 사회 내에 존재하는 하위 사회집단 간 신념의 상대성을 똑같이 인정하고 존중해야 한다는 것을 의미한다(문경희, 2007). 따라서 우리가 자신이 속한 집단의 문화를 넘어 타인이 경험하고 있는 특수한 문화적 특징을 이해하는 것은 사회구성원 개개인의 미시적인 측면뿐 아니라 사회정의를 기초로 한 사회통합 차원에서도 상당히 중요한 문제이다.

2) 다문화 등장 배경

(1) 국제 이주의 역사[3)]

유사 이래 인간의 역사에서 주 본거지를 떠나 새로운 지역으로 옮겨가는 이주는 끊임없이 지속적으로 이루어져 왔다. 그러나 이주의 주된 원인은 서구의 신대륙 정복 이후 근대를 기점으로 근본적인 차이를 보인다. 근대 이전의 이주가 기후의 급변에 따른 경제적 원인이나 정치적·종교적 사유 같은 상황적 요인에 기인한 것이었다면, 근대적 의미의 이주의 역사는 서구의 세계지배와 자본주의 세계체제의 형성과 연관된 구조적 차원의 현상이었다. 따라서 인류의 이주 역사에서 중요한 전환점은 유럽의 신대륙 정복[4)]과 그 이후 유럽인들의 아메리카, 아시아, 아프리카로의 대량 이주이며, 이는 이주의 경제적·정치적 사유와 함께 지리학의 발달과 항해술의 발전 등 기술

3) 이 부분은 엄한진(2011). 다문화 사회론에서 대부분의 내용을 발췌·보완·수정하였다.

4) 강철구(2009)에 따르면 1492년 콜럼버스가 아메리카 대륙에 도착한 이후 아메리카에 대한 유럽인의 정복이 시작되었고, 이는 아메리카인의 운명을 (비극적으로) 바꾸어 놓았을 뿐 아니라 유럽 문명이 아메리카를 매개로 국제적이고 지구적인 우월성을 확보하기 시작한 세계사의 전환점이 되었다.

적인 요인이 더해져 가능하였다.

이후 많은 서구인들이 아메리카, 아시아, 아프리카로 떠나 이주하였고, 이후 이주지에서의 생산활동이 증대됨에 따라 노예무역을 시작하였는데, 농작물 재배와 광물 채취의 노동력 활용을 위한 노예무역은 16세기 중엽부터 18세기까지 1,500만 명을 아메리카, 카리브해 지역, 인도양 지역으로 이주시켰다. 19세기 중엽 노예무역이 폐지되고 계약노동이라는 새로운 형태의 노동 이민이 생겨났지만 임금과 노동조건 등이 열악하여 실제로는 노예무역과 별반 다르지 않았다.

19세기 이후 서유럽 국가들은 식민지배로부터 얻은 부를 토대로 산업혁명을 촉진시켰고 이것이 국제 이주를 활성화시킨 중요한 계기가 되었다. 1846년부터 1939년 사이에는 약 5,000만 명 이상의 유럽인들이 유럽 외 지역(미국, 캐나다, 아르헨티나, 브라질, 호주 등)으로 떠났으며, 이 기간 유럽인들의 유럽 내 이주도 급증하였다. 1940년대 후반에서 1950년대 초반 유럽은 대량 난민시대를 맞게 되는데 제2차 세계대전 종전 이후 전쟁에 기인한 인구이동과 국경 조정이 초래한 결과였다.

서유럽으로의 이민은 20세기 후반에 시작되었는데, 1950년대 초반에서 1973년까지 시기에는 유럽의 재건과 고도성장이 낳은 노동력 부족을 해결하기 위해 이민을 받아들였다. 이 시기 상대적으로 노동력이 풍부했던 남유럽 국가의 노동자들이 풍부한 자본에 비해 노동력이 부족한 지역인 북유럽과 서유럽 국가들로 이민을 떠났고, 이후 남유럽 국가들의 산업화로 인한 노동력 부족 현상을 해결하기 위해 주로 중동과 북아프리카 지역의 노동이민자가 유입되었다.

20세기 후반 유럽 국가들로의 이주 현상으로 이전에 이민을 받아들인 경험이 부족했고, 이주민들의 영구 정착을 인정할 준비가 되어있지 않았던 유럽 국가들은 당시 '손님 노동자'(gastarbeiter, guestworker)로 불리었던 일시적인 이민을 받아들이게 된다. 그러나 이후 이주민들은 본국으로 돌아가지 않고 영구정착을 원하게 되었고 고국에 있던 가족의 합류도 요구하면서 유럽은 1970년대 이후 노동이민을 더 이상 받아들이지 않게 되었는데 그럼에도 불구하고 이주민의 가족 합류로 인해 외국인의 비율은 지속적으로 증가했다.

이 시기 인구문제도 서구의 이주 현상의 한 요인으로 작용하였다. 1970년대 들어 서구 국가들은 저출산·고령화로 인한 인구구조변동으로 생산인구가 감소하게 되었고 이를 해결하기 위해 미국, 캐나다, 북유럽 국가들 등에서 개발도상국가들로부터 이주를 받아들이기도 했다.

1973년 세계경제를 흔든 제1차 오일쇼크는 유럽의 뒤를 이어 걸프만 국가들이 중동의 비산유국과 아시아 국가 출신 (일시적인) 노동이민자를 받아들이는 계기가 되었다. 1980년대가 되면서 한국, 일본, 대만, 홍콩, 싱가포르, 태국 등 아시아 국가들도 부족한 노동력을 보충하기 위한 노동자 유입을 허용하게 되었다. 1980년대 중반에서 2000년대 초반에 걸쳐 일어난 베를린 장벽 붕괴와 탈냉전 상황 아래 많은 동유럽인들이 서유럽으로 망명 형태로 이주를 감행하였다.

(2) 한국 사회로의 이주민 유입 배경

한국은 전통적으로 단일민족 신화를 바탕으로 사회통합을 추구해 왔으나, 신자유주의에 기반한 세계화의 확산과, 정보통신 및 교통의 발달 등으로 활발해진 국제적 교류와 함께 국내적으로 노동시장의 양극화와 여권신장 및 가족과 결혼에 대한 가치관의 변화, 남북한 대치 상황 등 다양한 요인으로 인해 1980년대 중반 이후 외국인 노동자를 비롯하여 결혼이주여성, 북한이탈주민 등 다양한 형태의 이주민의 유입이 증가하고 있는 추세이다.

한국 사회에서 외국인 노동자 유입은 1990년대 초 3D업종에 대한 기피현상으로 산업현장의 노동력 부족 현상에서 시작되었다. 산업현장의 노동력 부족 현상이 심화되자 한국 정부는 출입국관리법에 근거하여 1993년 외국인산업연수생제도를 운영하였다. 그러나 외국인산업연수생 제도는 국가 간의 협약 없이 민간 중개인이 관리를 하고 근로권도 보장받지 못하는 관계로 임금체불, 산업재해 등 근로자의 인권침해 문제가 대두되면서 2004년 폐지되고 외국인 노동자의 노동3권 보장 등 노동자 권익을 강화한 고용허가제가 실시되었다.

신자유주의적 세계화는 농촌과 도시의 격차를 가져와 이러한 변화의 흐름에 편승하지 못한 남성들이 배우자 선택이 어렵게 되면서 국가적으로는 저출산 문제와 연결되었다. 한국에서 결혼과 관련한 이주민이 크게 증가한 것은 1990년대 후반 중앙정부와 지방정부의 '농촌 총각 장가보내기 운동'이 그 시작이라 할 수 있다. 기존의 가부장주의에 따른 남아선호사상으로 인한 결혼적령기 남녀 인구 비율의 불균형과, 신자유주의적 경제변화에 따른 도농 격차로 배우자 선택에 한계가 있던 농촌 거주 미혼 남성을 위해 정부와 지방자치단체가 적극적으로 국제결혼을 후원하면서 결혼이주여성의 유입이 본격화되었다.

또한 북한과의 대치라는 한국만의 특수한 상황에 따른 이주민 유입 유형으로 북한이탈주민의 이주가 있다. 북한이탈주민은 1960년대 이후 꾸준히 있어 왔지만 북한이탈 사유와 경로는 다양화되고 있다.

이 외에 2000년대 이후 유학생의 증가와 국내외 기업 관련 장기 체류자 증가 등 다양한 이주민이 한국 사회에 합류하고 있다.

3) 다문화유형

다문화사회로 인해 발생하는 사회적 문제를 해결하기 위한 정책을 **다문화정책**이라 한다. 다문화정책을 광의로 규정하면 비주류 혹은 소수 집단의 차이에 대한 '제도적 보장'(Kymlika, 1995, 원숙연 외, 2009 : 203 재인용)이라 할 수 있다. 반면 다문화정책을 협의로 정의하면 특정 인종 집단이 무시되거나 차별받는 것을 방지하고 차이에 근거한 사회, 정치, 경제적 갈등을 해소하며,

인간으로서의 보편적인 권리를 향유하도록 함을 목적으로 하는 개입으로 규정된다(구견서, 2005; 오경석, 2007, 원숙연 외, 2009 : 203 재인용).

다문화정책의 유형은 크게 차별배제모형(differential exclusionary model), 동화주의 모형(assimilationist model), 다문화모형(multicultural model)의 세 가지로 나누어 볼 수 있다.

(1) 차별배제모형

차별배제모형(differential exclusionary model)은 외국인을 3D업종의 노동시장과 같은 특정 경제적 영역에만 받아들이고, 복지혜택, 국적 및 시민권, 선거권 부여와 같은 사회적·정치적 영역에는 수용하지 않아 한정적인 수용 또는 분리를 한다. 또한 대부분의 이주민은 '손님'으로 여겨 정책의 대상으로 통합되지 않는 반면, 엄격한 조건을 통과해 공식적인 권한을 부여받은 이민자들에게는 이주국의 제도와 문화에 적응, 동화되도록 해 문화적 단일성을 유지해 나가는 데 초점을 둔다. 독일과 일본 등 단일민족을 강조하는 국가들이 주로 취하는 유형이다. 제2차 세계대전 후 급속한 경제성장을 이룬 독일에서 자국민의 힘든 육체노동 기피로 노동력이 부족해지자 노동력을 보충하기 위해 외국인 노동자를 받아들이기 시작하였는데, 1960년대 당시 열악한 경제 상황으로 실업난에 허덕이던 우리나라 사람들이 광부와 간호사로 자원해 갔다. 당시 독일이 취한 다문화 유형이 차별배제모형이었으며 이들은 이주노동자를 손님 노동자(gastarbeiter)로 대했다.

〈기사 한 컷〉

차별배제모형 사례 : 한쪽 소매가 잘린 파독 간호사의 간호복

▲ 파독간호사 송현숙의 한쪽 소매가 잘린 간호복 (자료 : 한국이민사박물관)

1950~1970년대 독일의 노동력 부족과 한국의 실업률 증가가 맞물리며 2만 명에 가까운 한국인들이 간호사로, 광부로, 조선공으로, 선원으로 독일행 비행기에 몸을 실었고, 현재에는 3만~3만 5천의 해외 한인들이 독일 내 소수인으로 살아가고 있다.

독일 한인들은 처음부터 그곳에 정착하고자 했던 이민자들은 아니었다. 급속한 경제성장 속에서 완전고용을 넘어 노동력 부족이 발생했던 독일은 소위 '초청 노동자' 혹은 '손님 노동자'로 불리는 비귀화 외국인노동자(Gastarbeiter) 정책을 시행하였다. 보통 3년이라는 짧은 체류와 계약기간 만료 후 귀국을 전제로 우리나라의 광부, 간호사 등이 독일로 파견되었다.

그러나 이주노동자들을 필요로 하는 독일 노동시장의 요구와 전후복구과정을 겪고 있는 우리나라의 열악한 상황은 파독 광부와 간호사들이 지속적으로 독일에 남아 있는 이유가 되었다. 특히 간호사들은 한국에 비해 월등히 높은 서독의 생활수준을 포기하고 싶지 않아 했으며, 귀국 후 일자리 문제, 서구 사회에서 경험과 대비되는 한국 사회의 가부장적 인식 등으로 인하여 귀국을 꺼려하는 경우가 많았다. 그중에서도 교육수준이 높고, 언어습득 환경이 좋았던 간호사들은 체류허가가 연장되는 경우가 많았다.

그렇다고 독일 내 정착이 순조로웠던 것은 아니다. 1970년대 석유파동과 함께 독일의 경제사정도 달라지기 시작했다. 자국민 우선 보호주의 정책 속에 외국인 노동자들에게 더 이상 노동 허가와 체류허가를 내주지 않음으로써 사실상 반강제 추방령을 내렸다. 또한 병원에서는 고용인력을 불법적으로 해고하는 일도 벌어졌다.

이에 독일 각지의 간호사들을 비롯하여 많은 한인들이 가두시위를 시작으로 "우리는 독일 병원이 간호사를 필요로 해서 이곳에 왔으며, 당신들을 도와주었다. 우리는 거래 상품이 아니다. 앞으로 우리는 우리가 돌아가고 싶을 때 다시 돌아가겠다."라는 주장과 함께 독일인에게 지지서명을 받는 등 추방 저지운동을 전개하였다. 또한 독일 내 외국인 간호 여성들의 집단해고와 강제귀환에 저항하는 의미로 간호복의 한쪽 소매를 자르는 결의를 보여주기도 하였다.

그 결과, 독일 근무 기간에 따라 무기한 허가, 영주권 획득, 시민권 신청 등이 가능한 외국인법 시행령의 개정을 이끌어냈다. 그렇게 이들은 '손님 노동자'에서 독일 사회의 일원으로 편입할 수 있었으며, 재독한인사회를 이끄는 중심축이 되었다.

출처 : 재외동포신문(2018. 6. 18). http://www.dongponews.net

(2) 동화주의 모형

동화주의 모형(assimilationist model)은 다양한 배경을 가진 이주민이 출신국의 문화적 특성을 버리고 주류사회에 순응할 것을 목표로 하며, 그 대가로 사회의 일원으로 인정(국적과 시민권 허용)하는 방식을 취한다. 1960년대까지 미국이 주창한 용광로모형(melting pot)과 프랑스의 다문화정책이 여기에 속한다.

〈기사 한 컷〉

"무슬림은 테러리스트"…히잡 쓴 여성 쫓아낸 프랑스 식당

프랑스의 한 유명 레스토랑에서 레스토랑 주인이 히잡을 쓰고 온 무슬림 여성 손님을 향해 '테러리스트'라고 가리키며 서빙을 거부하는 영상이 공개돼 논란이 일고 있다. 레스토랑 주인은 영상이 공개되자 "의도적인 것이 아니었다"며 바로 사과했지만, 최근 프랑스에서 뜨거운 쟁점인 '부르키니'(무슬림 여성 전신 수영복) 금지 논란에 이번 사건까지 더해지면서 무슬림 여성에 대한 차별 논쟁이 격화되는 모양새다.

지난 27일, 프랑스 센생드니주 트랑블레앙프랑스에 위치한 레스토랑 '르 세나클'의 주인인 장 밥티스타가 이곳을 찾은 두 명의 무슬림 여성들을 '테러리스트'라고 지목하며 서빙을 거부했다고 프랑스 <르 파리지앵> 등이 28일(현지시각) 전했다. 당시 영상을 찍은 화면을 보면, 밥티스타는 무슬림 여성들을 향해 "테러리스트들은 무슬림이고, 모든 무슬림들은 테러리스트다"며 서빙을 거부했다.

화가 난 여성들이 "우리는 인종차별주의자에게 서빙을 받고 싶지 않다"고 말하자, 밥티스타는 "(적어도) 인종차별주의자들은 사람을 죽이진 않는다. 당신과 같은 사람들이 이 식당에 오는 게 싫다"며 "당장 나가라"라고 소리쳤다. 화가 난 여성들은 "걱정 말라. 나갈 거다"라고 말하며 식당을 빠져나왔다.

당시 여성들이 찍은 현장 동영상이 사회관계망서비스(SNS)를 통해 공개되자, 누리꾼들은 "지금 프랑스에서는 무슬림들이 식당 밖으로 쫓겨나고 있다. 대체 누가 공화주의적인 가치를 지키지 않는지 정말 궁금하다", "단 하루라도 아파르트헤이트(인종차별 정책)를 느끼지 않고 싶다. 이게 그렇게 과분한 요구인가?"라는 등의 댓글을 올리며 분노했다. 한 누리꾼은 최근의 부르키니 논쟁과 이번 사건을 연결지으며 "세나클에서 일어난 일은 정말 구역질난다. 우리는 우리가 원하는 곳에서 먹을 수 없고, 우리가 원하는 옷을 입고 해변에 갈 수도 없다. (무슬림은) 이등 시민이다"라는 글을 올리기도 했다.

이튿날인 28일 이 소식을 들은 지역 무슬림 공동체 회원들이 식당을 찾아 항의하자, 밥티스타는 모여있는 사람들을 향해 "미안하다"며 사과했다. 밥티스타는 지역 신문과의 인터뷰에서 "지난

11월 파리의 바타클랑 극장에서 테러로 숨진 사람들 중에 내 친구가 있는데, 히잡을 쓴 여성들을 본 순간 그런 사실들이 아주 나쁘게 뒤섞여 버렸다"고 전했다. 그는 "사람들에게 실수를 저질렀다. 내가 생각하는 것과 말한 것은 실제로 다르다"고 해명했다.

논란이 확산되자 로랑스 로시뇰 여성인권가족부 장관은 성명을 내 "이번 사건이 인종차별 범죄에 해당하는지 밝히기 위한 수사를 시작했다"고 밝혔다. 프랑스 시민단체인 '이슬라모포비아(이슬람 혐오) 반대 단체'(CCIF)는 "상처를 입은 두 여성들에게 심리적·법적 지원을 할 계획"이라고 했다.

한편, 프랑스 최고법원은 지난 26일 부르키니 착용을 금지하는 시의 조처를 두고 "기본적인 자유를 심각하게 위반한다"며 중지 결정을 내렸으나, 니스를 비롯한 30여개 시에서는 이 결정에 불복해 항소하겠다고 밝히면서 프랑스에서는 부르키니 논쟁이 격화되고 있다. 시 당국에서는 여성의 몸을 가리는 부르키니가 프랑스의 세속주의적 가치와 여성 인권에 반하는 일이라고 주장하는 반면, 인권단체 등에서는 부르키니 착용을 금지하는 것이 오히려 무슬림 여성들의 자유를 침해하는 것이라며 반발하고 있다.

출처 : 한겨레(2016. 8. 29).

---

(3) 다문화모형

다문화모형(multicultural model)은 이주자가 그들만의 문화를 지켜나가는 것을 인정·장려하고 소수민족과의 공존과 공생을 정책목표로 둔다. 이주민의 다양한 문화나 가치, 언어, 습관 등을 그대로 이주국에 공존시키는 정책이다.

다문화모형은 다시 문화다원주의(cultural pluralism)와 다문화주의(multiculturalism)로 나눌 수 있다. 이 두 개념은 다양성을 인정하고 사회적 통합을 추구한다는 점에서는 같지만 전제로 하는 조건과 실현 방법은 다르다.

문화다원주의(cultural pluralism)는 20세기 후반 대량으로 발생한 이민자에 대해 미국이 취한 이민정책에서 출발한 것으로 문화의 다원성과 다양성을 인정하면서도 거기에 주류가 존재하는 것을 전제로 한다. 이에 비해 다문화주의(multiculturalism)는 주류사회의 존재를 인정하지 않고 다양한 문화가 평등하게 인정되어야 함을 강조하며 캐나다, 호주에서 추구하는 이론이다(Castles & Miller, 2003 : 171-201). 다문화주의는 한 사회 내의 다양한 인종집단들의 권리를 인정할 뿐만 아니라, 그들의 문화를 다수 집단의 문화에 동화시키지 않고 서로 인정하면서 공존하려는 노력과 관련된 이념 체계를 말한다. 그런 의미에서 킴리카(Kymlicka, 2003)는 다문화국가의 특징으로 첫째, 하나의 민족 집단이 국가를 소유하는 것이 아니라 국가는 모든 시민에게 동등하게 속한다는 점, 둘째, 소수집단들에 대한 동화정책이나 배제정책을 거부한다는 점, 셋째, 소수집단에게 행해진 역사적 불의를 인식하고 이를 바로잡으려는 의지를 표출하는 점을 들고 있다(조원탁 외, 2014).

다문화정책에 대한 이러한 유형들은 실제로는 대부분 국가에서 한 가지만 적용되는 것이 아니라 하나를 중심으로 다른 두 가지가 병행되어 적용되거나 동일한 대상이라 할지라도 적용 영역에 따라 두 가지 모형이 동시에 채택되기도 한다(김미나, 2009). 한국의 경우 이주노동자(귀화자 제외)에게는 차별배제모형을 적용하여 배제적인 정책을 적용하는 반면 결혼이주여성에게는 동화주의 모형을 적용하여 주류사회에 통합을 꾀하고 있다.

<표 3-2> 다문화정책의 유형(Castles & Miller)

구분	차별배제모형	동화주의 모형	다문화모형	
			문화다원주의	다문화주의
정책 목표	문화적 단일성 유지 초점	이민자의 주류사회 순응	이주민의 다양성 인정 및 사회통합 추구	
정책 내용	• 이민자의 한정적 수용 및 분리 • 이민자 = 손님 노동자 (gastarbeiter) • 이민자의 특정 경제 영역에의 한정적 수용	주류사회 순응 시 그 대가로 그 사회의 일원으로 인정	주류사회가 존재함을 전제로 이주민의 문화적 다양성 인정	주류사회의 존재를 인정하지 않고 다양한 문화가 평등하게 인정되어야 함을 강조
적용 국가 및 사례	• 독일 • 일본	• 프랑스 • 1960년대까지 미국 이민정책 - 용광로 모형 (melting pot)	20세기 후반 미국 이민정책	• 캐나다 • 호주

4) 다문화주의

(1) 다문화주의의 의의와 유형

다문화주의는 동화주의와 차별배제모형이 다문화, 다인종 사회에 적합하지 않은 것으로 비판받으면서 등장하였다. 다문화주의는 동화주의가 사회통합보다는 종족 간, 민족 간 갈등의 원인이 된다고 보고 이에 대한 대안적 방안으로 나타났다. 캐나다의 사회학자 킴리카(1995)는 다문화주의의 선결 조건으로 자유민주주의에 대한 광범위한 합의와 지지가 있어야 하고 이것을 바탕으로 다양한 문화적 주체들의 특수한 삶의 권리를 보장하는 것이라고 정의하고 있는데, 이는 소수 다문화 이주자들에 대한 문화적, 정치적, 사회적 차이를 인정하고 이들에게 정당성을 부여하는 것을 뜻한다(지종화 외, 2009).

일본의 다문화학자인 세키네 마사미(關根政美)는 다문화주의의 유형을 자유주의적 다문화주의(liberal multiculturalism), 공동체주의적 다문화주의(corporate multiculturalism), 급진적 다문화주의(radical multiculturalism)로 나누고 있다(關根政美, 1996, 국회입법조사처, 2010 재인용).

- **자유주의적 다문화주의** : 사회통합을 위해 문화적 다양성을 허용하여 민족(ethnic) 집단의 존재를 인정하지만 시민생활과 공적 생활에서는 주류사회의 문화, 언어, 사회관습 등을 따라야 함을 말한다.
- **공동체주의적 다문화주의** : 자유주의적 접근법보다는 다양성의 승인을 조금 더 보장하면서 차별을 금지시키는 데 그치지 않고 사회적 소수자의 경쟁상 불이익을 인정하여 이들의 사회참여를 위한 적극적인 재정적·법적 지원을 통해 결과의 평등(equality of result)을 의도한다.

- **급진적 다문화주의** : 소수집단이 '자결'(self-determination)의 원칙을 내세워 문화적 공존을 넘어서는 소수민족집단만의 공동체를 지향하는 경향이 대단히 강한 경우를 말한다.

다문화주의는 개인 또는 소수집단이 가지고 있는 인종과 문화의 정체성과 다양성을 어떻게, 어느 정도 받아들이느냐에 따라 온건 다문화주의, 강경 다문화주의, 시장 다문화주의로 나눌 수도 있다(이은숙, 2007).

- **온건 다문화주의** : 외국 문화와 관련한 생활양식 소비 양식 등 비교적 가볍고 온건한 문화를 일상적인 생활 안으로 수용하는 것으로, 다분히 개인적이며 심오한 철학적 성찰이나 정치적 행동을 만들어 내지는 않는다.
- **강경 다문화주의** : 단순한 사회적 인정과 일상적인 생활방식의 변화 등을 넘어 소수집단의 다양성과 특수성을 공적으로 인정받는 것을 의미하며 정치적인 행동이나 정부의 인종적·문화적 다양성을 위한 정책, 그리고 다문화사회에 대한 근본적인 철학적 논의 등을 의미한다.
- **시장 다문화주의** : 다문화적인 생활방식이 상품화되는 것을 말한다. 시장 다문화주의는 철학적 논쟁보다는 다문화사회 안에서의 경제적 이익을 극대화시키는 것을 목표로 단순히 경제적 이익을 찾아가는 논리이다.

(2) 다문화주의의 비판

다문화주의는 주로 영미학계에서 정치적 성향과 관계없이 다양한 측면에서 비판을 받고 있는데, 비판의 요지는 개인성 침해 문제, 사회적 갈등, 분배의 문제, 소수자 중심의 사회 등이 있다.

먼저 **개인성 침해의 문제**를 보면 다문화주의는 소수집단 내 비자유주의적 문화의 용인으로 개인성이 침해될 수 있다는 것이다. 이는 다문화주의가 집단 간의 차이를 인정받는 동시에 소수집단 내 특정 계층의 인권과 기본적인 자유를 위협할 가능성에 대한 주장과 다문화 집단에게 부여된 예외적인 권리가 공동선을 위한 공동의 제도의 운영을 불가능하게 할 것이라고 비판한다(곽준혁, 2007).

둘째, **사회통합성의 문제**로 주로 공화주의적 정치진영에서 많이 주장되고 있다. 비판의 핵심은 다문화주의가 소수종족 집단의 가치와 규범에 따라 생각하고 살 수 있는 권리를 주창하는 것이 결국은 분리독립 주창으로 연결될 소지가 있으며 이는 국민국가의 공화주의적 합의를 침해한다는 점에서 사회통합에 해가 된다는 비판이다(엄한진 외, 2006)

셋째, 다문화주의가 **분배 문제**에 무관심함으로써 사회경제적 불평등을 심화시키고 있다는 시각이다(곽준혁, 2007). 다문화주의가 소수집단의 문화적 유산에 대한 인정만을 고집하기 때문에 계급의 역사적 의미와 분배의 문제에 소홀했다는 것(Higham, 1993 : 196)이다.

넷째, **소수자 중심의 사회가 가지는 문제**로서 소수의 다문화 이주자에 대한 다양한 지원과 보호는 다수를 점하는 주류 문화의 구성원에 대한 역차별을 발생시킬 수 있다(지종화 외, 2009).

다문화주의에 대한 이러한 비판들은 정치적 성향이나 이념에 따라 각기 다른 측면에서 비판받고 있다. 자유주의 진영에서는 공동체주의에 따른 개인의 권리문제를, 사회민주주의 진영에서는 다문화주의가 정치사회적인 과제를 무시하고 추상적이고 심리적인 문화에만 주력하는 점을, 공동체주의자들은 시민적 덕성을 추락시킨다는 점을 비판의 근거로 삼고 있다(곽준혁, 2007; 엄한진 외, 2006).

〈기사 한 컷〉

일상 속 스스럼 없는 외국의 다문화주의

캐나다 밴쿠버에서 유학 중인 김성규 씨(32)는 최근 기숙사에서 하숙으로 거처를 옮겼다. 집주인은 일본계 캐나다인이고 옆방 하숙생은 인도와 중국에서 온 유학생들이다. 가까운 곳에 살고 있는 한국계 교민이 적지 않을 뿐만 아니라 중국과 일본, 인도와 이란 등 아시아 곳곳에서 온 이주민들을 주택가나 상점가에서 자주 마주친다. 등교를 하지 않고 주거지 인근에서 보내는 휴일에는 어떨 땐 하루 종일 백인들을 한 번도 마주치지 않고 보내는 날도 적지 않다. 김 씨는 “지금 살고 있는 동네에 단순히 아시안 이주민 비율이 높아서 그렇다기보다는 밴쿠버 전체가 이주민, 특히 아시아 출신 비율이 높은 도시라 그렇다”며 “스시나 광동식 중국요리는 한국에 있을 때보다 몇 배는 더 자주 먹고, 인도나 중동 음식도 일주일에 한두 번은 먹을 정도로 다문화가 생활 속에 자리 잡고 있는 곳”이라고 말했다.

캐나다는 국가 자체가 ‘다문화주의’의 원조인 곳으로 해외에서 유입된 이주민 문화에 포용적인 나라 중 하나다. 1971년 세계 최초로 다문화주의를 정책적 방향으로 채택한 캐나다의 뒤를 이어 1970~1980년대 호주와 영국, 스웨덴, 프랑스 등의 나라들이 다문화주의 정책을 도입하기 시작했다. 이전까지도 일자리나 결혼, 정치적 망명 같은 문제로 국경을 넘어 이주한 역사는 있었지만 다른 문화를 바탕으로 살아가는 이주민들의 삶을 정부가 공식적으로 인정하기 시작한 역사는 그리 길지 않은 셈이다.

다문화주의 도입에 가장 앞선 캐나다는 1976년 이민법을 개정하고 1988년에는 다문화주의법을 만드는 등 다문화현상에 선도적으로 대처해 왔다. 흔히 이민자들의 나라로 알려진 미국이 이민자 출신 등록·비등록 인구를 모두 더해도 비율이 13% 안팎으로 추정되는 데 비해 캐나다의 이민자 인구 비율은 이미 20%를 넘겼다. 주요 7개국(G7) 가운데 가장 높다. 특히 전통적으로 캐나다 이민자 비율이 높았던 홍콩과 인도 출신에 이어 한국을 비롯해 아시아 전역에서 지속적으로 캐나다 이민을 선택하는 추세가 계속돼 아시아 출신 이민자의 비율이 전체 이민자의 절반을 넘고 있다.

출처 : 주간경향(2018. 9. 19). 일상 속 스스럼 없는 외국의 다문화주의 중 부분 발췌.

5) 다문화 감수성

두 가지 이상의 문화가 공존하는 상황(다문화)에서 자신이 속한 문화를 기준으로 상대의 문화를 배려하지 않거나 자신의 문화만을 강요하게 되면, 개인적 수준의 의사소통에 장애가 발생할 뿐만 아니라 사회통합 측면에서도 부정적인 결과를 초래할 수 있다. 다문화사회에서 사회적 정의와 평등 실현을 통한 사회통합이 이루어지려면 자신의 문화에 대한 성찰적 인식뿐 아니라 타 문화에 대한 올바른 인지적·정서적 이해가 선행되어야 하고, 이를 실제 행동으로 연결시킬 수 있는 역량이 필요하다. 다문화사회에서의 다양한 문화집단 간의 평화로운 공존을 위해 제시된 개념들로는 다문화 역량(intercultural competence), 문화 지능(cultural intelligence), 다문화 의사소통 능력(intercultural communicative competence), 다문화 감수성(multicultural sensitivity, intercultural sensitivity) 등이 있다. 그중 다양한 개념을 포괄하는 의미에서 다문화 감수성에 대해 알아보고자 한다.

(1) 다문화 감수성의 개념

다문화 감수성에 대한 개념 정의는 학자별로 다양하게 논의되고 있는데, '다문화 감수성은 다양한 문화 환경 속에서 다른 문화집단과의 성공적인 의사소통을 위하여 개인이 갖추어야 할 중요한 요소로서 문화 간 차이를 이해하여 받아들이고자 하는 적극적 욕구'(Chen & Starosta, 1997), 또는 '두 가지 이상의 문화집단 사이에서 나타나는 문화적 차이에 대한 반응으로 형성된 인지적·정서적 특성'(Bennett & Benntt, 2004), '다른 사람과 상호작용하고자 하는 사람들의 문화에 기반한 가치와 태도를 적당히 조율하는 기술이나, 속성을 사용하는 행동 범위를 촉진하는 능력'(Peterson, 2004, 우수명 외, 2015 재인용) 등으로 정의되고 있다. 종합해 보면 일반적으로 다문화 감수성은 '다양한 문화가 공존하는 환경에서 자문화중심적 관점을 초월하여 상이한 문화 간 차이의 중요성을 인정하면서, 다른 문화권 사람들의 관점을 이해하고 수용하는 민감성' 등으로 정의할 수 있다.

다문화 감수성의 개념에 대해 세밀하게 살펴보면 협의적 개념 규정과 광의적 개념 규정으로 나눌 수 있다. 이 구분의 기준이 되는 것은 다문화 의사소통 능력(intercultural communicative competence)의 세 차원, 즉 인지적 차원,

정서적 차원, 행동적 차원과 관련이 있다. 다문화 의사소통 능력의 인지적 차원에서 문화 간 지각(intercultural awareness), 정서적 차원에서 다문화 감수성(intercultural sensitivity), 행동적 차원에서 문화 간 노련함(intercultural adroitness)으로 구성되어 있다.

다문화 감수성 개념을 협의적으로 해석하는 경우는 다문화 감수성을 다문화 의사소통 능력(intercultural communicative competence)의 차원 중 하나인 정서적 차원의 상호문화 능력을 다문화 감수성이라 하였는데(Chen & Starosta, 1996), 이는 다문화 감수성의 개념을 좁은 의미로 규정한 것이라 할 수 있다.

반면 다문화 감수성을 광의적으로 보는 경우는 다문화 감수성을 다문화 의사소통 능력의 차원 중 정서적 차원을 포함해 인지적 차원과 행동적 차원 모두를 아우르는 통합적인 개념으로 이해하고 있다.

이상과 같이 다문화 감수성은 다양한 문화 속에서 타 문화의 특수성을 인정하고, 자신의 문화와 상이한 문화를 수용하며, 효과적인 상호관계를 구축할 수 있는 역량과 관련이 있다. 즉, 다문화 감수성은 타 문화권 사람들과 문화적으로 적절한 관계를 맺기 위해 문화적·사회적·언어적 상황을 이해하고 효과적으로 행동할 수 있는 다문화 역량의 구성요소이면서, 동시에 다문화 역량의 증진을 위해 필요한 요인이기도 하다. 또한 다문화 감수성은 고정된 역량이 아니라 교육과 훈련을 통하여 개발할 수 있는 역동적이며 변화 가능한 역량이다(우수명 외, 2015).

(2) 다문화 감수성 발달 단계

다문화 감수성은 고정된 개념이 아니라 다문화적 환경의 경험과 교육에 의해 변화 성장하는 개념이라 할 수 있다. 베넷(Bennett, 2004)은 어떤 사람은 문화 간 의사소통에 유능한 반면 다른 사람들은 그렇지 못한 점을 보고 사람에 따라 문화 간 의사소통의 역량에 차이가 있는 것에 대한 연구를 진행하여 다문화 감수성 발달 모델을 제시하였다.

다문화 감수성 발달 모델은 다양한 문화에 대하여 한 개인이 문화 간 감수성을 발달시키는 것에 초점을 두고 자문화중심주의 단계에서 민족상대주의 단계로 발달 진행하며 각 단계별로 3단계씩 하위영역이 존재한다. 먼저 **자문화중심주의적 단계**(the ethnocentric stages)에 해당하는 하위 단계는 **부정**(denial)부터 시작하여 **방어**(defense), **경시**(minimization)의 단계로 연결된다. **민족상대주의적 단계**(ethnorelative stages)는 **수용**(acceptance)부터 **적응**(adaptation), **통합**(integration)의 단계로 발전한다.

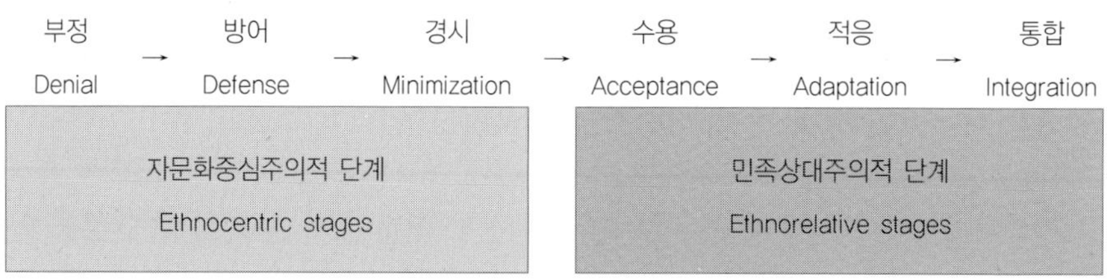

|그림 3-1| 다문화 감수성 발달단계

출처 : Bennett, M. J.(2004). Becoming interculturally competent. In J. S. Wurzel(Ed.), Toward Multiculturalism : A Reader in Multicultural Education. Newton, MA : Intercultural Resource Corporation.

① 자문화중심주의적 단계

자문화중심주의 단계는 전형적인 단일문화, 즉 자신의 문화가 현실 인식에서 가장 중심적이고 우선한다고 생각하는 관점으로 부정, 방어, 경시의 하위 단계로 나눌 수 있다.

- **부정**(denial) **단계**는 여러 문화 간의 차이를 인정하지 않고 자신의 문화만이 실제라고 믿는다. 자신의 문화에 대한 신념, 행동양식, 가치들은 의심할 여지 없이 가장 도덕적이고 우선적이라 생각한다. 이민자 등 다른 문화는 관심이 없고 자신의 문화 외에 다른 타 문화들을 분리하여 생각하지 않으며 다른 문화를 무시한다.

- **방어**(defense) **단계**는 자신의 문화를 진화된 유일한 좋은 문명 혹은 실행형, 즉 가장 성공적인 실용적인 문화로 인식한다. 자신의 문화는 다른 문화보다 우월하고 다른 문화는 열등하거나 자신의 것을 빼앗는 침입자로 간주한다. 세계는 '우리'와 '저들'로 조직되어 있다고 믿는다. 예를 들면, 이민자나 소수민족들이 자신들의 일자리를 빼앗는다고 생각하는 등 부정적인 고정관념을 가지고 있다.
- **경시**(minimization) **단계**는 문화 간의 차이를 인정은 하지만 모든 인간은 근본적으로 유사하다는 생각을 하면서 외형적인 문화 차이를 인식하고 수용한다. 자신의 문화적 세계관을 보편적인 것으로 생각하고 다른 문화를 하위문화로 간주하여 경시한다. 문화적 차이는 생물학적인 특성과 기질에 비하면 부수적인 것으로 간주하고, 자신의 인종과 민족을 과대평가하고 자신 문화의 기준을 다른 문화 집단에게 무의식적으로 강요한다.

② 민족상대주의적 단계

민족상대주의적 단계는 보다 윤리적인 의미로 정의된다. 자신의 문화가 다른 여러 문화권의 맥락, 즉 여러 가지 양식이나 가능성 중 하나로 인식되며 문화 간 차이를 구별하는 단계로 수용, 적응, 통합의 하위 단계가 있다.

- **수용**(acceptance) **단계는** 문화상대주의에 근거하여 다른 문화를 해석하며, 다른 문화의 현실적인 존재를 인정하고 자신의 문화와 동등하다고 생각한다. 수용의 단계에 이르기 위해서는 문화적 맥락에 대한 가치의 상대성을 받아들여야 한다. 가치 상대성의 문제를 해결하면 자신의 관점을 잃지 않으면서도 다른 문화의 관점을 수용할 수 있게 된다.
- **적응**(adaptation)**단계**는 한 개인의 세계관이 다른 문화의 세계관의 관련 구조를 포함하도록 확장되어 공감대를 형성하며 해당 문화에 적합한 인식과 행동을 할 수 있게 되는 단계이다. 적절한 감정과 행동으로 자신의 문화와 다른 문화 간에 자유로운 이동이 가능하게 되는 상태로 다문

화성의 기초가 된다. 여기서 말하는 적응은 동화(assimilation)를 뜻하지는 않는다. 적응은 이전의 자신의 세계를 포기하고 새로운 문화를 받아들여야 하는 대체성을 의미하는 동화와는 다른 것으로 자신의 신념과 행동의 확장을 의미한다. 적응은 지배 계층과 비지배 계층의 상호조정, 즉 서로 같이 적응하는 경향이 있다.

- **통합**(integration)**단계**는 개인이 다양한 문화 세계관을 자유롭게 이동할 수 있는 다문화적인 존재로서의 경험을 할 수 있는 단계이다. 특정 문화에 얽매이지 않고 자신에게 적절한 문화적 맥락을 끊임없이 선택하기에 문화의 주변인으로 남기도 한다.

<표 3-3> 다문화 감수성 발달 단계 및 특징

중심 단계	하위 단계	특 징
자문화 중심주의	부정	• 다른 문화 간의 차이를 인정하지 않음 • 자신의 문화만이 도덕적이고 우선이라고 인지함
	방어	• 다른 문화 간 차이를 인식하기는 하지만 자신의 문화가 우월하다고 믿음 • 이민자나 소수민족 문화에 부정적인 고정관념이 있으며 그들을 침입자로 여기기도 함
	경시	• 문화 간 차이를 인정하지만 자신의 문화적 세계관을 보편적이라 여김 • 자신의 문화 기준을 다른 문화 집단에 강요하기도 함
민족 상대주의	수용	• 다른 문화권의 현실적 존재를 인정함 • 문화적 맥락에서 가치의 상대성을 받아들임
	적응	• 다른 문화에 대한 공감대와 관점 이동이 가능해짐 • 다른 문화에 적합한 인식과 행동을 할 수 있게 됨
	통합	• 특정 문화에 얽매이지 않고 자유롭고 유연하게 자신에게 맞는 문화적 맥락을 끊임없이 선택함

생각 나누기

명예살인

❖ 다음 기사를 읽고 다른 문화에 대한 가치적 입장에 대해 토론해 봅시다.

파키스탄서 또 명예살인…18~21세 사촌 4명 희생돼

파키스탄에서 사촌지간인 젊은이 4명이 한 마을 공동체의 명령에 따라 '가문의 명예'를 이유로 살해됐다고 AP통신이 현지 경찰을 인용해 23일(현지시간) 전했다.

파키스탄 북서부 경찰은 이번 살인에 연루된 남성 한 명을 체포했으며 다른 관련자들을 추적하고 있다고 밝혔다.

이번 사건의 피해자는 18~21세의 남성 2명과 여성 2명으로, 이들의 시신은 지난 21일 그들이 살았던 외딴 산골 마을에서 발견됐다.

파키스탄에서는 혼외 성관계, 부적절한 의상 착용, 배교 등으로 가문의 명예를 더럽혔다며 가족 구성원이 다른 가족 구성원을 살해하는 '명예살인'이 2015년에만 1천 건 이상 벌어졌다. 희생자 대다수는 여성이었다.

2012년에는 결혼식 중 남성 무용수들에게 환호했다는 이유로 5명의 여성이 같은 지역에서 살해됐다.

파키스탄 의회는 2016년 명예살인 처벌 강화법을 통과시켜 명예살인에 대해 25년 이상 징역형으로 처벌하도록 했으며 희생자 가족이 가해자를 용서하더라도 처벌을 피하지 못하도록 했다.

출처 : 연합뉴스(2018. 12. 23).

제 2 부

차별과 인종주의

일상생활을 잠식하는 좌절감,
의사소통이나 의미 있는 관계수립의 불가능 등은
영혼을 움츠러들게 한다.

Edward T. Hall(1976). 『문화를 넘어서(Beyond culture)』 중

제 4 장 차 별[1)]

세계화로 인한 다문화 사회의 도래와 사회통합 문제는 한국만의 문제가 아니라 세계 각국이 당면한 사회적 흐름이자 과제이지만, 특히 한국처럼 그간의 단일민족 신화 아래 동질성을 강조하며 이를 사회통합의 밑거름으로 써온 역사적 경험을 가진 사회의 경우는 더욱 다문화에 대한 관점, 인지, 태도 등을 합리적이고 적극적으로 습득・배양하여 다문화 역량을 고취시킬 필요가 있다. 이 장에서는 다양한 문화를 지닌 구성원들이 평화롭게 공존하기 위한 방법 모색의 일환으로 기존 다문화 관련 이슈 중 차별을 중심으로 살펴봄으로써 서로의 존재와 문화를 융통성 있게 유연한 자세로 수용할 수 있는 관점과 태도의 기초를 익히고자 한다.

1. 차별의 개념

차별은 다양한 분야에서 많이 쓰이는 개념이다. 다음 장에서 학습할 인종주의도 결국은 차별, 즉 인종차별로 연결된다. 차별(差別)이란 평등 혹은 동등한 대우와 대립되는 개념으로 국립국어원 표준국어대사전에 따르면 "둘 이상의 대상을 각각 등급이나 수준 따위의 차이를 두어서 구별함"으로 명시되어 있다. 그러나 차별은 구별(區別)이나 분화(分化)와 동일한 의미는 아니다. 왜냐하면 같은 수준에서 성질에 따라 나누는 것이 아니라 불평등하게 누구에게 불이익과 손해를 끼치는 것을 목표로 삼거나 아니면 그러한 결과

---

1) 이 장은 허영식(2010). 다문화사회와 간문화성 중 '차별의 문제와 차별철폐방안'의 내용을 중심으로 추가・보완・정리하여 구성하였음

를 수반하기 때문이다.

차별의 기준은 대개 많은 사람들에게 공통되고 사회적 의미와 중요성을 띤 특징, 즉 인종, 성별, 소속, 장애, 연령, 정치적 신념, 종교, 언어 등이 기준이 된다. 차별의 기제는 원칙적으로 행위 주체와 객체 사이의 힘의 불균형에서 기인하며, 이는 법적 규범이나 국가기관의 실천에 기초한 국가적 수준이나, 개인 혹은 사회집단에 의한 사회적 수준, 또 조직과 제도의 일정한 기제와 과정을 통해 불평등이 발생하는 제도적 차원 등에서 발생할 수 있다. 차별이 가져오는 결과는 경시, 물질적 손실, 심리적 불안부터 정치적 박해, 신체적 폭행, 대량학살에 이르기까지 다양하다.

2. 차별의 형태

차별을 제대로 이해하려면 차별의 사회적 맥락을 고려할 필요가 있다. 사회적 불평등, 국민국가 사이에 존재하는 권력 및 지배의 관계, 국민과 국민이 아닌 자, 다수집단과 소수집단, 남성과 여성, 확고한 지위를 가진 자와 국외자 사이에 존재하는 권력 및 지배의 관계, 사회적 계급·계층 사이에 존재하는 권력 및 지배의 관계가 작동한다. 이러한 사회적 맥락과 이데올로기를 바탕으로 〈표 4-1〉과 같은 다양한 차별의 형태가 도출된다.

<표 4-1> 다양한 차별의 형태

개인적 차별	사회적으로 동원 가능한 귀속요인, 편견, 적대적 심상에 기초한 개인적 행위
집단실천으로서의 차별	사회적으로 공유된 편견 및 적대감과 결합한 집단적 실천으로서의 차별, 그리고 집단 간 관계와 갈등의 맥락에서 작용하는 차별
일상문화적 차별	(민족·국민·인종·성별·사회계급과 관련하여) 사회적으로 널리 영향력을 행사하는 잠재적·명시적 기대에 기초한 불평등한 대우, 그리고 특성 및 능력의 귀속에 기초한 불평등한 대우

법적 차별	법적인 구분(내국인·외국인, 이주노동자·난민, 체류와 관련된 지위 따위)에 기초하여 정치적·법적으로 확보된 불평등한 대우
조직에 특정한 차별	(학교, 직장 등에서 구성원으로서의 자격과 지위, 경력, 성취에 대하여 의사결정을 내리는 데 있어서 지침을 수립하는) 조직에 특정한 정상성의 설계(예 언어능력, 신체적, 정신적 건강)에 기초한 불평등한 대우
부차적 차별	이차적 혹은 부차적 특징(소득수준, 교육수준, 체류와 관련된 지위, 온전한 가족배경)에 기반을 둔 (이주자와 소수집단에 대한) 불평등한 대우

출처 : Hormel & Scherr(2005), p. 27, 허영식(2010) 재인용.

3. 이주자에 대한 차별

이주자들에 대한 차별은 국가수준의 법적 규범의 형식을 통해 나타나는데 이때 중요한 요인으로 작동하는 것이 외국인의 지위이다. 이주자는 추상적 이념 수준이 명시된 헌법적 차원(인간존엄성, 인권 등)에서는 원주민과 평등한 권리를 누린다. 그러나 당사자의 핵심 생활영역, 즉 입국과 체류, 후발 가족이주, 노동시장·자영업·사회보장에의 접근, 체류만료 등과 관련하여 국가가 특별한 처분권한을 행사할 수 있고, 이때 이주자가 불평등한 지위에 놓이게 된다.

외국인의 지위와 관련된 이와 같은 법적 불평등 대우는 인종·민족·종교·세계관의 측면에서 존재하는 차별에 대하여 사람들이 부당하다는 의식을 별로 갖지 못하게 하는 원인이 되기도 한다. 국가적 수준에서 이주 국가의 공적 업무를 담당하고 있는 공무원이나 관련 사무원들에 의해 행해지는 이주민에 대한 위압적이고 경시하는 태도, 경찰의 부당한 행위 등으로 나타나는 차별 및 권리침해가 이에 해당한다. 사회 수준에서 나타나는 차별은 재화·용역·주택·고용기회 등 범위가 상당히 넓고 다양한데 그 결과 또한 이주자의 생명 · 자유 · 안전시설에 위협을 가하게 된다(Schulte, 2006 : 370-371, 허영식, 2010 재인용).

4. 차별철폐조치의 요소

차별을 줄이고 예방하는 차별철폐조치의 요소로는 법적 규범 정착, 제도적 · 조직적 구조 마련, 적극적 차별철폐를 위한 소수집단 우대정책 실시, 다양한 사회집단 혹은 구성원의 차별철폐조치 사업에의 동참, 차별에 대한 교육과 계몽활동 강화, 차별철폐 전담기구 설치 등이 있다.

- **법적 규범 장착** : 국제법과 헌법에서 설정한 보편적인 원칙 아래, 서로 다른 영역의 여러 가지 다른 형태의 차별을 포괄하여, 차별을 예방하고, 차별적 행위로부터 보호할 수 있는 권리를 보장할 수 있는 법적 규범을 정착시키는 것이 중요하다.
- **제도적 · 조직적 구조 마련** : 잠재적으로 차별을 받을 수 있는 사람들을 포함하여 차별을 받는 당사자들에게 보호, 자문, 도움을 줄 수 있는 제도적 · 조직적 구조의 마련이 필요하다.
- **적극적 차별철폐를 위한 소수집단 우대정책 실시** : 사회적 약자(소수집단)가 감내해 온 기존의 불평등과 불이익을 적극적인 자세로 줄여나가려는 조치(affirmative action)의 실행이 불평등을 줄일 뿐만 아니라 향후 일어날 수도 있는 불평등을 미연에 방지할 수도 있다.
- **차별철폐 조치에 대한 다양한 사회구성원의 참여 유도** : 국가적 제도 및 정당 이외에 사회구성원과 사회단체 등 다양한 행위주체를 차별철폐 사업에 동참시켜 차별철폐조치의 효과성과 효율성을 담보한다.

- **차별철폐에 대한 계몽과 교육** : 일반 대중에게 교육과 계몽을 통하여 차별철폐와 관련된 여러 가지 정보를 제공하여 인권과 다문화에 대한 감수성을 증대시키는 활동을 강화한다.
- **차별철폐 전담기구 설치** : 정치적 독립성과 필요한 권한, 그리고 전문적인적 전제조건을 갖춘 전담기구가 존재한다면 차별철폐조치의 성공 가능성도 높아질 것이다. 차별철폐전담기구가 국가의 지원 속에서 차별철폐와 관련된 정책을 개발하고 실행하면 더욱 효과적인 차별철폐 조치가 모색될 수 있다.

이주자에 대한 차별을 예방하고 감소시키려면 상황과 조건에 따라 이상의 차별을 줄일 수 있는 다양한 요소들을 복합적으로 조합하여 활용하여야 한다.

제 5 장 인종주의

인종주의는 생물학적 분류 기준으로 또는 문화적 구분으로 인간의 우열을 매겨 우월한 인종이 그렇지 않다고 평가된 인종을 억압·착취하는 것을 정당화시키는 기제로 많이 악용된 개념이다. 악명 높았던 남아프리카 공화국의 아파르트헤이트, 제국주의 서구열강들이 시행한 아프리카 노예제도, 아메리카 원주민 학살 및 고사, 이민자의 나라 미국에서 공식적·비공식적으로 여전히 횡행하고 있는 인종차별, 나치의 유대인 학살 등 인종주의는 근대 세계사 곳곳에 지울 수 없는 상흔을 남겼고 여전히 그 잔재가 존재하는 것이 사실이다. 인간의 인간에 대한 비도덕적인 도구화를 합리화하는 인종주의는 지나간 인류 역사의 큰 오점이기도 하지만 더욱 심각한 것은 인종주의가 이미 지나간 과거가 아니라 현재진행형인 동시에 미래 어느 순간 인류 공동체를 파고들 수 있는 뿌리 깊은 이념이라는 것이다. 따라서 우리는 평화가 공존하는 사회통합과 발전을 위해 인종주의에 대한 인식과 이해를 바탕으로 이에 대응할 필요가 있다.

1. 인종주의의 개념 및 역사적 배경

인종주의는 특정 외모를 기준으로 우월성과 열등성이 생물학적으로 설명될 수 있다고 믿는 것이다. 인종주의는 종족 간 불평등한 현실을 생물학적 차이로 설명하며, 현실에서의 불평등을 주로 사후적으로 정당화하는 역할을 수행한다(엄한진, 2011). 즉, 사람을 우월한 인종과 열등한 인종으로 구분하여 사람 사이의 지배와 예속을 합리화하는 이념이다.

실제 인류역사에서 인종주의를 기반으로 한 사례가 많이 있는데 유럽인들의 비유럽 세계에 식민지를 개척하고 식민지인의 노예화나 착취를 정당화하는 데 쓰인 이념이며, 독일의 유대인 학살의 근저에 깔린 이념이기도 하다(강철구, 2009).

인종주의를 이해하려면 먼저 인종(race)이라는 개념의 기원부터 살펴볼 필요가 있다. 인종은 고대부터 그 의미의 기원을 찾을 수 있으나 실제 인종이 인간관계에 근본적인 영향을 미치기 시작한 것은 근대라 할 수 있다. 그나마 인종이라는 단어의 뜻은 일관되게 쓰이지 않았고 화자에 따라 다른 의미로 쓰이기도 했다. 'race'라는 단어는 원래 가축의 종자를 가리키는 말이었는데 이 단어가 17세기 들어서면서 사람에게도 적용되기 시작하였다. 17세기 스페인에서 발행된 사전을 보면 이 단어는 유대인이나 무어인의 가계 구성원을 경멸하는 의미로도 사용되었음을 알 수 있다. 17세기와 18세기에 들어오면서 인종이라는 단어는 민족이나 국민이라는 의미로도 쓰여 영국 국민은 'the English race', 프랑스 국민은 'the French race'로 표기되었다. 이와 같이 '인종'은 인간의 신체적·생물학적 특징뿐 아니라 유대인종과 같은 종교에 따른 구분, 특정 민족이나 국민에 대한 지칭으로도 사용되었으며, 더 나아가 인류(human race)와 같이 전체 인간의 종을 가리키기도 했다(강철구 2002; 박경태, 2009).

인종은 생물학적이며 동시에 사회학적인 의미를 가진다. 먼저 생물학적으로 볼 때 인종은 19세기에 인간의 신체 특징에 따라 코카서스인종(Caucasoid), 몽골인종(Mongoloid), 흑인종(Negroid) 세 유형으로 구분하였는데 이런 구분은 기준이 모호하고 상당히 자의적인 측면이 있다. 사회학적인 측면에서 '인종'은 사회·정치적 중요성에서 의미가 있다. 특히 인종적 유산을 사회적·개인적 특질과 연관시킬 때 인종은 사회적 의미를 가지게 된다.

인종이라는 불분명하고 자의적인 개념에 의존하여 인간과 인간 사이의 우열을 구분짓고 상호 관계에서 발생하는 불평등을 합리화하는 이념이 '인종주의'이다. 인종주의는 다음과 같은 기본 가정에 기초한다.

- 특정 인간집단은 신체적 특질에 따라 다른 인간집단과 구별되는데, 이들 사이의 차이는 동물의 다른 종 사이의 차이와 같다.
- 신체적·정신적 특질들은 상호의존하며 그 특질들은 지속된다. 정신적 자질은 유전에 의해 전달되며, 교육이 그것을 변화시킬 수 없다.
- 집단은 개인의 행동에 영향을 미친다. 개인의 행동은 대체로 그가 속한 인종 문화적 집단에 의존한다.
- 인종은 서로 다를 뿐 아니라 서로 간에 우열로 나타난다. 이는 신체적 아름다움이나 지적·도덕적 특질의 우열로 나타난다.
- 이상의 지식에 근거한 도덕적 판단이나 정치적 이상이 나타나고, 이에 따라 열등한 인종에 대한 예속화와 절멸이 정당화된다.

위에서 제시된 인종주의의 기본 가정에서 알 수 있듯이 인간 집단 사이의 우열을 가정하는 인종주의는 사회적 자원, 즉 경제적 부, 정치적 권력, 사회적 특권과 같은 자원 분배에서 발생하는 불평등을 정당화시킨다. 다문화 사회에서 종족은 분배의 성격을 결정하는 중요한 기초 단위가 되고, 종족의 서열에 따라 사회적 자원이 분배됨으로써 결과적으로 종족 간 불평등이 야기되고, 이러한 불평등을 합리화하고 정당화하는 신념체계를 필요로 하게 되는데(Marger, 1994, 강철구, 2002 재인용) 인종주의가 바로 그런 역할을 한 이데올로기이다.

인종주의는 다른 외부 집단을 열등한 것으로 간주하여 해당 타자에 대한 멸시, 예속, 분리, 배제, 축출, 더 극단적으로는 절멸 등 인종화된 집단의 상황과 목적에 따라 정책범위를 정당화하거나 합리화하는 데 활용되었다.

근대적 인종주의는 15세기 포르투갈의 서아프리카 해안 흑인 납치·매매를 시작으로 15세기 말 '대발견' 이후 스페인, 영국, 프랑스, 네덜란드인들이 아시아·아메리카·아프리카로 진출하면서 더욱 강화되었다. 처음에 그들은 비유럽인에 대한 착취와 노예화를 신체적 차이가 아니라 문화적 원시성과 종교적 요인으로 설명했으나, 이후 새로운 정당화 이론으로 본격적인 인종주의가 등장하면서 백인종은 황인종이나 흑인종에 비해 정신적으로나 육체적으로 우월한 자질을 유전적으로 가지고 있는 우월한 문화를 건설할 수 있는 존재로, 비유럽인들은 인종적·천성적으로 열등한 야만적 존재로 간주하며, 비유럽인들에 대한 자신들의 식민지배와 노예화를 통한 착취를 합리화하였다(강철구, 2002). 이후 인종주의는 제국주의 시대에는 열등한 존재의 야만성을 문명화시킨다는 미명하에 세계의 서구화를 정당화하는 이데올로기로, 산업자본주의 단계에서는 인종에 따른 분열을 통해 노동자 계급을 지배하는 효과적인 이데올로기로 작용하였다(엄한진, 2011).

인종주의는 두 차례의 세계대전을 거치면서 인간 존엄과 인권에 대한 새로운 인식과 자성의 분위기 속에 적어도 공식적·표면적으로는 금지된 이념이나, 실제적으로는 생물학적 우월성보다 민족 간 문화 특질의 차이를 강조하는 문화담론의 형태, 즉 '신인종주의(new racism)'로 여전히 그 영향력을 발휘하고 있다.

2. 인종주의의 유형[1)]

인종주의의 유형 구분은 기준에 따라 다양하게 분류된다. 먼저 인종주의 역사에서 살펴보았듯이 근대 이전의 인간의 생물학적 특질에 근거한 '고전적 인종주의'와 제2차 세계대전 이후 등장한 문화적 차이에 초점을 둔 '신인종주의'로 나눌 수 있다.

1) 이 절은 엄한진(2011). 다문화 사회론에서 대부분의 내용을 발췌·정리하였다.

페레올과 쥐쿠아(Ferreol & Jucquois, 2004)는 인종주의를 보편주의적 인종주의, 차이를 강조하는 인종주의, 착취적 인종주의, 절멸의 인종주의로 나누고 있다. **보편주의적 인종주의**는 차이에 대한 증오를 특징으로 하며, 정체성을 부정하고 다양성과 차이를 가치와 권리로 인정하지 않는다. **차이를 강조하는 인종주의**는 단일한 인류라는 보편적 관념을 부정하고 외형상의 차이 또는 문화적 차이를 절대시·신성시하며, 문화 간 소통 불가능성을 강조한다. **착취적 인종주의**는 유럽 식민주의와 근대의 노예제적 지배를 정당화하는 기능을 가진 이데올로기적 인종이다. **절멸의 인종주의**는 나치즘과 같이 자신들의 영토에서 종족적 타자를 사라지게 하는 의미를 지닌 인종학살 계획을 가지는 인종주의이다.

<표 5-1> 인종주의 유형

인종주의 유형	내 용
보편주의적 인종주의	다양성과 차이를 가치와 권리로 인정하지 않음
차이를 강조하는 인종주의	외형상의 차이 또는 문화적 차이를 절대시함 문화 간 소통 불가능성 강조
착취적 인종주의	식민주의, 노예제를 정당화하기 위한 이데올로기적 인종주의
절멸의 인종주의	일정 영토에서 종족적 타자를 사라지게 하는 인종주의

출처 : Ferreol & Jucquois(2004).

인종주의를 미국의 사례를 근거로 지배하는 인종주의(dominative racism)와 기피하는 인종주의(aversive racism)로 구분하기도 한다. 이 중 **지배하는 인종주의**는 미국 남부에 많은 유형으로 인종적 위계질서가 존중되는 가운데 공존을 추구하는 형태의 인종주의이다. **기피하는 인종주의**는 미국 북구에 해당하는 인종주의 유형으로 직접 지배하거나 차별하기보다 접촉 자체를 기피하는 형태의 인종주의로, 공간적으로 인종별 거주 지역이 구분되는 게토(ghetto)화 현상이 발생한다.

또 다른 인종주의 유형으로는 제도, 관행, 일상의 차원을 기준으로 범주화하는 제도적 인종주의, 관행(문화)적 인종주의, 일상(개인)적 인종주의가 있다. **제도적 인종주의**는 특정 집단에게 이익과 혜택을 보장하고, 다른 인종 집단에 대해서는 차별과 억압, 불이익을 발생시키는 각종 사회 제도와 정책을 실시하는 경우를 말한다. 1960년대 미국 흑인인권운동을 촉발시킨 흑인용 좌석과 백인용 좌석을 분리한 대중교통 등이 이에 해당한다. **관행(문화)적 인종주의**는 사회 주류의 지배집단의 문화적 관습과 관행을 우월하다고 여기고 이를 기준으로 다른 문화와 집단을 열등하다고 간주하는 신념과 관행을 말하는데, 예를 들면 특정 색을 '살색'으로 표현하거나, 대부분 백인을 중심으로 기술된 위인전 등이 해당된다. **일상(개인)적 인종주의**는 일상생활에서 의식적・무의식적 고정관념, 믿음, 태도, 행위 등으로 지속적으로 행해지는 인종에 대한 차별을 말한다. 인종에 대한 차별적 농담, 모멸적 언행, 우월의식 등이 여기에 해당한다.

3. 인종주의의 영향

인종주의가 결과적으로 초래하는 부정적인 영향은 인류 사회의 다양한 영역에 뿌리 깊게 남아 그 힘을 발휘하고 있다. 인종주의로 인한 차별과 착취가 공공연하게 만연했던 시대는 말할 것도 없고, 법적으로 인종주의를 금하고 있는 현재에도 인종주의는 개인적 차원의 인간존엄 훼손이라는 미시적인 측면뿐 아니라, 사회적 차원의 정의 실현의 걸림돌이 되어 거시적 측면에서도 해당 사회의 통합과 발전을 저해한다.

미시적인 측면에서 인종주의는 사회의 구성원인 개인에게 스며들어 자유로운 인간으로서의 자아실현 도달에 영향을 끼친다. 인종주의 등 특정 집단에 대한 고정관념은 자신의 외부에서 시작되지만 그 집단 구성원이 집단에 소속감을 가지면서 내면화시켜 자신의 정체성의 일부로 받아들이게 된다. 다른 말로 사회적 정체성을 형성하게 되며, 집단과 자신을 동일시하기 때문에 집단에 대한 고정관념은 자기 자신에 대한 고정관념으로 흡수되고 이 고정관념이 행동에 영향을 미친다. 따라서 그 고정관념이 무엇이냐에 따라 구성원 각자의 역량이 달라진다(김지혜, 2019 : 66).

인종구분과 제도화가 인간에게 어떤 영향을 미치는지를 여실히 보여준 대표적 실험이 1947년 미국 최초의 흑인 심리학 박사인 클라크와 클라크(Kenneth, Clark & Mamie, Clark, 1947)가 "흑인 어린이들의 인종 식별 및 선호도(Racial identification and preference in negro children)"라는 주제로 발표한 연구이다. 연구 결과 연구에 참여한 대다수의 흑인 어린이들은 자신이 유색인임에도 불구하고 백인 인형을 선호하고 갈색 피부의 인형을 부정하는 경향이 있었다. 실험에서 어린이들에게 요청된 마지막 질문은 어린이들 본인의 인종적 정체성에 관한 문항(본인과 닮은 인형 선택)이었는데, 실험 초반에 게임처럼 자유롭고 여유롭게 실험에 임하던 어린이들이 후반 질문에 이르자 유색인종에 대한 자신의 부정적 시각과 자신의 인종적 정체성 사이에서 혼란을 느끼며 일부 어린이들은 울거나 실험장 밖으로 뛰어 나가기도 했다. 또 다른 일부 어린이들은 유머나 합리화로 자신이 처한 딜레마로부터 벗어나려는 시도를 하였는데 '여름에 선탠을 해서 나의 피부색이 갈색으로 보이는 것이다' 식으로 유색인 인형과 자신의 정체성을 동일시하는 것을 합리화하기도 했다. 이 연구 결과는 인간이 자신이 속한 집단의 편견과 고정관념을 포함한 가치와 자기 자신을 동일시하고 내면화하게 되면서 나아가 그것이 본인의 자아인식과 역량에 영향을 미친다는 점을 보여준다.

심화자료 '흑인 어린이들의 인종 식별 및 선호도' 연구 – 인형실험

연구 문제

흑인 아이들의 자아발달과 자아인식의 기능으로서 인종적 정체성의 진원 및 발달의 분석을 위한 실험 연구

연구 절차

253명의 3~7세 흑인 어린이들(피실험자)을 대상으로 2개의 노란 머리의 백인과 다른 2개의 검은 머리의 갈색(유색) 피부 인형을 제시 - 4개의 인형 모두 흰 기저귀를 제외하고는 옷을 입지 않은 상태이며, 머리, 팔, 다리의 위치는 모두 같다.

실험자는 어린이들(피실험자)에게 다음 질문에 따라 인형 중 하나를 선택하여 줄 것을 요청함

1. 네(피실험자)가 가장 좋아하는(혹은 같이 놀고 싶은) 인형을 나(실험자)에게 주세요.
2. 착한 인형을 나에게 주세요.
3. 나빠 보이는 인형을 나에게 주세요.
4. 예쁜 색 인형을 나에게 주세요.
5. 백인 어린이처럼 생긴 인형을 나에게 주세요.
6. 유색인 어린이처럼 생긴 인형을 나에게 주세요.
7. 흑인 어린이처럼 생긴 인형을 나에게 주세요.
8. 너와 닮은 인형을 주세요.

※ 1~4번까지의 요청은 어린이들의 선호도를 나타내도록 설계되었고, 5~7번까지의 요청은 인종적 차이에 대한 지식을 표시하도록 하였으며, 8번은 자아 식별을 보여준다.

연구 결과

- 대부분의 아이들은 피부색에 따른 인종을 구별하였고, 자신의 인종에 대한 식별 능력이 있었음
- 인종적 선호도 질문(1~4번)에 대해서는 67%의 어린이들이 백인 인형을 가장 좋아하는(혹은 같이 놀고 싶은) 인형(1번 요청문항)으로 선택하였고, 59%의 어린이들이 백인 인형을 착한 인형(2번 요청문항)으로 선택하였으며, 60%의 어린이가 백인 인형을 예쁜 색 인형(4번 요청문항)으로 선택하였다. 반면 나빠 보이는 인형 선택 문항(3번 요청문항)에 대해서는 17%의 어린이만이 백인 인형을 선택하였고, 59%의 어린이가 유색인 인형을 나빠 보이는 인형으로 선택했다.

선 택	요청 1번 (같이 놀고 싶은 인형)		요청 2번 (착한 인형)		요청 3번 (나빠 보이는 인형)		요청 4번 (예쁜 색 인형)	
유색인 인형	83명	32%	97명	38%	149명	59%	96명	38%
백인 인형	169명	67%	150명	59%	42명	17%	151명	60%
무응답	1명	1%	6명	3%	62명	24%	6명	2%

출처 : Kenneth, B. Clark & Mamie, P. Clark(1947). Racial identification and preference in negro children. In E. L. Hartley(Ed.), Readings in Social Psychology. New York : Holt, Rinehart, and Winston, p. 175.

인종주의는 한 인간의 개개인의 개별적인 특성을 인정하지 않고 인간을 인종이라는 범주에 넣어 그의 본질과는 상관없는 고정관념과 편견으로 평가하고, 이를 기준으로 차별과 불평등을 자행하며 이를 정당한 것으로 스스로 합리화한다는 점에서 문제가 많다. 특히 특정 집단이 사회의 자원분배에 있어 자신이 속한 집단에게 보다 더 유리한 입지를 점하기 위해 이러한 편견을 조장하고 확대시키는 경우도 있음을 부정할 수 없다.

4. 인종주의 사례

1) 남아프리카 인종차별 정책 - 아파르트헤이트(Apartheid)[2]

아파르트헤이트(Apartheid)[3]는 1948년부터 1994년까지 남아프리카공화국에서 시행된 백인에 의한 인종 격리, 차별정책을 말한다. 그러나 사실상 남아프리카 공화국의 소수 백인 지배집단에 의한 유색인종에 대한 인종차별적

---

2) 아파르트헤이트에 관한 내용은 김광수(2018). 남아프리카공화국의 인종 갈등과 화해 그리고 공존을 향한 평화개념 맥락화에 대한 역사적 고찰 : 우분투와 진실과 화해위원회를 중심으로. 한국아프리카학회지, 53, 3-44의 내용에서 발췌・보완하였다.

3) 아프리칸스어로 분리(separateness, apartness)를 의미한다.

착취와 폭압은 이미 약 300년 전인 1652년 남아프리카공화국에 처음 발을 디딘 네덜란드인들을 시작으로 1688년 프랑스 위그노 교도들, 1820년 영국인, 그리고 마지막으로 독일인들이 이주한 이후 지속적으로 시행되었다고 할 수 있다. 남아프리카공화국의 인종갈등은 처음 이주한 네덜란드계와 이후 이주한 영국계의 경쟁 때문에 더욱 심화되었다. 남아프리카에 다양한 문화적 배경을 가진 백인들이 모여들면서 이들은 아프리칸스어를 사용하는 백인(주로 네덜란드, 독일, 프랑스 출신)과 영어를 사용하는 영국계 백인으로 나누어졌다. 아프리카너의 민족적 정체성은 17세기 네덜란드계 백인의 이주부터 여러 세기 동안 형성된 것으로 인종차별의 원인이 되었다. 상대적으로 뒤늦게 남아프리카에 이주한 영국 출신 백인들은 먼저 정착한 네덜란드 이주민을 정복하고 영어와 영국의 문화를 강요하였고, 이를 피해 아프리카너들의 대이주(1835~1840년)가 발생하게 되었는데, 이러한 백인들 간의 분열과 대립은 결과적으로 원주민에 대한 인종적 차별과 분리를 합리화하고 용인하는 결과를 가져왔다(김윤진 외, 2013).

1948년 아프리카너들을 기반으로 남아프리카공화국 국민당(NPSA : National Party of South Africa)이 단독으로 정권을 잡자 백인정권은 33개에 달하는 각종 인종차별법을 한층 강화하여 흑인과 유색인종을 탄압하였다. 아파르트헤이트 정책은 흑인들의 삶 전반에 걸쳐 탄압과 권리침해를 하였는데 일단 흑인들을 지정된 지역에 격리시켜 생활하게 하였고, 정치적으로 참정권을 허용하지 않았으며, 경제적으로 백인노동자들에 비해 열악한 저임금 노동으로 내몰고, 1955년 반투교육법 제정 등으로 질 높은 교육을 받을 권리도 박탈하였다. 이 외에도 이동의 자유를 제한하는 통행법 실시, 엄격한 흑백 결혼 금지 등의 정책으로 유색인을 포함한 흑인의 존엄을 침해하였다. 아프리카너들이 주도권을 잡은 국민당의 세 가지 중요한 정책은 첫째, 아파르트헤이트, 둘째, 아프리카너의 우월적 지배, 셋째, 공화국의 건설이었다.

이러한 남아프리카공화국에서의 악명 높은 인종차별을 감행한 아프리카너들은 기독교 정신과 이념으로 무장하였는데 스스로를 신에게 선택된 민족으로 간주하고 자신의 임무는 백인문명을 유지하는 것이라 믿었다. 또한 이들은 모든 민족은 자신의 고유한 문화적 정체성을 가지고 신이 부여한 운명에 따라 살아야 하는데, 인종 간의 결합을 포함한 인종 사이의 과도한 접촉은 관련된 인종의 내부 잠재력을 파괴하고 부정하게 만들 수 있다고 주장하였다. 이에 인종적 혼합에 대한 두려움과 인종의 순수성을 지키려는 백인들의 결정은 아파르트헤이트 제도의 핵심적인 내용이 되었다.

남아프리카공화국의 인종차별정책에 대한 저항운동은 19세기 말부터 시작되어 이후 아프리카 민족회의 등의 여러 저항 단체의 주도로 확대되었다. 전 세계에 남아프리카공화국 백인 정부의 잔악성이 알려진 대표적인 사건으로는 1960년 샤프빌 대학살(Sharpeville massacre) 사건과 1976년 소웨토 항쟁(Soweto uprising)이 있다.

- **샤프빌 대학살** : 남아프리카공화국의 인종차별정책 중 하나인 '통행법' 실시와 관련이 있다. 이 법에 따르면 흑인은 물론 유색인종은 그들에게 지정된 구역을 벗어날 때 항상 '통행권'을 소지하고 있어야 한다. 일종의 국내 여권인 이 신분증에는 사진과 지문을 포함한 신상 명세가 상세히 기록되어 있으며, 백인은 어떤 흑인에게든 제시를 요구할 수 있다. 거부는 체포로 이어진다.

  1960년 샤프빌의 경찰서 앞에 수천 명의 흑인이 모였다. 통행권을 지참하고 있지 않으니 체포해 가라는 시위였다. 군중이 늘어나면서 평화롭고 축제 같던 분위기가 점차 격앙되어 갔다. 마침내 기관총까지 동원한 경찰의 총격이 시작되었다. 전투기까지 저공비행하며 군중을 해산시켰다. 기껏해야 돌멩이를 들었을 뿐인 시위대 69명이 사망했는데, 그들 대다수는 등에 총을 맞았다.

국제적인 비난을 받은 이 사건 이후에도 남아프리카공화국 정부에서는 영연방에서 탈퇴하면서까지 인종차별정책을 멈추지 않았다. 물론 냉전 체제 속에서 남아프리카공화국을 자신의 진영에 포함시키려던 미국을 비롯해, 이곳 자원에 탐을 내던 서구 강대국의 막후 지원이 있었기에 가능한 일이었다. 그렇지만 정부에 저항하던 흑인 단체에서는 지금까지의 소극적인 저항에서 벗어나 무장 투쟁으로 노선을 선회했다. 그들의 노력에 힘입어, 그리고 국제 사회의 압력에 못 이겨 결국 '통행법'은 1986년에 철폐되었다(한겨레, 2014).

- **소웨토 항쟁** : 1976년 6월 16일 발발한 소웨토 항쟁은 흑인(반투)학교에서 아프리칸어로 교육을 시행하려는 정부의 발표에 반발하는 학생 시위로 시작되었는데 시위 첫 날 경찰의 발포로 6명의 사망자가 발생하였고 이에 일반인들도 시위에 참여하여 9개월간 봉기가 이어지면서 어린이를 포함해 575명이 사망하고 4천여 명이 다친 사건이다.

〈기사 한 컷〉

소웨토 항쟁 -
한 소년의 죽음이 아파르트헤이트의 조종을 울리다

소웨토 시는 아파르트헤이트의 결과로 생긴 남아프리카공화국 최대의 흑인 거주지였다. 1970년대에 120만 명의 흑인이 수도도 전기도 나오지 않는 아파트에 빽빽하게 살았으며, 이곳의 평균 수명은 40세에 불과했고, 인구의 절반은 실업 상태였다. 술과 마약과 폭력이 판을 쳤으며 미래에 대한 기대감은 찾아보기 힘들었다. 이런 곳에서 아이들의 유일한 희망은 학교였다. 흑인 아이에 대한 정부의 지원은 백인 아이의 10분의 1에 불과했지만, 그럼에도 아이들은 배움을 통해 더 나은 아프리카인이 되고자 애쓰고 있었다.

그런데 백인 정부는 지금까지 영어와 아프리카 부족어로 교육하던 학교에 아프리칸스어를 도입하겠다고 발표했다. 그러나 아프리칸스어를 가르칠 교사도 교재도 없었고 무엇보다 그 언어는 남아프리카의 백인들 말고는 아무도 쓰지 않는 언어였다. 한마디로 이 조치는 흑인들에게 '너희는 이 나라 백인의 하인 외에는 될 수 없다'고 하는 권력의 독선이자 조롱이었다.

1976년 4월, 올랜도웨스트 학교의 흑인 학생들은 아프리칸스어 수업을 보이콧하기로 하고 등교 거부 운동을 펼쳤다. 등교 거부는 인근 학교로도 퍼져 나갔고 학생들은 아프리칸스어 교재를 불태웠다. 6월 16일에 올랜도웨스트를 선두로 한 1만여 명의 학생이 교육청에 항의하기 위해 평화 행진을 시작했다. 행진은 전통춤과 노래가 섞여 아프리카에서 흔히 볼 수 있는 축제 같았다. 아이들은 플래카드를 들고 어깨를 들썩거리며 화이트시티 교차로로 향하고 있었다.

"배우려고 학교에 들어와, 하인이 되어 나간다!"

"아프리칸스어를 타도하자!"

"백인에 의한 반투 교육은 지옥으로 보내자!"

그러나 교차로를 지키고 있는 것은 중무장한 진압 경찰이었다. 학생들은 '신이여 아프리카를 보호하소서'라는 영가를 부르기 시작했다. 경찰은 경고도 없이 학생들을 향해 최루탄을 쏘았고, 이에 맞서 돌이 날아오자 곧바로 실탄 사격을 가했다. 방금 전까지 춤과 노래로 채워졌던 거리는 비명과 신음으로 아수라장이 되었다. 경찰은 자기 앞의 시위대를 학생으로도, 인간으로도 보지 않았다. 그들은 백인을 위협하는 짐승에 지나지 않았다.

▲ 총에 맞은 헥터 피터슨. 20세기의 피에타라고까지 불리는 이 사진이 세계에 준 충격은 엄청났다. 사진은 남아공 반 아파르트헤이트 투쟁이 격렬히 타오르도록 했고, 전 세계 문명국과 지성인들이 남아공 정부를 규탄하도록 만들었다.

시위 도중 13살 소년 헥터 피터슨이 진압 경찰이 무차별 발포한 기관총에 가슴을 맞았다. 그의 형이 양팔에 소년을 안고 병원으로 달려갔으나 피터슨은 사망하고 말았다. 헥터 피터슨의 사망 소식이 전해지자 소웨토의 흑인 전체가 들고 일어났다. 파업이 시작되었으며 도시 곳곳에서 바리케이드가 설치되었고 경찰서와 공공 기관이 공격당했다. 시위는 걷잡을 수 없이 번져나갔고 요하네스버그의 백인 대학생들까지 아이들을 살해한 정부에 항의하는 행진을 벌였다. 존 포르스테르 수상은 소요를 용납하지 않겠다며 소웨토에 경찰력을 수천 명이나 추가로 투입하고 길에 세 명 이상 모이는 것을 금지했다. 경찰은 이 사태로 176명이 죽고 1,139명이 부상했다고 집계했지만 실제로는 600~700명 이상이 목숨을 잃었고 4,000명 이상 부상당했다. 그중 다수가 어린 학생들이었다.

소웨토 항쟁은 백인들이 흔히 말하는 난동이 아니었다. 이것은 인간다운 교육을 받고 싶다는 정당한 요구에서 출발한 투쟁이었으며, 흑인들은 항쟁 과정에서 자신의 정체성을 자각했다. 흑인들은 술병을 거리에 깨부수며 "술은 됐다. 학교를 늘려라!"고 소리쳤다. 또한 이 항쟁은 전 세계 시민들로 하여금 아파르트헤이트를 경멸하게 만들었다. 각국 정부는 남아프리카공화국에 대한 투자를 동결했으며 유명 운동선수들은 남아프리카공화국과의 경기에 출전을 거부했다. 남아프리카공화국의 의식 있는 백인들 역시 이 사건을 계기로 정부에 대한 지지를 철회했다. 소웨토 항쟁은 아파르트헤이트의 심장을 때린 반란이었다. 아파르트헤이트는 단말마의 비명을 지르며 서서히 종말로 치달았다.

출처 : 슬로우 뉴스(2013. 12. 9). '넬슨 만델라와 소웨토 항쟁'. slownews.kr.

2) 아메리카 원주민 학살

1492년 10월 12일 이탈리아 제노바 출신 크리스토퍼 콜롬버스(Christopher Columbus)가 스페인 왕실의 후원으로 인도를 탐험하기 위해 대서양 서쪽을 횡단하다가 인도가 아닌 아메리카 대륙에 도착하게 된다. 이후 아메리카 대륙은 유럽인들의 식민지로서 수많은 약탈과 착취를 당하게 된다. 콜롬버스는 아메리카에서 사금이 발견되자 원주민을 노예화하여 강제노동을 시키고, 1495년에는 550명의 원주민을 노예로 팔기 위해 스페인으로 데려갔으나 그중 생존한 사람은 절반에 불과했다. 또한 그는 쿠바섬에 사탕수수를 이식하여 후일 노예에 의존하는 사탕수수 플랜테이션의 기초를 만드는 등 착취적인 식민주의자의 전형적인 모습을 보인다(강철구, 2009).

16세기 당시 아메리카 대륙에는 아즈텍문명, 잉카문명 등의 수준 높은 원주민 국가들이 이미 존재하고 있었는데, 1521년 에르난 코르테스(Hernan Corteś)가 이끄는 스페인 군대에 의해 아즈텍제국이, 1532년 프란시스코 피사로(Francisco Pizarro)에 의해 잉카제국이 멸망하였다. 당시 원주민제국의 인구는 수천만에 달했는데 고작 수백 명의 스페인 군에 멸망한 이유로는 원주민의 무기보다 발달된 스페인 군인들의 철제 무기가 유용하기도 했지만 더 큰 이유는 스페인들이 가지고 들어온 천연두, 홍역, 티푸스 등 유럽의 병원균 때문이었다.[4] 유럽에서 들어온 병원균들에 면역력이 없었던 원주민들이 대규모로 희생되면서 스페인 군인들이 쉽게 승리할 수 있었던 것이다. 15세기 말 아메리카의 인구는 학자마다 차이가 있지만 대략 1억 명으로 추산되고 있는데, 그중 3/4이 16세기 한 세기 동안 사라져 버렸다. 이후에도 아메리카 대륙은 스페인을 주축으로 포르투갈, 영국, 프랑스 등에 의해 식민화되면서 탄압과 학살, 종교를 포함한 문화 파괴, 노동력 착취와 자원의

4) 1630년 J. Winthrop은 1671년 아메리카 원주민에게 창궐했던 천연두를 "청교도에게 자리를 비워주기 위해 인디언을 솎아내기 위한 신의 뜻"이라 했으며, 법률가 H. Brackenridge는 1782년 "인디언이라고 불리는 동물에게는 절멸이 가장 알맞을 것"이라고 표현했다(강철희, 2002 : 20).

침탈을 당하게 되었고, 이는 15세기 이전까지 아시아보다 뒤처져 있던 유럽이 이후 비약적으로 발전하는 바탕이 되었다(강철구, 2009).

17세기 중반 아메리카 대륙에서 경쟁하던 프랑스와 영국의 싸움에서 영국이 승리하자, 당시 영국 본토에서 온 영국군과 힘을 합쳐 프랑스를 이긴 식민지가 영국으로부터 독립을 시도하였고, 결국 1776년 7월 4일 아메리카에 있던 영국 식민지 13개 주가 독립선언문을 발표하고 이후 8년간의 전쟁 끝에 1783년 9월 미국이 영국으로부터 완전히 독립하게 된다. 미국이 영국으로부터 독립한 후 그들이 인디언이라 부르는 아메리카 원주민에 대한 핍박은 더욱 심해져 무차별 학살과 함께 '인디언 보호구역'으로 내몰리게 되고 인구도 급격히 줄어든다.

심화자료 미국 원주민 추장 Crazy Horse 이야기

미국의 역대 대통령의 안면 조각이 새겨진 러시모어의 조각 프로젝트에 참여한 바 있는 폴란드 조각가 코자크 지올코브스키(Korczak Ziolkowski)는 1939년 수우족 추장 '서 있는 곰'(Brule Lakota Henry Standing Bear)에게 편지 한 통을 받았다.

"우리 추장들은 백인에 대한 소망이 있다.
우리 홍인(red man)도 백인처럼 위대한 영웅을 가지고 있다는 것을
그들이 알았으면 한다.
그는 'Crazy Horse'다."

편지를 받은 코자크는 몇 년간 Crazy Horse의 일생과 원주민들에 대해 연구하기 시작하였다.

아주 오랜 옛날
성난 말(Crazy Horse)과 원주민(인디언)들은
물소를 사냥했다.
물소 고기는 그들의 음식이었고
뿔은 숟가락이었으며
가죽은 그들의 신발, 옷 그리고 집이었다.
물소는 그들의 전부였다.

북아메리카 서부에서 Crazy Horse 부족을 비롯한 원주민들에게 버팔로(물소)는 생활의 주된 자원이었다. 유럽인들이 처음 아메리카 대륙으로 건너갈 당시 6천만 마리의 버팔로가 서식하고 있었는데 아메리카 대륙 동쪽에 도착하여 서쪽으로 세력을 확장하기 시작한 백인들은 고기와 가죽 외에도 단지 즐거움을 얻기 위해 버팔로를 무차별하게 도살하였고, 급기야 버팔로 개체수는 멸종 위기에 이를 만큼 줄어들었다. 당시 '버팔로 빌'이라 불린 백인 사냥꾼 윌리엄 코디(William Cody)는 '인디언들의 주식'을 아예 없애버려야 한다면서 자그마치 4,280마리를 죽였다.

언제부턴가 원주민의 땅에
물소 시체 썩는 냄새가 나기 시작했다.
2년 동안 370만 마리의 물소가 죽었다.
그중 355만 마리는 백인에 손에 죽었다.

그리고 백인들은 원주민의 땅에서 금을 발견했다.
"그곳은 풀뿌리에도 금이 더덕더덕 붙어 있다."

그들은 약속했다.
원주민의 땅을 빼앗지 않겠다고..

"백인은 헤아릴 수 없이 수많은 약속을 했다. 그러나 지킨 것은 단 하나다.
그들은 우리의 땅을 먹는다고 약속했고, 우리의 땅을 먹었다."(원주민 붉은 구름)

그들은 성난 말(Crazy Horse)에게도 땅을 요구했다.
Crazy Horse는 말했다.
"자기가 걸어 다니는 땅을 팔아먹는 사람은 없다."

산딸기가 익는 6월,
땅을 사수하기 위한 전쟁이 일어났다.
성난 말은 인디언 사냥꾼 커스터(Custer)를 물리치고 승리하였다.

하지만 그 기쁨은 오래가지 않았다.

풀이 마르는 달 9월,
굶주림에 지친 Crazy Horse와 그의 부족은
백인들에게 투항하였다.
그리고 인디언 출신 경찰관이
짐승에게 사용하는 덫을 자신에게 채우려는 것에 저항하다가
백인 군인의 단검에 찔려 목숨을 잃었다.

그리고 13년 후
마지막 대학살이 있게 되는
Wounded Knee에 묻혔다.

그때 그의 나이 35살이었다.

Crazy Horse(원주민식 이름 타슈카 위트코, TaSunko-Witko)는 아메리카 원주민 지도자로 라코타 부족(수우족) 추장이다. 당시 라코타 원주민의 땅에 금이 발견되자 원주민을 내쫓고 금과 원주민의 영토를 차지하려는 목적으로 미국이 시작한 전투(리틀빅혼 전투)에서 미군 커스터 중령의 제7기병대 전원을 몰살시키며 대승을 거둔 인물이다.

리틀빅혼 전투 후 이후 계속되는 미군의 파상 공세로 전력의 대부분을 잃고 지친 Crazy Horse와 부족은 항복할 경우 자유로운 삶을 보장하겠다는 미 정부의 조건을 받아들이고 항복하였으나, 미 정부는 이 약속을 지키지 않았다. 이에 이를 항의하러 네브라스카의 포트 로빈슨 기지로 간 Crazy Horse는 체포되어 1877년 비참한 죽음을 맞이하게 되고(당시 35세), 후에 자신의 부족의 대규모 학살이 일어나게 되는 사우스다코타주 운디드니(Wounded Knee)에 묻히게 된다. 13년 후 그곳에서는 백인들이 인디언이라 불렀던 원주민들에 대한 마지막 대학살이 일어났다. 원주민 350명 중 300명이 무참히 학살되었다.

15세기 말부터 아메리카로 이주해 온 기존 영국인들과 17세기 초 북미 아메리카 동부 해안에 메이플라워호를 타고 건너온 청교도 등 백인들이 이주해 오면서 1890년 무렵 미국 인구는 6천만을 넘어섰다. 폭발적인 인구증가에 따라 영토 확장의 필요성을 절감한 미국인들은 북아메리카 전역에 살고 있던 원주민들을 몰아내며 1890년 12월 사우스다코타주 운디드니(Wounded Knee) 강 부근의 계곡에서 미국의 제7기병대는 어린이와 여성을 포함한 수우족 200여 명을 기관총으로 학살하였다. 미국의 역사 속에서 '운디드니 전투'로 기록되어 있는 이 사건은 곧 '인디언 전쟁의 종언'이었다. 이 이후 더 이상 백인들에게 집단적으로 저항하는 인디언들은 없었다. 미국 정부는 소위 '인디언 보호구역'이라는 특정 지구를 만들어 살아남은 인디언들을 강제 이주시켰다. 현재 미국 내 인디언 보호구역은 만성적인 실업, 알코올 중독, 범죄 등 고질적인 사회문제를 앓고 있다.

파란만장한 원주민의 삶을 연구한 코자크는 Crazy Horse 조각상 작업을 하기로 결심한다. 미국 대통령 4명의 얼굴이 새겨진 Rushmore 산에서 불과 27km 떨어진 곳에 1948년 Crazy Horse의 얼굴을 새기기 시작하여 1998년 Crazy Horse의 얼굴상이 완성되었으며, 그의 사후 그의 아내와 자녀들이 프로젝트를 이어받아 높이 171m, 길이 201m로 예정된 Crazy Horse 조각상은 완성까지 앞으로 100여 년이 더 소요될 예정이다.

출처 : EBS지식채널e(2007). 지식e 1. 북하우스.

사진 출처 : 연합뉴스(2010. 8. 12). US SOUTH DAKOTA CRAZY HORSE MEMORIAL.

3) 미국-한 방울 법칙(One-Drop Rule)

한 방울 법칙(one-drop rule)의 핵심은 다른 인종의 혼혈인 경우 흑인의 상대가 되는 인종이 누구라도 흑인의 피가 한 방울이라도 섞이면 흑인으로 간주한다는 원칙으로, 1660년대 미국 버지니아주와 메릴랜드주에서 법안을 제정하여 흑인과 백인의 결혼을 금지하려 시도하였음에도 불구하고 흑인 노예와 백인 간의 결혼이 늘어나고 그들 사이에 자녀들이 태어나자 그 자녀들을 모두 흑인으로 간주한 것에서 시작되었다. 미국에서는 1950년까지 미국 48개 주 중 30개 주에서 흑인과 백인의 결혼을 금지하고 있었으며, 1967년까지도 16개 주에서 흑인과 백인을 포함한 타 인종 간 결혼이 법으로 금지되어 있었다. 1870년대 중반 이후 흑백분리제도를 제도화하면서 한 방울 법칙도 정착화되었고, 오늘날까지도 미국 사회에서 비공식적이지만 암묵적으로 통용되고 있는 인종 분류법이다(신원선, 2019; 염운옥, 2019).

〈기사 한 컷〉

'러빙 대 버지니아 주(Loving v. Virginia)' 소송

1967년 6월 12일 미연방 대법원에서는 역사적 판결이 내려졌다. '러빙 대 버지니아 주(Loving v. Virginia)' 소송에서 연방대법원은 만장일치로 원고인 러빙 부부의 승소를 선언했다. 연방대법원은 "타 인종 간 연애와 결혼을 금지한 버지니아 주법은 연방헌법에 어긋나고, 백인우월주의에 기반한 인종차별이다"고 밝혔다. 불과 50년 전만 해도 버지니아주에서 백인과 흑인은 결혼할 수 없었다. 버지니아주의 한 마을에서 함께 자란 리차드와 밀드레드 러빙은 어른이 돼 사랑에 빠졌고 1958년 결혼했다. 하지만 이건 불법이었다. 당시 버지니아주는 타 인종 간 결혼을 '인종순결법'으로 금지한 몇 안 되는 곳이었다. 실제로 이들은 새벽에 급습한 경찰에 체포됐고 재판에 회부돼 징역 1년을 선고받았지만 버지니아에서 추방되는 조건으로 집행유예를 받았다. 그래서 부부는 버지니아주와 싸웠고 결국 승리했다.

▲ 1967년 '인종 간 결혼 금지는 위헌'이라는 판결을 받아냈던 러빙 씨 부부.
사진 출처 : 동아일보.

출처 : 시사저널(http://www.sisajournal.com).

4) 나치 유대인 학살

유대인들은 중세 이후 자본주의 사회의 도래 과정에서 기존 공동체가 와해되고 사회관계도 개인화되는 상황에서도 자신들의 율법과 전통 문화를 변함없이 보존하며 공동체를 지켜나갔고 이런 모습이 다른 유럽인들에게는 동경과 함께 공포를 느끼게 하는 요인이 되었다. 여기에 근대 사회의 병폐에 대한 절망이 더해지면서 프랑스 학자 고비노(Gobineau)[5]의 인종이론이 등장

5) Joseph-Arthur Gobineau : 프랑스 외교관, 작가. 저서 『인종 불평등론(Essai sur l'inégalité des races humaines)』에서 순수민족만이 육체적・정신적으로 순수성을 유지할 수 있고, 문화의 퇴폐・몰락은 없다고 하였다. 그러한 민족으로 아리안족, 특히 게르만족을 들었다. 나치스 독일의 민족우월론은 이것의 영향이라고 한다(두산백과).

하였는데, 그는 "유대인은 열등하고 비열한 민족으로서 기독교도의 생활과 문화를 더럽히는 기생 생물이기 때문에 격리시켜 없애버려야 한다"는 주장을 하였다. 이러한 비과학적인 편견에 기초한 이론이 히틀러(Hitler)의 광적인 국가주의와 인종적 우월감과 결합하여, 침략전쟁을 정당화하고 게르만족의 세계 제패라는 망상을 확산하는 데 이용되었으며, 종국에는 유대인 절멸정책으로 이어진다(유시민, 1988).

출처 : KBS(2019. 2. 19). "폴란드, 나치 부역"… 이스라엘-폴란드 '홀로코스트' 재충돌.

1933년 독일 총선에서 아돌프 히틀러(Adolf Hitler)가 총리로 당선되면서 자신의 정적을 제거하고, 자신이 금융과 사회주의로 유럽을 불안정하게 하여 전복시키려 하는 세력이라 간주한 유대인에 대한 탄압을 본격화한다. 1935년 훗날 유대인 대학살의 법적 근거가 되는 뉘른베르크법(Nürnberger Gesetze)을 만들어 시민을 나치의 시민인 아리안과 2급 시민인 유대인으로 분류하였다. 이 법은 독일 내 유대인의 국적을 박탈하고, 공직과 전문직에서 배제하였으며, 아리아인(독일인)과의 성관계와 결혼을 금지시켰다. 나치에 의해 유대인을 비롯한 집시와 장애인 등 600만 명 이상이 희생되었다.

나치즘의 이념의 근간은 독일 인종주의였다. 순수한 독일 인종 보존과 증식이라는 인종주의에 기반하여 반유대주의, 반자유주의, 반민주주의, 반공산주의, 반평화주의 등과 같은 나치스의 일련의 부정적인 이념이 나오게 된 것이다(원 철, 2002).

1920년 독일의 인플레이션과 1930년 대공황에 따른 경제적 어려움은 유대인 금융자본가들이 세계를 장악하려 한다는 유대인들의 음모론과 더불어 대중들의 반유대주의를 부추기는 역할을 하였다. 유대인들이 그들의 생업을 빼앗아 감으로써 고통을 가중시킨다는 것이다. 실제로 유럽에서 근대에 들어와 반유대주의가 특히 강했던 시기는 나라마다 정도의 차이는 있으나 1873년, 1881년, 1890년, 1905년, 1918~1923년, 1930~1945년인데, 이 시기 유럽의 경제사정이 좋지 않았다는 공통점이 있다(강철구, 2002 : 32).

5) 호주 백호주의(白濠主義; White Australia Policy)

호주는 백인들이 유입되기 전 원래 200~400개 정도의 다양한 원주민 문화가 있던 나라이다. 1770년 영국인 제임스 쿡(James Cook)의 탐험 이후 영국의 식민지가 되었다. 미국 독립전쟁 발발 후 영국에 의해 호주로 옮겨진 죄수들에 의해 도시가 건설되었다. 1788년 백인 죄수들을 시작으로 외국인들이 들어오면서 유색인종을 배척하는 백호주의를 정책 기조로 내세웠다.

백호주의란 호주 연방 형성 당시부터 몇십 년에 걸쳐, 백인 이외의 유색인종의 이민을 배척하고 백인만의 호주를 만들어 사회의 동질성을 유지하겠다는 의도의 배타적이고 인종 차별적인 이민 정책을 일컫는 말이다. 백호주의 정책으로 인해 호주는 제2차 세계대전 당시 전체 인구의 95%가 영국과 아일랜드 출신이었으나 제2차 세계대전 중 일본군의 침공을 받은 후 국가의 안보와 노동력 수급을 위하여 1947년 유럽인들까지 대규모 이민을 받아들이기 시작하였고, 이로 인해 이민자 수가 급증하게 된다. 1965년 호주는 백호주의 정책을 포기하고 이민문호를 개방하였고, 1966년 비유럽계 이민 신청자도 수용하게 된다. 그 결과 전 국민의 43% 정도가 부모 중 한쪽이 해외에서 출생한 사람들로 이루어졌다. 여전히 강력했던 백호주의의 영향이 남아 있기는 하지만 현재 호주의 다문화정책은 공식적으로 다양한 문화를 인정하고 있다(이현정, 2009).

〈기사 한 컷〉

위대한 탐험가 수난시대… 콜럼버스, 쿡 등 동상 훼손 이유는

미지의 신대륙을 발견한 위대한 탐험가를 꼽는다면 대부분이 아메리카 대륙을 발견한 크리스토퍼 콜럼버스와 뉴질랜드를 발견한 제임스 쿡 선장을 꼽는다. 최근 영국 BBC 방송이 실시한 '11~20세기 최고 탐험가' 여론조사에서 콜럼버스와 쿡 선장은 나란히 1, 2위를 차지하는 등 아직도 그들의 명성이 자자하다.

하지만 일각에서 이들을 비판하는 목소리가 커지고 있는 것도 사실이다. 이들은 미지의 신대륙을 발견한 위대한 탐험가가 아니라 평화로운 원주민의 삶을 송두리째 빼앗아간 '약탈자'란 비판을 받고 있다. 그래서 이들의 동상에 붉은 페인트가 칠해지고 철거를 요구하는 시위가 해마다 벌어지고 있다.

지난 14일(현지시간)은 콜럼버스의 아메리카 대륙 발견을 기념하는 미국의 국경일인 '콜럼버스 데이'(10월의 두 번째 월요일)였다. 하지만 이날 미국 곳곳의 콜럼버스의 동상이 훼손당하는 수난을 겪었다. 로드아일랜드주 프로비던스의 콜럼버스 동상에는 누군가가 얼굴에 붉은색 페인트를 붓고, '집단 학살 기념을 중단하라'고 적힌 표지판을 걸쳐놨다. 또 샌프란시스코 '리틀 이탈리'에 있는 콜럼버스 상에는 누군가가 '모든 집단학살의 기념물을 파괴하고, 모든 식민지 개척자를 살해하라'라고 적어놨다.

이는 콜럼버스가 북미지역을 식민지화하고, 원주민 학살과 노예제 확산에 역할을 했다는 점을 비판한 것이다. 특히 원주민 상당수는 역사상 가장 유명한 식민지 개척자의 행위를 인정, 연방 국경일로 지정해 기념하는 것은 비인간적이고 모욕적인 처사라며 항의하고 있다. 그래서 뉴멕시코주를 필두로 현재 10여 개 주가 콜럼버스 데이를 '원주민의 날'로 바꿨다. 또 100여 곳 이상의 도시와 마을, 대학 캠퍼스도 원주민의 날 기념 행렬에 동참하고 있다.

쿡 선장도 푸대접을 받기는 마찬가지다. 지난 10월 8일은 쿡 선장의 탐험대가 지금의 뉴질랜드 북섬 기즈번에 첫발을 내디딘 지 250년 되는 날이었다. 하지만 콜럼버스와 마찬가지로 쿡 선장도 환영받지 못했다. 특히 쿡 선장의 '뉴질랜드 도착' 250주년을 맞아 뉴질랜드 정부가 마련한 기념행사는 반대 시위로 제대로 치러지지 못했다. 마오리족을 중심으로 한 시위대의 한 참가자는 "쿡 선장 일행에게 집단 학살을 당한 마오리 원주민에게 이날은 끔찍하고 충격적인 날"이라고 지적하면서 "이 땅은 원래 '발견'돼 있었는데, 이 자를 추켜올리는 건 (받아들이기) 힘들다"고 말했다.

호주에서도 비슷한 일이 벌어지고 있다. 지난해 누군가 호주 시드니 센트럴하이드 공원에 설치된 쿡 선장의 동상에 흰 페인트로 비키니를 그려 넣기도 하고, 다른 곳의 동상에는 분홍색 페인트를 칠하기도 했다. 워싱턴의 한 소식통은 "신대륙의 발견은 탐험가에게 영광이었겠지만, 그곳에 삶의 터전을 잡고 살던 원주민들에게는 재앙이었다"면서 "콜럼버스와 쿡 선장 등을 비판하는 목소리가 점점 더 커질 것"이라고 전망했다.

출처 : 서울신문(2019. 10. 18). 위대한 탐험가 수난시대... 콜럼버스, 쿡 등 동상 훼손 이유는. 워싱턴 한준규 특파원(hihi@seoul.co.kr).

5. 한국의 인종 편견 특징

인종주의와 그에 따른 편견과 차별은 여러 지역에서 나타나는 현상으로 그 사회의 역사적 배경, 사회구성원 간 공유하는 가치, 지역의 문화적 특징에 따라 그 양상이 다르다. 앞에서 살펴보았듯이 인종주의는 생물학적인 특징에 기준을 두기도 하고, 문화의 특징을 구분의 틀로 삼기도 한다. 그렇다면 한국은 어떤 인종 편견을 가지고 있을까? 한국 사회에 통용된 여러 미디어 자료를 분석하여 한국인의 인종 편견의 특징을 연구한 이종일(2012)의 연구결과에 따르면 한국인은 '인종', '소득', '문화'라는 세 가지 준거가 복합적으로 관련되어 있는 인종 편견의 특징을 보인다. 이를 종합하여 정리하면 다음과 같다.

- **신체조건에 따른 인종차별** : 한국인은 검은 피부 등 신체적인 특징을 근거로 흑인뿐 아니라 인종적으로 흑인이 아닌 동남아시아인들도 폄훼하고 차별한다.
- **GNP 인종주의 :** 한국인은 한국보다 소득이 낮은 국가 출신에 대해 인종적으로 폄훼한다. 소득에 따른 이러한 차별은 아시아 출신 황인과 아프리카 출신 흑인뿐 아니라 우즈베키스탄이나 우크라이나 출신 백인에 대해서도 무시하는 경향이 높다. GNP 인종주의는 피부색을 기준으로 무시하는 혼혈 혹은 흑인에 대해서도 영향을 미쳐 '성공한' 혼혈 흑인은 한국 사람으로 인정함으로써 피부색에 대한 이중성을 보인다.
- **종교적 인종차별** : 한국은 서구와 같은 기독교 국가가 아님에도 불구하고 서구의 기독교 중심주의를 수용하여 아랍인들에 대해 종교를 기준으로 인종차별적 자세를 취한다.
- **가부장적 인종차별 :** 한국인은 남녀차별적 가부장적 시각으로 동남아시아인 혹은 아랍인과 결혼한 한국여성을 결혼 이후부터는 한국인으로 보지 않고 그 남성에 종속된 존재로 간주하며 경시한다. 그러나 미국, 영국 등 선진국 출신 남성과 결혼한 한국여성은 폄훼의 대상에서 제외된다.

생각 나누기

영화 감상 나누기 : '믿거나 말거나 찬드라의 경우'

〈줄거리〉

네팔 이주노동자 찬드라는 지갑을 잃어버려 분식집에서 라면값을 지불할 돈이 없습니다. 찬드라는 주인에게 사정을 설명했지만 주인은 경찰을 부릅니다. 한국말은 서툴지만 외모가 한국인과 비슷한 찬드라는 결국 정신병자로 오인되어 6년 4개월 동안 정신병원에 갇히게 됩니다. 대부분 찬드라의 시점으로 촬영된 영화는 경찰, 정신병원 의사, 동료 노동자 등 사건과 관련 있는 사람들의 증언을 다큐멘터리처럼 재구성했습니다.

1. 왜 박찬욱 감독은 찬드라의 1인칭 시점으로 식당 주인, 경찰, 정신병원 의사 등을 보여줬을까요?

2. 찬드라가 만난 한국 사람들 중 나 자신 혹은 가족, 친지, 이웃 중의 누군가를 보는 듯한 느낌이 들게 한 사람은 누구였습니까? 그렇게 느꼈다면 그 이유는 무엇인가요?

3. 찬드라가 만난 한국 사람들은 딱히 나쁜 사람이라고 할 수는 없지만 찬드라를 6년 4개월 동안 정신병원에 갇혀 지내게 만듭니다. 왜 그런 일이 생겼을까요?

4. 이 영화가 실화를 바탕에 두고 있다는 것은 이미 감독이 밝혔고 보도도 되었던 사실입니다. 그럼에도 불구하고 이 영화의 제목이 '믿거나 말거나'인 것은 왜일까요?

출처 : 국가인권위원회 인권영화 시리즈 '여섯 개의 시선' 중.

제 3 부

한국 사회의 다문화

제6장 다문화가족

제7장 외국인근로자

제8장 북한이탈주민

제9장 난 민

우리는 이제 어쩔 수 없이
이질적인 것들과 공존해야 하는 상황을 맞이하고 있다.
……
전혀 낯선 '타자'를 그 나름으로 이해하고
그 관계 속에서 '나'를
상대적으로 파악할 수 있는 안목이 긴요하다.
자아와 세계를
보다 객관적인 관점에서 바라볼 수 있는
'보편 감각'이 요청되는 것이다.

김찬호(2001). 『사회를 보는 논리』 중

제 6 장 다문화가족

이 장에서는 현재 한국에서 주요 관심사로 대두된 결혼이민자를 포함하는 다문화가족의 이주 배경과 현황, 문제점 등을 살펴보고, 궁극적인 사회 통합을 위한 방법에 대해 고찰하고자 한다.

1. 이주 배경 및 현황

다문화가족이라는 개념을 다문화가족지원법을 기준으로 정의하면 결혼이민자와 대한민국 국적을 취득한 자로 이루어진 가족을 말한다. 사실 한국에서는 다문화가족이라는 용어가 쓰이기 이전부터 국제결혼이 있었고, 특히 특수한 한국의 역사적 경험으로 인한 미군 등 외국인과의 결혼이 그 전부터 존재하고 있었다. 그러나 1990년대 혼인적령기의 농촌 미혼 남성을 대상으로 '농촌 총각 장가보내기'가 시작된 이후 외국인과의 결혼이 급격히 늘어났다.

결혼이주여성이 본격적으로 유입되기 전 한국에서의 국제결혼은 주한미군이나 국내 거주 국제무역상사 주재원, 전문직 종사자가 그 대상으로, 주로 외국인 남성과 한국인 여성의 결혼이었다. 그러나 1990년 중반 '농촌 총각 장가보내기' 사업을 시작으로 도시 저소득층 노동자와 재혼자 등으로 국제결혼이 성행하게 되면서 대다수 국제결혼이 중국과 동남아시아 출신 외국인 여성과 한국인 남성의 결혼 형태를 보인다(이현정, 2009). 1990년대 본격화된 다문화결혼은 2000년대 중반까지 급속도로 증가하다가 최근 몇 년간 감소세를 보임에도 불구하고 '2018년 다문화 인구동태 통계' 결과에 따르면 우리나라 전체 결혼 257,622건 중 23,773건으로 9.2%를 차지하고 있다.

다문화결혼의 유형을 살펴보면 외국인 아내의 혼인이 67%로 가장 많고, 외국인 남편 18.4%, 귀화자 14.6% 순이다. 2018년 기준 다문화혼인을 한 남편의 혼인 연령별 비중은 45세 이상이 26.9%로 가장 많았고, 30대 후반이 19.6%, 30대 초반이 19.3% 순으로 나타났다. 아내의 경우 20대 후반이 27.6%로 가장 많고, 그 뒤를 30대 초반이 22.3%, 20대 초반이 18% 순이었고, 연령차는 10세 이상 남편 연상이 40.9%로 가장 많아 여전히 다문화 결혼에 있어 남편과 아내의 연령차가 크게 남을 알 수 있다.

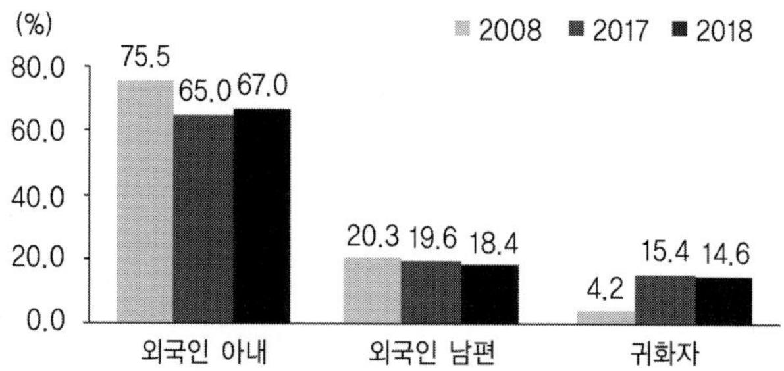

|그림 6-1| 다문화혼인 유형별 비중(2008, 2017, 2018년)

출처 : 통계청(2019). 2018년 다문화 인구동태 통계.

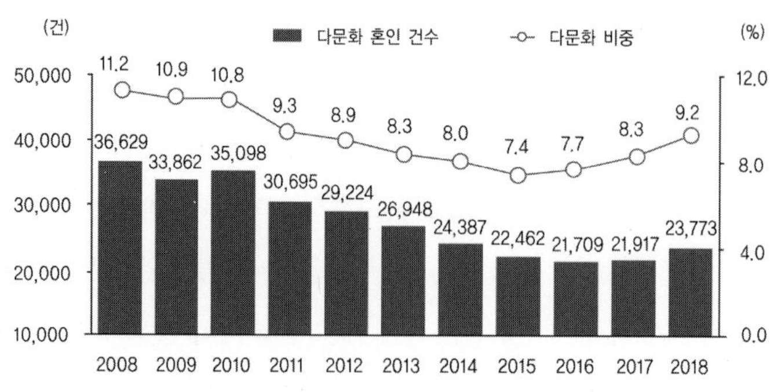

|그림 6-2| 다문화혼인 건수 및 전체 혼인 중 다문화 비중 추이(2008~2018년)

출처 : 통계청(2019). 2018년 다문화 인구동태 통계.

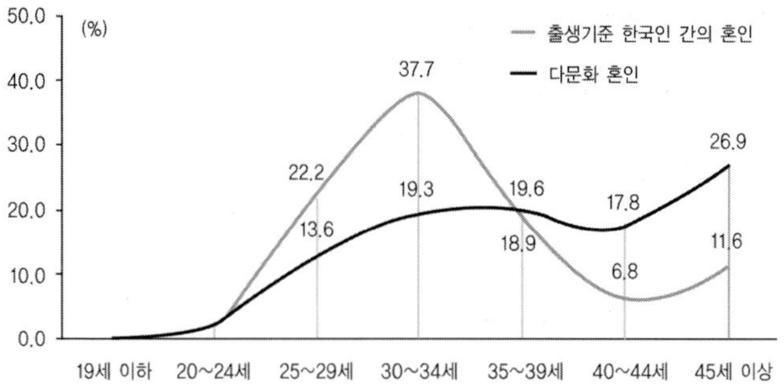

|그림 6-3| 남편의 혼인 연령별 비중(2018년)

※ 출생기준 한국인 간의 혼인 : 남녀 모두 출생기준 한국인인 경우

출처 : 통계청(2019). 2018년 다문화 인구동태 통계.

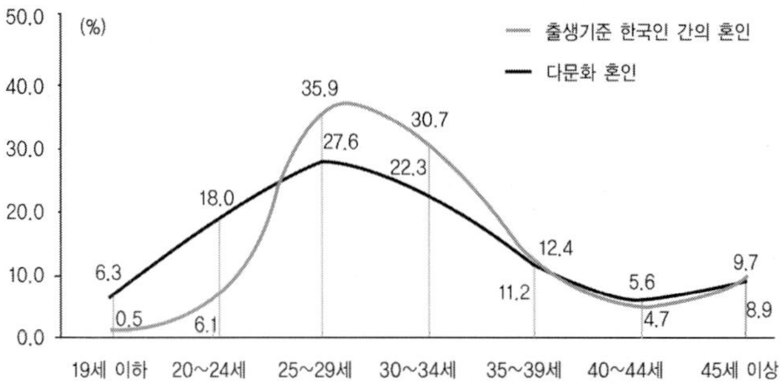

|그림 6-4| 아내의 혼인 연령별 비중(2018년)

※ 출생기준 한국인 간의 혼인 : 남녀 모두 출생기준 한국인인 경우

출처 : 통계청(2019). 2018년 다문화 인구동태 통계.

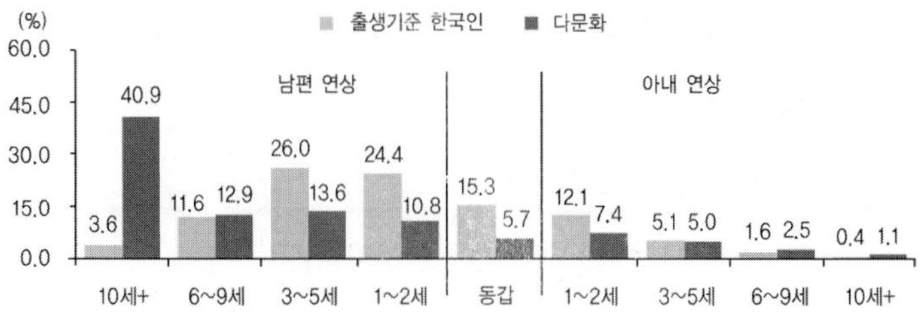

|그림 6-5| 부부 연령차별 비중(2018년)

※ 출생기준 한국인 간의 혼인 : 남녀 모두 출생기준 한국인인 경우

출처 : 통계청(2019). 2018년 다문화 인구동태 통계.

다문화혼인을 한 아내의 출신 국적은 베트남이 30%로 가장 많았고, 중국 21.6%, 태국 6.6% 순이었다. 반면 외국 출신 남편 국적은 중국이 9.4%로 가장 많았고, 미국 6.2%, 베트남 2.5% 순으로 나타났다. 혼인 이후 귀화한 외국인 현황은 〈표 6-1〉에서와 같이 2019년 10월 기준 전체 누계 133,815명으로 지속적인 증가 추세에 있다.

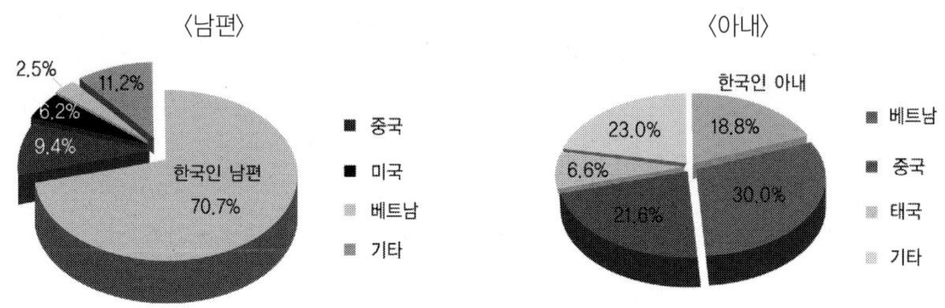

|그림 6-6| 출신 국적별 혼인 비중(2018년)

출처 : 통계청(2019). 2018년 다문화 인구동태 통계.

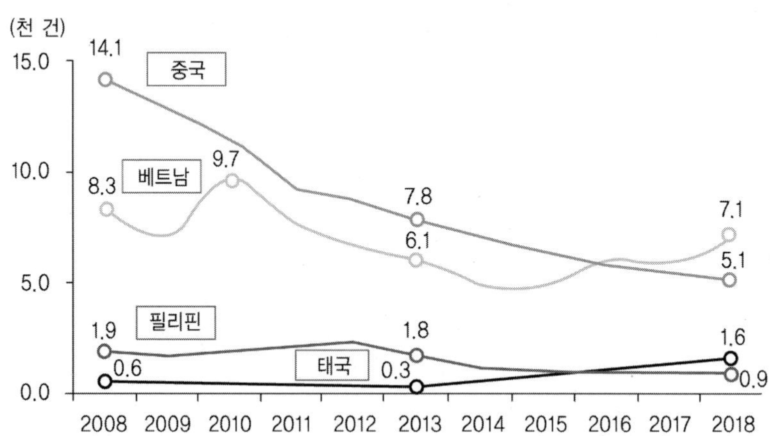

|그림 6-7| 아내의 주요 국적별 혼인건수 추이

출처 : 통계청(2019). 2018년 다문화 인구동태 통계.

<표 6-1> 혼인귀화자(누계)

(단위 : 명)

연 도	2013년	2014년	2015년	2016년	2017년	2018년	'19년 10월
혼인귀화자 (전체누계)	93,953	101,560	108,526	114,901	121,339	129,028	133,815

출처 : 법무부(2019. 10). 출입국외국인정책 통계연보.

한편 다문화결혼이 본격화한 1990년대 이후 일정 시간이 경과한 결과 10년 이상 거주하는 장기정착자가 증가하고 있다. 여성가족부가 2019년 발표한 '2018년 전국 다문화가족 실태조사'에 따르면 2018년 기준 10년 이상 장기정착자는 60.6%로 2009년 15.6%, 2012년 36.1%, 2015년 47.9%로 증가 추세임을 알 수 있다. 이러한 통계결과를 토대로 결혼이주민과 다문화가족에 대한 지원책도 초기 적응뿐 아니라 통합의 단계에 따른 지원책 마련이 필요하다.

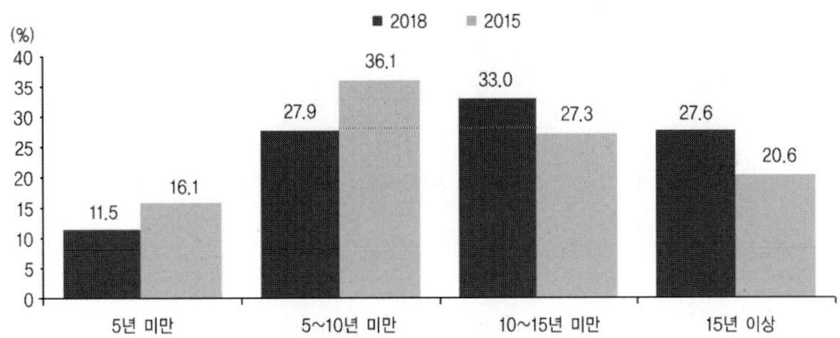

|그림 6-8| 결혼이민자 · 귀화자의 국내거주기간

출처 : 여성가족부(2019). 2018년 전국 다문화가족 실태조사.

2018년 기준 다문화이혼은 10,254건으로 전체 이혼에서 차지하는 비중이 전년도 9.7%보다 0.3%p 감소하여 2012년 이후 지속적인 감소 추세를 보이고 있다. 이혼을 외국인 배우자 기준으로 보면 외국인 아내가 차지하는 이혼 비중이 48%로 가장 많고, 귀화자 37.5%, 외국인 남편 14.5% 순으로 많았다. 평균 결혼생활 지속기간은 8.3년이었으며, 결혼생활 지속기간 5년 미만이 33.1%로 가장 많았고, 5년 이상~10년 미만인 경우가 32.7%, 10년 이상~15년 미만이 24.9%로 그 뒤를 따랐다. 평균 이혼 연령은 남편 49.4세, 아내 39.3세로 남녀 모두 이혼 연령이 지속적인 상승 추세를 보였다. 출신 국적별 이혼 내역을 보면 다문화이혼을 한 외국출신 아내의 국적은 중국이 39.9%로 가장 많고, 다음 베트남 26.1%, 필리핀 3.9% 순이었다. 미성년자녀가 있는 부부의 비중은 36.1%로 증가 추세에 있다. 미성년자 자녀가 있는 부부의 비중이 증가하면서 이에 따른 양육과 교육 그리고 부모-자녀 관계 등 다양한 측면에서의 지원이 필요함을 알 수 있다.

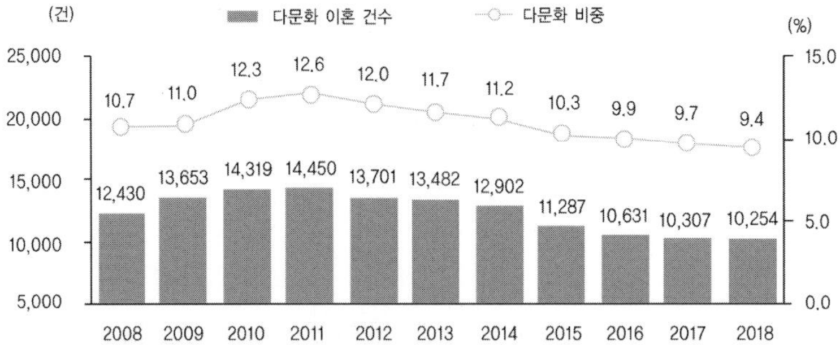

|그림 6-9| 다문화이혼 건수 및 전체 이혼 중 다문화 비중 추이(2008~2018년)

출처 : 통계청(2019). 2018년 다문화 인구동태 통계.

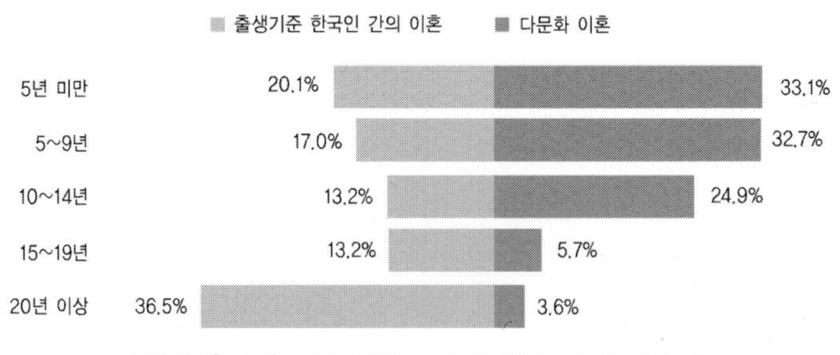

|그림 6-10| 결혼생활 지속기간별 비중(2018년)

출처 : 통계청(2019). 2018년 다문화 인구동태 통계.

<표 6-2> 평균 이혼 연령

(단위 : 세)

	2008	2009	2010	2011	2012	2013	2014	2015	2016	2017	2018
남편	46.0	46.3	46.9	47.1	47.2	47.2	47.7	48.4	48.5	48.7	49.4
아내	37.1	37.3	37.8	37.6	37.5	37.4	38.0	38.7	38.8	38.9	39.3

* 연령미상 제외

출처 : 통계청(2019). 2018년 다문화 인구동태 통계.

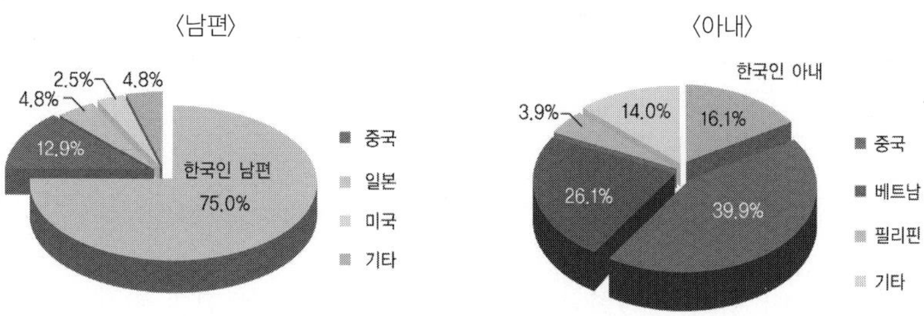

|그림 6-11| 출신 국적별 이혼 비중(2018년)

출처 : 통계청(2019). 2018년 다문화 인구동태 통계.

2018년 기준 다문화 출생아는 18,079명으로 전체 출생아 326,822명의 5.5%를 차지했으며, 이 중 외국인 모가 60.8%로 가장 많았고, 귀화자 21.9%, 외국인 부가 15.3% 순으로 나타났다. 다문화 출생에서 모(母)의 평균 출산 연령은 첫째아가 29.5세, 둘째아가 31.2세, 셋째아 이상이 32.6세로, 출생 기준 한국인 모의 32.1세, 33.7세, 35.4세보다 출산 시 연령이 낮았다. 지역별 다문화 출생아 수로는 경기도 4,851명, 서울 3,097명, 경남 1,294명 순이고, 다문화 출생이 차지하는 비중은 전북 7.7%, 제주 7.4%, 전남 6.9% 순으로 높고 세종시는 3.1%로 낮았다.

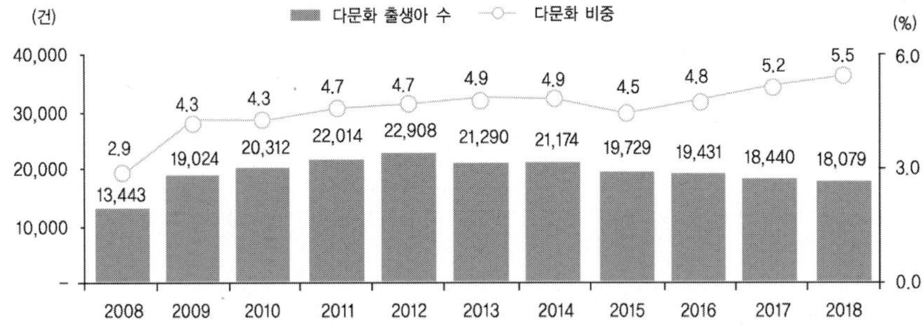

|그림 6-12| 다문화 출생아 수 및 전체 출생 중 다문화 비중 추이(2008~2018년)

출처 : 통계청(2019). 2018년 다문화 인구동태 통계.

2. 다문화가족 관련 문제점

다문화가족이 겪는 어려움을 결혼 성립 초기 배우자 선정 단계 문제를 포함한 부부문제부터 자녀문제, 문화 차이와 차별 문제, 정서적·경제적 문제 등으로 나누어 살펴보면 다음과 같다.

1) 배우자 선택 방식의 문제

일단 1990년 이후 국제결혼의 출발점부터 문제가 있다. 다문화에 대한 고민이나 대책이 부재한 상태에서 지방자치단체의 사업으로 결혼 적령기에 혼인을 하지 못하고 있는 농촌 미혼 남성의 결혼 문제와 노인 부양 문제를 이주 여성과의 결혼을 통해 간단하게 해결하려고 한 것이다. 일반적으로 이 시기 결혼은 결혼 적령기에 배우자를 국내에서 구하지 못한 농촌 미혼 남성이나 도시 저소득 노동자의 결혼에 대한 의지와, 경제적 부와 삶의 개척을 원하는 아시아 여성의 욕구가 맞아떨어지면서 양자 간의 결혼이 성사되었는데 여기에 개입한 것이 결혼중개인이다. 결혼중개인들은 마치 노예거래나 상품 광고하듯 인권침해적이고 과장된 문구[1]로 아시아 여성을 묘사한 광고

1) '순종적이며 순결하다', '도망가면 책임짐', '부모님 모시기를 좋아하는 ○○○나라 여성' 등 사람을 사

를 했으며, 남성들은 여성들을 쇼핑하듯 대하며 배우자를 선정하였다(이현정, 2009).

충분히 숙고되지 않은 결혼은 다양한 난관과 현실적 한계에 부딪히게 된다. 다문화결혼을 한 한국 출신 남성들도 단시간에 결혼 상대를 결정한다는 점에서 결혼 상대와 관련한 여러 가지 사안에 대한 숙고가 부족하지만, 마찬가지로 여성들도 결혼대상자와 결혼 후 함께 동거할 남편의 가족관계, 한국 사회에 대한 정확한 정보 없이 막연한 동경과 기대만으로 지인의 의견이나 중매업체의 홍보만을 믿고 결혼을 한 경우가 많다. 결혼이주여성들의 다음 인터뷰 내용에서도 이런 점을 읽을 수 있다(김안나 외, 2011; 2013).

> 연애 같은 건 없어요. 왜냐면 말도 안 통했잖아요. 그냥 언니만 믿고, 언니 조금 더 관계 있잖아요. 언니만 믿고, 언니 생각에도 괜찮을 것 같아서. 내가 아, 잘 못살아도 제가 일한 경력이 있잖아요, 저도. 씩씩하니까 제가, 아무래도 저한테 잘해주지 못해도 제가 살 수 있어요, 이런 생각 가지고 여기 왔어요. (중국, 40세)

> 그런데 결혼하고 나서 한국 집에 와 보니 장애가 있는 아주버님이 계셨어요. 한국에 와서 처음 알게 된 사실이었지요. 베트남에서 남편을 처음 만났을 때는 서로 말이 통하지 않으니 궁금한 게 있어도 물을 수가 없었고 하고 싶은 말도 한국어를 모르니 할 수가 없었어요. 그래서 가족관계도 잘 모르고 결혼을 한 거예요. 아주버님께서 장애가 있기는 하지만 3급이라 그리 많이 불편한 건 아니에요. 어머니와 저 그리고 남편이 함께 돌봐드리고 있어요. (베트남, 29세)

고 파는 노예상처럼 장사를 했는데, 우리 사회는 이를 그대로 묵인하다가 2008년 「국제결혼중개업의 관리에 관한 법률」이 시행되면서 이러한 허위·과장광고는 사라지게 된다(이현정, 2009).

> 결혼중개업체요... 진짜 짜증나요. 왜냐하면 다 거짓말 하는 거죠. 다 거짓말처럼 만드는 거고 실지로 외국에 데려가서 맞선보라 하잖아요. 근데 직업이나 장애 있는 거나 다 속이고 여기 한국에 오면 잘 살 거다 좋은 것만 이야기하는데 여기 오니까 아니고. (중략) 한국 언어 소통 안 되니까 한쪽만 믿는 거죠. 결혼중개업체 말하면 다 믿는 거죠. (베트남, 26세)

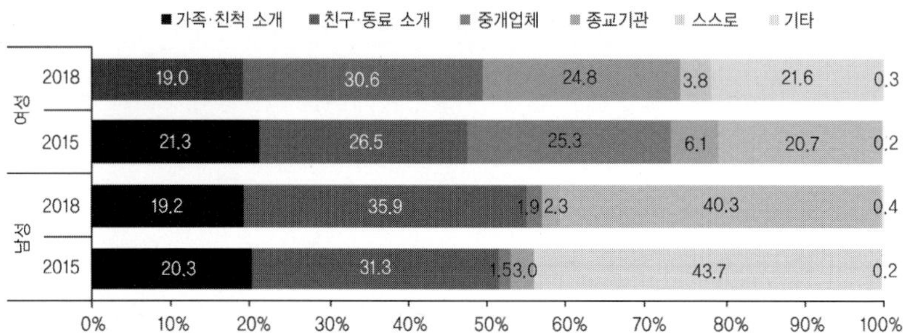

|그림 6-13| 유배우 결혼이민자 · 귀화자의 배우자 만남 경로 : 성별(2015, 2018년)

출처 : 여성가족부(2019). 2018년 전국 다문화가족 실태조사.

2) 자녀 양육과 교육의 어려움

다문화결혼이 본격화되고 일정 시간이 지나면서 다문화가정의 자녀가 청소년층에 진입하는 비율이 증가하고 있으며(그림 6-16 참조), 이로 인해 자녀와 관련한 어려움도 다양화되고 있다. 2018년 전국 다문화가족 실태조사에 따르면 결혼이민자들이 부모로서 느끼는 어려운 점은 자녀의 돌봄과 교육과 관련 사항들이 많다. 5세 미만 영유아 자녀에 대해서는 바쁘거나 아플 때 자녀를 돌봐줄 사람을 찾기 어려워 생기는 돌봄공백을 가장 힘들어했고, 그 다음이 자녀에게 한국어를 직접 가르치기 어렵다는 점, 양육과 관련한 배우자와 가족과의 의견 차이, 한국의 교육체계를 잘 모르는 점 등을 들고 있다.

학령기(만 6세 이상~24세 이하) 자녀를 둔 결혼이주민들이 느끼는 어려움은 학업, 진학, 진로 등에 관한 정보 부족이 가장 많았고, 그 뒤를 이어 교육비, 용돈 등 비용부담, 게임, 인터넷, 스마트폰 사용과 관련한 자녀와의 갈등, 대화 부족, 학부모활동 참여 등에서 어려움을 느끼고 있다.

다문화가족 자녀의 93.1%가 현재 한국에서 학교에 재학 중으로 그 비율이 빠르게 증가하는 추세이다. 한국에서 학교를 다니다가 중단한 경우 그 이유로는 그냥 다니기 싫어서가 46.2%로 가장 높고, 그 다음이 친구나 선생님과의 관계 때문에로 23.4%, 편입학, 유학준비가 14.1%, 학교 다닐 형편이 안 돼서가 12.9%를 차지하는데, 2015년 실태조사에서 1.3%에 불과했던 '친구, 선생님과의 관계 때문에' 항목이 두 번째 비중을 차지하는 점을 주목할 필요가 있다. 또한 학교에 재학 중인 다문화가족 자녀들 중 학교에 잘 적응하지 못하는 경우 그 이유를 보면 학교 공부가 어려워서가 63.6%로 가장 많고, 친구들과 어울리지 못해서가 53.5%로 그 뒤를 잇고 있으며, 한국어를 잘하지 못해서가 12%, 외모가 다르기 때문에가 10.3%, 교사, 교수의 차별대우 때문에가 7.3%, 부모의 관심과 경제적 지원 문제가 4.8%를 차지하고 있다. 다문화가족 자녀의 차별경험은 2015년보다 증가하고, 또래관계도 일반 청소년에 비해 취약한 것으로 나타났다.

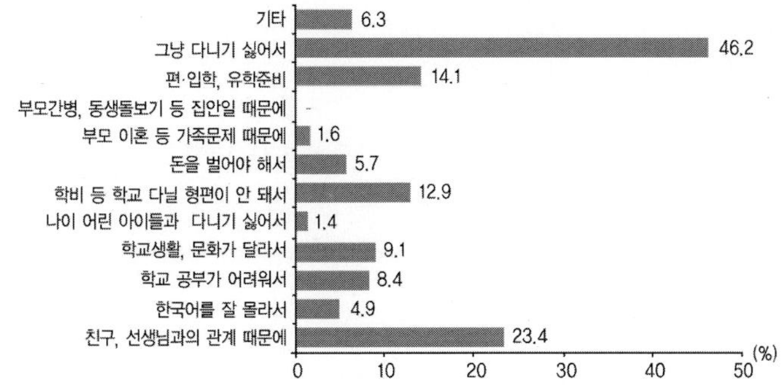

|그림 6-14| 다문화가족 자녀가 한국에서 학교를 다니다 그만둔 이유(복수응답)

출처 : 여성가족부(2019). 2018년 전국 다문화가족 실태조사.

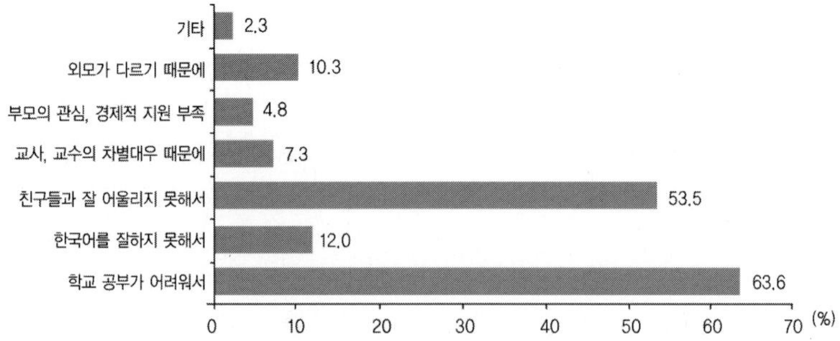

|그림 6-15| 다문화가족 재학 자녀의 부적응 이유(복수응답)

출처 : 여성가족부(2019). 2018년 전국 다문화가족 실태조사.

결혼이민자와 귀화자는 한국에 거주하면서 자신의 출신국 가족들과 긴밀한 관계를 유지하는 경우가 많은데, 특히 20대 이하와 30대에서 자녀양육을 위해 출신국의 부모형제를 한국으로 초청하는 경우가 많아 보인다(여성가족부, 2019).

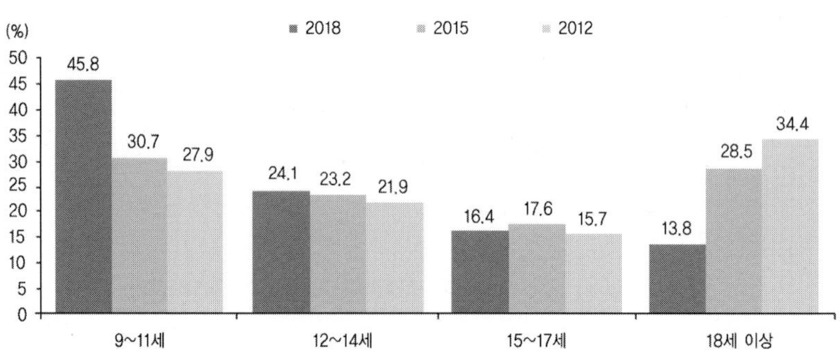

|그림 6-16| 다문화가구의 자녀 연령

출처 : 여성가족부(2019). 2018년 전국 다문화가족 실태조사.

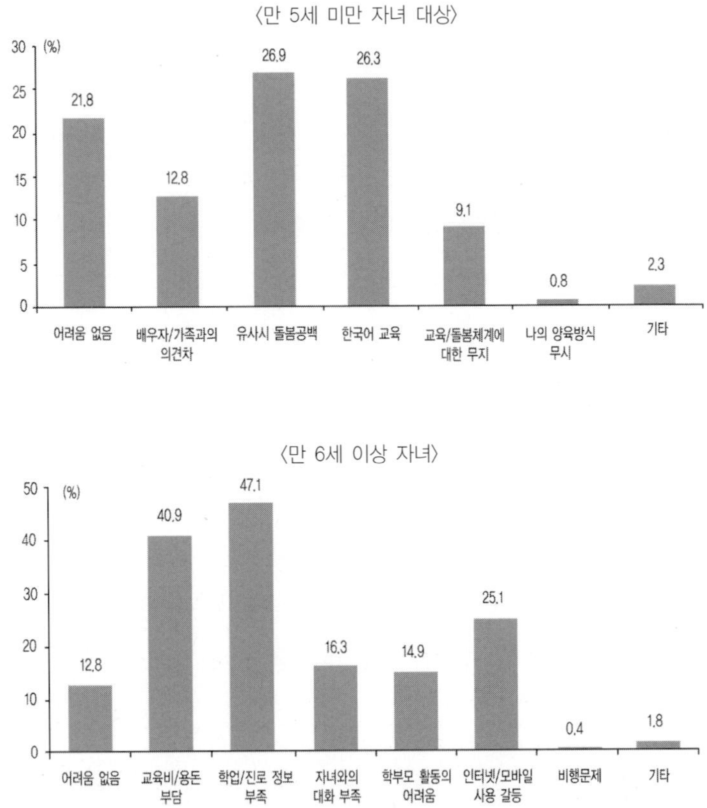

|그림 6-17| 결혼이민자 · 귀화자의 자녀 양육에서의 어려움

출처 : 여성가족부(2019). 2018년 전국 다문화가족 실태조사.

3) 문화 차이와 차별

문화 차이로 인한 어려움은 남편과의 관계, 시댁 식구와의 관계 등에서 발생하는 대내적인 어려움과 사회적 적응과 차별의 경험으로 나누어 볼 수 있다.

먼저 대내적인 어려움에는 한국어 능력 부족으로 인한 남편과 시댁 식구들과의 의사소통에 어려움을 겪는 경우이다. 이주여성들이 한국 사회에 적응하는 데 있어 가장 큰 스트레스원으로 꼽는 것이 언어적 어려움이다. 특히 결혼이주여성들에게 한국어 교육 지원이 미흡했던 초기 결혼이주여성들의 경우는 혼자 독학하거나 주변 사람들(주로 가족)의 도움으로 일상적인 생활 용어를 배운 경우가 많았는데, 이러한 비체계적인 한국어 교육으로 인해 정확한 의사 전달이 어려워 대인관계 형성과 사회참여 활동에 자신감을 잃고 위축되는 등 부정적인 경험을 하고 있었다(김안나 외, 2013).

남편에게 자신의 의사를 정확하게 전달하지 못하여 오해가 발생하거나 상대가 한 말을 빨리 이해하지 못하는 것에 대해 서로 간 배려가 부족할 때 이주여성은 소외감과 고립감을 느끼게 된다. 또한 출신국과 한국의 문화 차이를 이해하지 못해 갈등이 발생하는 경우도 많은데, 특히 가부장적이고 권위주의적인 한국인 남편과 시댁 식구들의 태도는 비교적 남녀 평등한 분위기에서 성장한 이주여성의 경우 더욱 낯설고 수용하기 힘든 문제가 된다. 대내적인 문화 차이와 차별은 서로에 대한 이해가 부족하고 이를 개선하기 위해 노력하지 않는 경우 가정폭력 등 비극적인 결과로 이어지기도 한다.

〈기사 한 컷〉

이주여성 잔혹사

지난해 12월 경남 양산시에서 필리핀 이주여성(당시 38세)이 21살 연상 남편에게 살해당했다. 2011년 한국에 들어온 이 여성은 결혼 후 7년 동안 친정에 가지 못했다. 가족이나 친구와 연락이 끊긴 지 오래였다. 다문화가족지원센터를 이용하지도 못했다. 남편을 대신해 생계를 책임지다 사망한 이 여성의 손에는 고향으로 돌아갈 여비조차 들려 있지 않았다.

캄보디아인 쏙카(가명)는 2007년 결혼중개업체를 통해 남편을 만나 이주했다. 한국어를 배우고 싶었지만 시어머니는 "밭에서 같이 일하려고 너를 돈 주고 데려왔다. 한국어 배울 시간에 농사일이나 하라"며 타박했다. 통장을 만들지도 취직하지도 못하게 했다. '경제적 폭력'에 결혼 3년차부턴 신체 폭행까지 당했다. 남편에게 쫓겨나 마을회관을 전전하다가 경찰 도움을 받아 쉼터로 피신했다.

이주여성은 가정폭력을 당해도 피해 신고를 꺼린다. 아이를 잃고 본국으로 쫓겨날 수 있다는 우려가 가장 크다. 국가인권위원회 조사 결과 이주여성의 10명 중 4명(42.1%)이 가정폭력을 경험했지만 주변에 도움을 요청한 사람은 그중 36%에 불과했다. 이혼이나 별거를 고려했다는 비율은 8.3%에 그쳤다. 이 중 절반은 '자녀들에게 피해를 줄 것이 걱정되어' 결혼생활을 유지했다고 답했다.

출처 : 경향신문(2019. 7. 11). '이주여성 잔혹사' 끊지 못할 보호대책 중 일부 발췌.

대외적으로도 한국의 제도에 대한 정보 부족이나 언어 문제, 또는 문화적 차이로 인한 어려움이 발생하는데, 특히 자녀 양육과 관련된 문제는 단순히 결혼이주민 당사자뿐 아니라 자녀세대에게까지 부정적인 요소로 작용되기도 한다. 또한 일반적으로 아직도 결혼이주민에 대한 선입견을 가지고 다문화가족을 바라보는 사회적 편견이 남아 있어 각 다문화가족의 특수성을 고려하지 않은 채 결혼이주여성들이 경제적 이유로 결혼했을 거라는 추측과 무시가 결혼이주민의 적응에 어려움을 가중시키기도 한다. 그리고 출신국에 따른 차별도 존재하는 것이 현실이다. 한국인이 가진 인종차별의 특수성으로 인해 출신국의 경제적 수준에 따라 대우를 달리하는 경우가 많다.

> 처음에 한국 사람들로부터 몽골에 대해 좀 실망스러운 질문 많이 받아봤어요. 몽골에는 불이 있나? 이런 식으로 물어보는 사람도 있더라고요. 똑같은 나란데... '아, 못 살아서 여기 한국 사람이랑 결혼했구나' 그렇게 생각하는 사람도 있어요. 하지만 그건 사람마다 다 다르잖아요. 진짜 못 살아서 여기 오는 사람도 있고, 여행... 했다가 여기 오는 사람들도 있고, 진짜 둘이 만나서 진짜 좋아서 결혼하는 사람도 있는 건데... (몽골출신 이주여성 인터뷰 中, 김안나 외, 2011 발췌)

> 한국말 잘 모르면 한국 사람들이 바가지를 씌워요. 그리고 외국인은 돈이 없다고 생각하죠. 저도 그런 경험이 있어요. 백화점에 가서 목걸이를 사려고 하는데 파는 직원이 계속 싼 물건만 주면서 "이건 비

싸요. 이거 사요"라고 해서 너무 기분이 나빴어요. 그래서 한국 사람과 외국 사람을 왜 차별하냐고 나도 돈 많다고 강하게 따졌어요. (필리핀 출신 이주여성 인터뷰 中, 김안나 외, 2011 발췌)

2018년 전국 다문화가족 실태조사에 따르면 결혼이민자귀화자 가운데 약 20%가 지난 1년간 집이나 공적 공간에서 외국출신이라는 이유로 차별받은 경험이 있다고 진술했다. 교육수준별로는 학력이 높을수록 상점·음식점·은행 등에서 차별받은 경험이 많은 데 비해, 직장·일터에서의 차별 경험은 교육수준이 낮을수록 조금 더 받는 것으로 나타났다. 그리고 차별에 대한 대처 방법은 참았다는 응답이 78.1%로 가장 많았다. 학력별로는 고졸 이하 학력층이 대졸 이상 학력층보다 참는 경우가 많은 반면, 가족, 친구와 상의하거나 상대방에게 사과를 요구하거나 차별시정 관련 기관 신고, 인터넷 게시판 등재, 카페, SNS 등에 글을 올리는 경우는 대졸이 많았다(여성가족부, 2019).

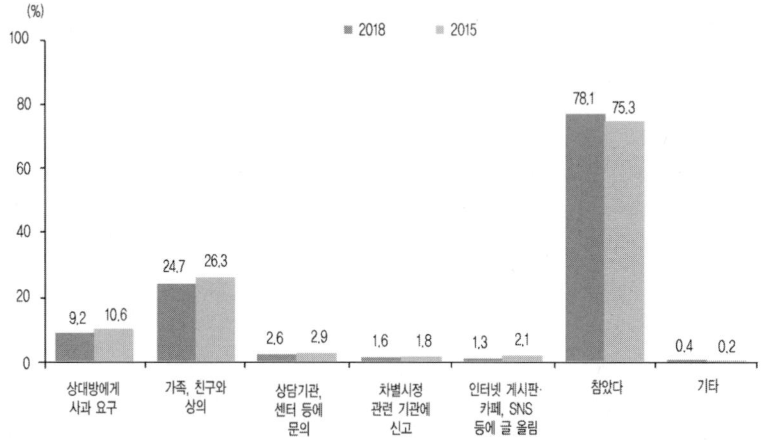

|그림 6-18| 결혼이민자·귀화자의 차별 대처 방법(복수응답)

출처 : 여성가족부(2019). 2018년 전국 다문화가족 실태조사.

4) 사회적 지지 체계 부족

결혼이주여성들은 표면적으로는 가족 외에 다문화가족지원센터 등 여타 지원 시스템을 통해 다른 결혼이주여성을 만나기도 하고 생활 반경 안에서 이웃과 친밀한 관계를 맺기도 하지만 실제적인 어려움에 처했을 때 이를 나눌 만한 친밀한 관계에 있는 대상은 소수인 것으로 나타나 타인과 제한적인 관계를 형성하고 있는 것으로 보인다(김안나 외, 2013). 이런 측면은 |그림 6-19|에서와 같이 개인적인 문제에 대해 도움을 받거나 의논을 할 사람이 한국에 없다는 비율이 2018년 실태조사에서도 여전히 증가 추세임이 나타나고 있다. 사회적 지지체계 부족은 결혼이주민의 현실적 적응뿐 아니라 심리적·정서적 측면에도 부정적인 영향을 미치게 된다.

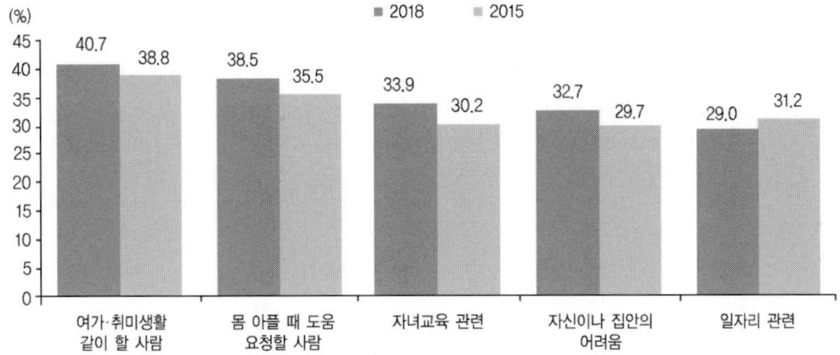

|그림 6-19| 결혼이민자·귀화자의 사회적 관계 '없음' 비율

출처 : 여성가족부(2019). 2018년 전국 다문화가족 실태조사.

5) 경제적 문제

결혼이주민이 겪는 어려움 중 경제적 어려움은 결혼이주여성이 가장 많이 선택하는 항목이다. 이는 실태조사 결과에도 나타나는데 다문화가구의 월평균 소득은 200~300만 원 미만이 26.1%로 가장 높고, 100~200만 원 미만이 22.4%, 300~400만 원 미만이 20.1% 순으로 나타났다.[2] 다문화가구 중 국민기초생활보장제도의 수급 비율은 5.7%로 우리나라 전체 수급가구 중 1.7%를 차지한다.

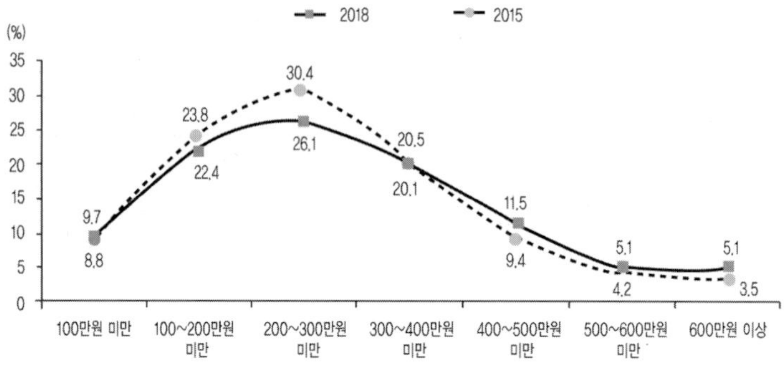

|그림 6-20| 다문화가구의 월평균 가구소득(2015, 2018년)

출처 : 여성가족부(2019). 2018년 전국 다문화가족 실태조사.

결혼이주민이 경제활동을 하려면 먼저 선행되어야 할 것이 언어문제와 취업교육이다. 결혼이민자와 귀화자가 한국에서 일하면서 느끼는 어려움 중 적은 임금이 12.7%로 가장 많았고, 그 다음이 한국어 의사소통 문제로 9.6%, 긴 노동시간 9.5%, 힘들고 위험한 일 7.9% 순으로 언어 문제가 취업에 상당한 애로사항으로 작용한다는 것을 알 수 있다.

다문화가족에서 관심을 가져야 할 대상 또다른 대상은 귀화자이다. 2011년 다문화가족지원법이 개정되기 이전에는 기타귀화자 집단이 다문화가족 범주에 포함되지 않아 기타귀화자의 특성과 요구에 대한 연구가 부족했고 당연히 관련 정책도 미비했다. 그러나 귀화인 규모가 점차 늘어나고 있는 상황에서 이들이 다문화가족의 새로운 유형으로 부상하고 있기에 기존의 배우자, 자녀 중심으로 결혼이주민에게 맞추어진 정책에 귀화자의 특성을 고려한 변화가 필요한 시점이다(여성가족부, 2019).

---

2) 통계청 '가계동향조사'에 따르면, 우리나라 전체 가구의 월평균가구소득은 2015년 372만 원이며, 2018년(3분기)은 389만 원이다(여성가족부, 2019 재인용).

제 7 장 외국인근로자

한국에 다문화 관련 대상자들이 본격적으로 유입되면서 사회적으로 관심을 가지게 된 주요 대상자 중 하나가 외국인근로자이다. 한국 사회는 이들에게는 차별배제적 정책을 적용하면서 사회 안에서 동화를 추구하는 결혼이주여성과는 다른 방식으로 처우하고 있다. 이러한 특성으로 인해 외국인근로자는 다방면에서 인권침해와 차별을 경험하고 있다. 외국인근로자의 이주 배경과 현황, 그리고 문제점에 대해 사례를 중심으로 살펴보고자 한다.

1. 이주 배경 및 현황

외국인근로자는 이주노동자, 이주근로자, 이민노동자 등 다양한 호칭으로 불리고 있지만 「외국인근로자의 고용 등에 관한 법률」 제2조에 따르면 "'외국인근로자'란 대한민국의 국적을 가지지 아니한 사람으로서 국내에 소재하고 있는 사업 또는 사업장에서 임금을 목적으로 근로를 제공하고 있거나 제공하려는 사람"을 말한다. 한국에 입국하는 외국인의 체류자격은 출입국관리법에 명시되어 있는데, 입국 후 활동의 유사성에 따라 8가지 대분류로 나뉘고(A~H), 다시 구체적 체류목적과 요건에 따라 36종으로 세분화된다.[1] 또한 체류 목적과 기간에 따라 장·단기체류자격[2]으로 나누기도 한

1) 출입국관리법 시행령에 명시된 체류자격 상세 내역은 〈부록 4〉 참조

2) 출입국관리법 제10조의2(일반체류자격) ① 제10조 제1호에 따른 일반체류자격(이하 "일반체류자격"이라 한다)은 다음 각 호의 구분에 따른다.

1. 단기체류자격 : 관광, 방문 등의 목적으로 대한민국에 90일 이하의 기간(사증면제협정이나 상호주의에 따라 90일을 초과하는 경우에는 그 기간) 동안 머물 수 있는 체류자격

다. 이 중 일반적으로 취업자격을 가진 체류외국인근로자 유형에 해당하는 경우는 |그림 7-1|과 같이 단순기능인력으로서 고용허가제 대상자인 비전문취업자격인 E-9과 방문취업 H-2, 선원취업 E-10과, 전문인력으로서 전문인력 E-1~E-7, 단기취업 C-4가 있다. 「외국인근로자의 고용 등에 관한 법률」에서는 한국 국적이 아닌 근로자를 외국인근로자로 정의하고 있지만 실제로는 고용허가제로 입국한 비전문인력 취업자를 주로 지칭한다. 따라서 전문인력, 재외동포, 영주권자, 결혼이민자, 유학생 등과 미등록체류자 및 외국인 취업자는 포괄하지 못하고 있다(주진우, 2018).

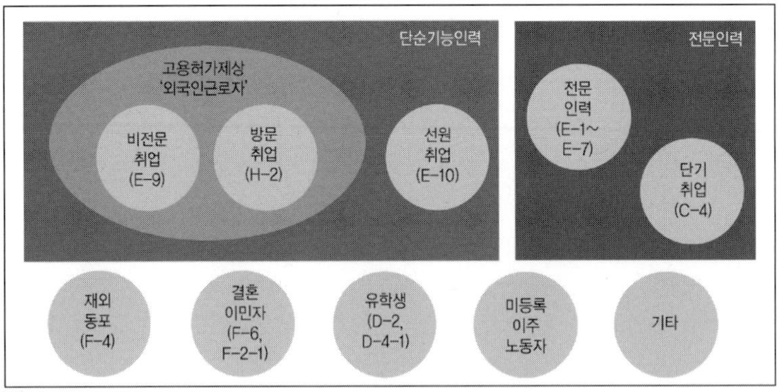

|그림 7-1| 외국인근로자 범위

출처 : 주진우(2018). 서울시 이주노동자 실태와 노동권 보호 방안.

1990년 중반 이후 외국인근로자는 꾸준한 증가세를 보이고 있다. 2018년 기준 취업자격 체류외국인은 총 594,991명이며, 이 중 미등록 체류자는 60,834명으로 추산된다(법무부, 2019).

2. 장기체류자격 : 유학, 연수, 투자, 주재, 결혼 등의 목적으로 대한민국에 90일을 초과하여 법무부령으로 정하는 체류기간의 상한 범위에서 거주할 수 있는 체류자격

<표 7-1> 취업자격 체류외국인 자격별 현황

구 분		2017년 총 체류자	2018년		
			총 체류자	합법체류자	불법체류자
계		581,480	594,991	534,157	60,834
전문 인력	소계	47,404	46,851	41,884	4,967
	단기취업(C-4)	1,719	1,302	998	304
	교수(E-1)	2,427	2,341	2,336	5
	회화지도(E-2)	14,352	13,749	13,711	38
	연구(E-3)	3,214	3,145	3,138	7
	기술지도(E-4)	185	191	190	1
	전문직업(E-5)	597	606	597	9
	예술흥행(E-6)	3,704	3,633	2,029	1,604
	특정활동(E-7)	21,206	21,884	18,885	2,999
단순 기능 인력	소계	534,076	548,140	492,273	55,867
	비전문취업(E-9)	279,127	280,312	232,939	47,373
	선원취업(E-10)	16,069	17,447	11,273	6,174
	방문취업(H-2)	238,880	250,381	248,061	2,320

출처 : 법무부 출입국외국인정책본부(2019a).

외국인근로자는 1990년대 초 한국인들이 기피하는 3D업종 인력 수급을 위하여 산업연수생제도를 통해 국내에 유입되었다. 산업연수생제도는 명칭에서 암시하듯 정식 근로자로 인정받지 못하여 근로3권 보장은 물론 최저임금 대상도 아니었으며 이직도 허용되지 않았다. 처음에는 2년 연수제도였으나, 1998년 4월 연수 2년 후 소정의 자격시험에 합격하는 경우 1년간 근로자로서 취업할 수 있도록 하였고, 2002년 4월부터는 연수 1년, 취업 2년으로 변경되었다(최충옥 외, 2010). 또한 당시 산업연수생제도 이 외에 단기 비자나 허위 비자로 불법 입국하여 취업하는 사례도 많아 공단지역에는 미등록 체류 외국인이 넘쳐나 2004년 고용허가제가 실시되기 이전에는 약 28만

명에 달하는 외국인근로자들이 미등록체류자(불법 체류자) 신분이었다. 넘쳐나는 미등록체류자들의 약점을 이용해 고용주들이 저임금, 임금체불, 신체적·정신적 학대 등을 자행해도 그들은 저항하지도 못하고 노동현장에서 산업재해를 당해도 신분노출이 두려워 치료도 받을 수 없었다(이현정, 2009).

2004년 산업연수생 제도의 단점에 대한 방안으로 실시된 외국인 고용허가제는 국내 기업의 외국인 합법 고용 보장과, 이주노동자에게 국내 노동자와 동등하게 노동3권과 산업재해보상보험, 최저임금을 보장한다는 측면에서 외국인 산업연수생제도보다 진일보하였다. 고용허가제에 따라 외국인근로자의 취업기간은 원칙적으로 3년이며 1년마다 갱신할 수 있다. 그러나 작업장 이동은 불가피한 경우가 아니면 원칙적으로 금지되어 있어, 3번 이상 옮기게 되면 불법체류자(미등록외국인근로자)로 전락하게 된다.

〈기사 한 컷〉

"죽지 않고 일할 권리를 보장하라"…2019 전국이주노동자대회

이주공동행동·이주노동자노동조합 등 9개 단체는 오늘 오후 서울 중구 서울파이낸스센터 앞에서 2019 전국이주노동자대회를 열고 "죽지 않고 일할 권리를 보장해달라"고 정부에 요청했습니다.

오늘 이주노동자대회에는 네팔, 방글라데시, 스리랑카, 베트남, 인도네시아, 캄보디아, 미얀마, 필리핀, 우즈베키스탄 등 주최 측 추산 천여 명의 이주노동자들이 참여했습니다.

사진 출처 : 연합뉴스(2019. 10. 20).

이들 단체는 "한국에 온 지 보름 만에 작업 중 사고로 사망한 네팔인 23살 덜라미 머걸 씨 등 최근 이주노동자의 산재 사망사고가 잇따르고 있다"고 호소했습니다.

앞서 머걸 씨는 지난 11일, 대전광역시 대덕구의 한 금속가공업체에서 작업을 하던 중 조형틀에 깔려 수술을 받았지만 지난 12일 끝내 숨졌습니다.

이처럼 산업재해로 숨진 이주노동자는 지난 5년간 60% 증가했다고 단체는 밝혔습니다.

이들은 "지난해만 135명의 이주노동자가 산재로 숨졌고, 올해는 6월까지 산업재해로 사망한 이들 465명 중 42명(약 10%)이 이주노동자"라고 설명했습니다.

'고용허가제'의 문제점도 지적했습니다.

이들은 "이주노동자의 노동권과 인권이 억눌리고 있는 이유 중 가장 큰 문제는 사업장 이동의 자유가 없다는 것"이라며 "위험한 현장에서 일하고 있어도 스스로 사업장을 옮길 수 없다"고 설명했습니다.

고용허가제는 이주노동자의 사업장 변경 횟수를 3년 동안 3차례로 제한하고 있고, 사업주의 허가 없이는 사업장을 변경할 수 없도록 한 제도입니다.

네팔 출신인 우다야 라이 이주노조 위원장은 대회사를 통해 "고용부터 퇴직까지 이주노동자에 대한 모든 권한이 사장한테 있기 때문에, 이주노동자들은 사업주의 노예가 될 수밖에 없다"며 "지시를 어기면 부당 징계, 임금 안주기, 사업장에서 왕따 시키기, 본국 송환 협박 등을 당한다"고 호소했습니다.

출처 : KBS(2019. 10. 20). "죽지 않고 일할 권리를 보장하라"…2019 전국이주노동자대회.

2. 외국인근로자 관련 문제점

1) 임금체불 및 노동환경 문제

외국인근로자가 겪는 어려움 중 대표적인 것이 노동권과 관련된 문제인데, 그중에서도 저임금과 임금체불 문제가 심각하다. 고용허가제를 통해 한국에 입국한 외국인근로자 중 절반 이상이 본국에서 체결한 근로조건(근로시간, 월급, 주거시설, 식사, 작업 내용 등)과 입국 후 현실에 차이를 경험한 것으로 나타났다. 더구나 현행 고용허가제는 노동자의 자유로운 사업장 이동을 금하고 있기에 근로계약과 실제의 차이 발생으로 인한 불이익은 온전히 이주노동자의 몫이 된다(우수명 외, 2015).

임금체불과 관련해서는 2015년 국가인권위원회가 발간한 「건설업 종사 외국인근로자 인권상황 실태조사」 연구용역보고서에 따르면 전체 조사응답자의 36.9%가 임금을 제때에 받지 못했다고 진술했으며, 임금체불 기간은 1년 미만(47.9%)과 1~3개월(39.3%)이 대부분이었고, 1년 이상 체불된 경우도 5%를 넘었다(김양미, 2018a). 고용노동부 자료에 의하면 국내 외국인근로자의 임금체불액은 2015년 504억 원에서 2018년 972억 원으로 늘어났으며, 2019년 말 기준 1,000억 원이 넘어설 것으로 전망하고 있다(내일신문, 2019).

<표 7-2> 이주노동자 연도별 임금체불 신고액 현황

(단위 : 억 원)

연 도	2015	2016	2017	2018	2019. 8.	계
체불액	504	687	784	972	797	3,744
체당금지급액	158	291	285	293	233	1,260

출처 : 내일신문(2019. 10. 17). 이주노동자 임금체불 갈수록 는다.

외국인근로자에 대한 제도가 산업연수생제도에서 고용허가제로 전환되면서 공식적으로는 외국인근로자도 노동3권을 보장받게 되었지만 실제 현장에서는 한국인노동자에 비해 장시간 노동을 하면서도 임금은 적게 받고, 휴식시간 등 노동 조건에서 차별 대우를 받고 있다. 외국인근로자의 근로시간은 하루 평균 10시간 48분이었고, 휴게시간은 점심시간 포함 1시간 25분이었다. 또한 근무 중 산업재해를 당해도 산재보험 혜택을 받지 못한 경우가 많았는데 작업 중 부상을 당한 응답자 중 69.9%가 산업재해보상보험의 혜택을 받지 못한 것으로 나타났다. 열악한 근로환경으로 인해 건강상 문제가 발생하기도 하고 산재에 노출되는 확률도 높으며 심한 경우 사망에 이르기도 한다. 또한 주거권 측면에서도 인권침해를 염려할 만큼 심각한 경우가 많은데, 공장 바닥 한켠에서 숙식을 해결하거나 컨테이너 창고에서 다수의 외국인근로자가 밀집해서 생활하기도 한다(국가인권위원회, 2015; 우수명 외, 2015).

〈기사 한 컷〉

오른손 다치자 "왼손 있잖아"…착취받는 외국인근로자

2013년 입국한 미얀마인 A씨(39)의 건설사 취직은 시작부터 문제였다. 회사 측은 '현장 반장에게 항의하지 않겠다'는 각서를 쓰라고 강요했다. A씨가 근로계약서에만 서명하고 각서엔 손을 대지 않자 회사는 "미얀마로 보내버리겠다"고 협박했다. A씨가 "신고하겠다"고 맞서자 회사는 사직서를 내밀었다.

회사의 횡포는 여기서 끝나지 않았다. 회사는 A씨의 첫 월급을 18만 원이나 깎아 90만 원만 지급했다. 근로계약서에 적힌 A씨의 기본급은 108만 원이었다. A씨가 "월급 내역을 알려달라"고 했지만 회사는 거절했다.

A씨가 쉴 수 있는 날은 한 달에 이틀뿐이었다. 회사는 일할 만한 날씨다 싶으면 그마저도 쉬지 못하게 했다. 오른손을 다쳤을 때도 마찬가지였다. 회사는 "왼손이 있지 않느냐"며 A씨에게 쓰레기 치우는 일을 시켰다.

퇴사할 때쯤엔 마지막 월급이 평소보다 50만 원 적게 들어왔다. 회사에 따지자 "밥값, 방값을 제했다"는 답이 돌아왔다. A씨는 "임금명세서를 안 줘서 식대나 기숙사비를 얼마나 부담하는지 몰랐다"며 분통을 터뜨렸다.

4년 넘게 한국에 살면서 건설업에 종사한 베트남인 B씨(38)도 이에 못지 않은 일을 겪었다. 회사는 고용노동부 고용지원센터에 형식적인 근로계약서를 제출한 뒤 B씨에게 이면계약서를 쓰자고 요구했다. 새 계약서는 온통 한국어였다. B씨는 내용을 전혀 알 수 없었다. 회사는 별다른 설명 없이 "괜찮으니까 그냥 사인하라"고 했다. B씨가 이면계약서를 달라고 했지만 회사는 주지 않았다.

이면계약서는 퇴사 과정에서 골칫거리가 됐다. B씨가 퇴사 후 연차수당을 청구하자 회사는 거절하면서 이면계약서를 들이댔다. 알고 보니 이 계약서엔 '연차수당은 임금에 포함한다'는 내용이 있었다. 회사는 "이의를 제기하면 임금을 다시 정산하겠다"고 겁을 줬고 B씨는 따를 수밖에 없었다. B씨는 "회사가 현장 외국인근로자 120명의 임금을 3~4개월이나 체불한 일도 있었다"고 했다.

국가인권위원회가 발표한 '건설업 종사 외국인근로자 인권상황 실태조사'에 따르면 2015년을 기준으로 건설업에 종사하는 외국인근로자 3명 중 1명은 A, B씨처럼 임금을 빌미로 회사의 횡포를 겪은 것으로 나타났다. 조사대상이 된 외국인근로자 339명 가운데 36.9%가 '임금체불을 경험한 적이 있다'고 답했다. 임금체불 경험자 중 39.3%가 1개월에서 최장 3개월까지 임금을 체불당해 본 것으로 조사됐다. 임금이 1년 이상 체불된 사례도 5.1%나 됐다. 또 '근로계약서를 작성했느냐'는 물음에는 조사대상 중 36.8%가 '아니오'라고 답했다. 근로계약서를 작성했다는 나머지 근로자 중에서도 14.6%가 '근로계약서를 이해하지 못했다'고 했다.

건설업 외 다른 직종도 사정은 비슷했다. 올해 고용허가제를 통해 입국해 지방의 한 원단 공단에서 근무 중인 방글라데시인 C씨는 매월 80만 원의 임금을 체불당하고 있다. 회사가 월급으로 260만 원을 주기로 해놓고 실제론 180만 원만 주고 있다고 했다. C씨는 "밤낮으로 일해 가족에게 돈을 보내주기도 바쁘다"며 신고는 생각하기도 어렵다고 했다.

2015년 입국해 가구공장에서 일하는 방글라데시인 D씨는 공장 사장과 아들에게 3번이나 폭행을 당했다. 경찰에 신고했지만 한국어를 몰라 고소 절차를 진행할 수 없었다. D씨가 공장을 옮기게 해달라고 요청했지만 사장은 허락해주지 않았다. 섹알마문 이주노동자조합 수석부위원장은 "외국인 근로자들은 사업장 이동의 자유가 보장되지 않아 부당한 대우를 당해도 당하고 있을 수밖에 없는 구조"라고 말했다.

출처 : THE L.(2017. 8. 18). [Law&Life-무너진 코리안드림 ②] 외국인근로자 부당대우 백태. http://m.thel.mt.co.kr

2) 인권침해

외국인근로자에 대한 직장 내 차별과 폭력 등 인권침해도 심각했는데 2015년 국가인권위원회가 발간한 「건설업 종사 외국인근로자 인권상황 실태조사」 연구용역보고서에 따르면 조롱이나 욕설을 경험한 조사자가 49.7%에 달해 거의 절반이 경험했으며, 가해자는 주로 한국인(92.1%)이었고, 한국어 소통이 어려운 경우 더욱 많은 피해를 입은 것으로 나타났다. 직장 내 폭력을 당한 경우도 15.7%였는데 폭력 가해자도 주로 한국인(84.4%)이었다. 취업비자 발급, 알선업체 수수료 등으로 한국 입국 시 빚을 많이 져서 본국으로 돌아가기 어려운 상황에 처한 불법체류자의 경우 상황은 더욱 열악해 인권침해를 당했을 경우 대응하기 어렵다.

〈기사 한 컷〉

이주노동자 학대 – "감히 날 무시해" 폭언·폭행에 골병드는 외국인노동자

"왜 때리는지 이유나 알고 맞고 싶어요."

지난 2018년 초 전남 장흥군 장흥읍에서 지내며 미역 양식장에서 일하던 베트남 국적 20대 여성 A씨는 밤늦게 숙소에 찾아온 고용주에게 문을 열어주지 않았다는 이유로 심한 욕설과 함께 폭행을 당했다. 이전에도 술 취한 고용주로부터 여러 차례 행패를 당한 A씨 입장에서는 어쩔 수 없는 선택이었다.

하지만 이튿날 A씨를 만난 고용주는 자신을 무시했다며 손과 발 등으로 A씨의 얼굴과 머리 등을 수차례 폭행했다. 불법 외국인노동자 신분이었던 A씨는 경찰 신고는 물론 아무런 피해 보상도 받지 못한 채 도망치듯 빠져나왔다.

외국인노동자에 대한 폭언·폭행은 성별 구분 없이 이뤄지고 있다. 11월 초 한국에 들어온 동티모르 국적 20대 남성 B씨 등 2명은 전북 군산시 옥도면의 한 섬에 들어간 지 일주일 만에 가슴 부위에 파스를 달고 살고 있다. 이들을 고용한 60대 고용주가 말이 통하지 않는다는 이유로 가슴을 수차례 발로 걷어차면서 큰 통증에 시달리고 있기 때문이다.

◇ 외국인노동자 폭행의 또 다른 가해자… 한국인 동료

외국인노동자를 폭행하는 가해자는 고용주들뿐만이 아니다. 지난 2018년 9월 전남 고흥군 금산면의 한 섬에서 일하던 동티모르 국적의 20대 C씨는 함께 고용된 한국인 직원으로부터 머리와 뺨 등을 수차례 맞았다. 최근까지 전남 목포에서 출항하는 배를 타고 일한 인도네시아 국적 20대 D씨는 배에 탈 때마다 한국인 동료 선원의 폭행에 시달렸다.

흉기를 들고 폭행하는 상황까지 벌어지자 D씨는 두려움에 사업장을 무단이탈할 수밖에 없었다. D씨는 지난 10월 해당 사건을 해경에 접수했지만 관련 혐의를 입증하지 못할 경우 강제 출국당할 위기에 처해 있다.

고용주의 동의가 없는 상황에서 외국인노동자가 무단으로 사업장을 이탈했을 경우 외국인노동자가 이탈한 원인을 입증해야 하기 때문이다. 이런 이유 때문에 농어촌에서 일하는 외국인노동자들이 폭언과 폭행을 당하더라도 쉽게 사업장을 떠나거나 사업장 변경을 요구할 수 없는 게 현실이다.

◇ 가해자들의 연이은 '혐의 없음'… 강제 출국 위기에 내몰린 외국인노동자

이처럼 외국인노동자에 대한 폭언·폭행이 반복되고 있지만 가해자들에 대한 처벌 역시 쉽지 않다. 지난 2월 전남 해남군 산이면에서 배추 출하작업을 하던 네팔 국적 40대 여성 E씨는 허리 통증이 심해 사업장을 옮겨달라고 요구했지만 받아들여지지 않았다.

E씨가 쉬는 날을 이용해 고용복지센터에 다녀온 사실을 알게 된 고용주는 E씨를 밀어 문에 머리가 부딪히는 부상을 입었다. E씨는 자신을 폭행한 고용주를 경찰에 신고했지만 증거가 부족하다는 이유로 고용주는 '혐의 없음' 처분을 받았다. 상당수 외국인노동자들이 한두 명씩만 일하고 있는 상황에서 한국인 고용주와 직원이 공모해 범행 은폐를 시도할 경우 이를 입증하기는 쉽지 않다.

◇ 폭언・폭행의 상당수는 의사소통 '부족'이 빌미… 한국어 배울 기회 없어

농어촌 외국인노동자들에게 가해지는 폭언・폭행의 상당수가 의사소통이 원활하지 않은 것이 빌미가 되는 경우가 많다. 이는 외국인노동자가 한국어를 배울 기회가 턱없이 부족하기 때문이다.

상당수 농어촌 외국인노동자들이 한국 사람과의 접촉 없이 혼자 작업하는 경우가 많아 한국어를 습득할 기회를 갖지 못하고 있다.

익산 노동자의 집 김호철 사무국장은 "외국인 노동자들이 고용주로부터 욕설을 듣고 폭행을 당하는 가장 큰 이유는 의사소통이 안 되기 때문"이라며 "고용주들이 외국인노동자들과 의사소통하려는 노력은 기울이지 않고 모든 책임을 외국인노동자들에게 떠넘기고 있다"고 말했다.

출처 : 노컷뉴스(2019. 11. 29).

여성 외국인근로자의 경우 외국인근로자에 대한 차별과 함께 성희롱・성폭력의 이중고를 겪는 사례도 많다. 여성 외국인근로자는 남성 외국인근로자들보다 임금은 더 낮고, 노동시간은 더 길어 더욱 열악한 노동환경에 처해 있으면서, 동시에 한국 근로자들뿐 아니라 남성 외국인근로자들의 성희롱 및 성폭행의 위험에 노출되어 있지만 보호는 받지 못하고 있는 실정이다. 실제 폭력이 있어 이를 신고하게 되면 사건종결과 함께 강제 출국을 당하기에 피해를 입고도 신고조차 하지 못하는 경우가 많다(우수명 외, 2015).

3) 미등록외국인근로자

보통 '불법체류자'라 칭해지는 미등록외국인근로자가 '미등록' 상태가 되는 이유는 위법적인 중개과정에서 발생하는 과도한 취업알선 수수료 부담,

고용주에 의한 인권침해, 임금차별, 사업장 이동의 제한과 비현실적인 구직기간 제한 등으로 인한 체류기간 만료, 사업장 이탈, 사업장변경 횟수 초과, 구직기간 초과, 구직신청기간 초과 등 고용허가제의 구조적 결함에 기인하는 경우가 많다. 미등록외국인근로자 신분은 사업주로부터 인권침해와 부당한 처우를 당하면서도 항의하지 못하는 약점으로 작용하고, 정부의 반복적이고 과도한 반인권적 단속과 강제추방으로 인하여 사상자가 발생하기도 한다(우수명 외, 2015).

<표 7-3> 불법체류외국인 연도별 불법체류율[3] 증감 추이

(단위 : 명)

연 도	총 체류 외국인	불법체류외국인				불법 체류율
		소계	등 록	거 소	단 기	
2008년	1,158,866	200,489	93,461	542	106,486	17.3%
2009년	1,168,477	177,955	83,729	613	93,613	15.2%
2010년	1,261,415	168,515	78,545	732	89,238	13.4%
2011년	1,395,077	167,780	82,848	578	84,354	12.0%
2012년	1,445,103	177,854	92,562	1,579	83,713	12.3%
2013년	1,576,034	183,106	95,637	1,533	85,936	11.6%
2014년	1,797,618	208,778	93,924	2,066	112,788	11.6%
2015년	1,899,519	214,168	84,969	1,114	128,085	11.3%
2016년	2,049,441	208,971	75,241	941	132,789	10.2%
2017년	2,180,498	251,041	82,837	1,064	167,140	11.5%
2018년	2,367,607	355,126	90,067	1,015	264,044	15.0%
2018년 10월	2,371,513	352,749	90,992	1,360	260,397	14.9%
2019년 10월	2,481,565	385,880	97,330	1,441	287,109	15.5%
전년대비 증감률	4.6%	9.4%	7.0%	6.0%	10.3%	

출처 : 법무부 출입국・외국인정책본부(2019b. 10). 출입국외국인정책 통계연보.

3) 불법체류율(%) = 불법체류외국인(합계) ÷ 총체류외국인 × 100

4) 외국인근로자 자녀 관련 문제

외국인근로자 자녀들은 부모의 언어적 한계와 저소득, 양육돌봄 시간의 부족, 교육제도에 대한 이해 부족, 외국인에 대한 편견적인 시각과 차별 등으로 인해 개인적인 발달과 성장뿐 아니라 한국 사회로의 생활적응과 통합에 어려움을 겪고 있다. 학령기에 해당하는 외국인근로자 자녀는 의사소통의 어려움과 학업부진 등으로 인해 학교부적응을 경험하며 경우에 따라 학업 중단으로 이어지기도 한다.

더욱 심각한 문제는 미등록외국인근로자의 자녀들이 겪는 권리 침해 문제이다. 미등록외국인노동자 부부가 출산을 하면 그 아이는 공식적인 국민으로서의 등록이 불가하다. 본인의 의지와 무관하게 부모 등 보호자의 결정으로 한국에 이주하게 되었거나 이주 부모들에 의해 한국에서 출생하게 된 경우지만 부모의 불안정한 법적 지위로 인하여 미등록이라는 체류 신분이 대물림되어 유엔아동권리협약[4)]에 근거한 기본적인 인권을 실생활에서 보장받지 못하게 된다(연합뉴스, 2019). 국적을 갖는다는 것은 사회구성원으로서의 권리를 보장받는 기본적인 권리라고 할 수 있다. 그러나 미등록외국인 자녀의 경우 이러한 권리에서 배제되어 불이익과 차별을 당하고 교육받을 권리에서도 소외되어 성장과 발달의 지원을 받을 수 없다. 이에 국제기구에서 다양한 선언과 협약을 통해 국적을 가질 권리에 대해 강조하고 있다.

- **세계인권선언(UDHR : Universal Declaration of Human Rights)**

  제15조 : 누구나 국적을 가질 권리가 있다. 누구든 정당한 근거 없이 국적을 빼앗기지 않으며, 자기 국적을 바꾸거나 다른 국적을 취득할 권리가 있다.

---

4) 유엔아동권리협약(Convention on the Rights of the Child) : 1989년 11월 20일 유엔총회에서 채택되고 1990년 9월 2일 발효된 국제적 인권조약인 유엔아동권리협약은 아동을 존엄과 권리를 지닌 주체로 인정하고 아동의 생존, 발달, 보호, 참여에 관한 기본적 권리를 명시한 협약이다. 우리나라에서는 1991년 11월 가입하여 동년 12월 20일부터 발효되었다. 구성은 전문과 54개 조항으로 이루어져 있다. 주요 내용으로 아동의 생존, 발달, 보호, 참여의 권리를 규정하고 있다(김양미, 2018b).

- **유엔아동권리협약**(CRC : Convention on the Rights of the Child)

제2조 제1항 : 당사국은 자국 관할 내에 있는 모든 아동에게 부모 혹은 법적 보호자의 인종, 피부색, 성, 언어, 종교, 정치적 혹은 다른 견해, 민족적, 인종적, 혹은 사회적 출신, 빈곤, 무능력, 출생, 그 외의 여타 신분에 관계없이 어떠한 차별도 받지 않고 이 협약에 규정된 권리를 존중하고 보장받아야 한다.

제10조 제2항 : (…생략…) 당사국은 아동과 그 부모가 본국을 포함하여 어떠한 국가로부터 출국할 수 있고 또한 본국으로 입국할 수 있는 권리를 존중하여야 한다.

제28조 제1항 : 초등교육은 의무적이며 모든 사람에게 무료로 제공되어야 한다.

- **모든 이주노동자와 그 가족의 권리보호에 관한 국제협약**[5)]

(MWC : International Convention on the Protection of the Rights of All Migrant Workers and Members of Their Families)

제29조 : 이주노동자의 자녀는 성명, 출생등록 및 국적에 대한 권리를 가진다.

제30조 : 이주노동자의 자녀는 해당국의 국민과의 평등한 대우를 기초로 하여 교육을 받을 기본권을 가진다. 어느 부모의 체류 또는 취업이 비정규적이라거나 취업국에서의 자녀의 체류가 비정규적임을 이유로 공립의 취학전 교육기관이나 학교의 입학이 거부되거나 제한되어서는 아니 된다.

제45조 제2항 : 취업국은 적절한 경우에는 출신국과 협력하여 이주노동자의 자녀에게 특히 현지언어를 가르치는 것과 관련하여 그들이 현지의 학교제도에 용이하게 적응하도록 하는 정책을 추구하여야 한다.

---

5) 1990년 12월 18일 유엔총회에서 채택. 이주민과 그 가족에 대한 보호 규정 명시. 총 9부 93조로 구성. 대한민국 미가입. 〈부록 3〉 전문 수록 참조.

제45조 제3항 : 취업국은 이주노동자의 자녀에 대한 모국어 및 출신국의 문화 교육을 촉진하도록 노력하여야 하며, 출신국은 적절한 경우 언제든지 이에 협력하여야 한다.

제45조 제4항 : 취업국은 필요하다면 출신국의 협력을 받아 이주노동자의 자녀의 모국어 교육을 위한 특별과정을 설치할 수 있다.

2010년 법무부가 '불법체류 아동의 학습권 지원'을 발표해 체류 신분과 관계없이 고등학교까지 학습권을 법적으로 보장해 주어 과거보다는 개선이 되었다. 그러나 미등록외국인근로자 자녀는 자신과 부모의 한국어 능력 부족, 비자문제, 입학절차 이해 부족, 외국인을 바라보는 편견 등으로 공교육 진입에 어려움을 겪고 있으며 부모가 언제 추방될지 모르는 불안감 속에 살고 있다. 또 혹여 공교육에 어렵게 진입했다 하더라도 적응이 어렵고, 기본적인 예방접종 등 건강권도 보장받을 수 없다. 이런 열악한 환경으로 인해 범죄에 노출될 우려가 있고 이는 향후 더 많은 사회적 비용을 지불해야 하는 결과를 낳을 수도 있다(연합뉴스, 2019).

〈기사 한 컷〉

서툰 한국말에, 따돌림에…학교 떠나는 다문화 아이들

"오늘도 학교에서 한마디도 하지 않았다. 아무도 나에게 말을 걸지 않는다. 공부는 어렵다. 아직도 한국말이 서툴다. 집에서도 입 벌릴 일이 없다. 엄마도 한국말을 잘 못 하기 때문이다. 베트남 사람이다. 참관 수업 때 엄마가 안 오셨으면 좋겠다. 창피하다. 아이들이 놀린다. 피부색이 까맣다고."

아홉 살이지만 아직 한국말이 서툰 이재훈(가명 · 9) 군의 말투 속에 학교는 부정적 뉘앙스로 가득 차 있었다. 그의 집은 매일 아침 전쟁이 벌어진다. "학교 가기 싫다"는 이 군과 억지로라도 보내려는 어머니가 한바탕 승강이를 벌이기 때문이다. 그는 "따라가기 힘든 공부도 문제지만, 다문화라고 놀리는 학우들과 잦은 다툼 탓에 학교에 흥미를 잃었다"고 말했다.

출처 : 연합뉴스(2018. 6. 17). 서툰 한국말에, 따돌림에…학교 떠나는 다문화 아이들 중 발췌.

제 8 장 북한이탈주민[1)]

1. 입국 배경 및 현황

북한이탈주민이란 「북한이탈주민의 보호 및 정착지원에 관한 법률」 제2조에 따르면 "군사분계선 이북지역(이하 "북한"이라 한다)에 주소, 직계가족, 배우자, 직장 등을 두고 있는 사람으로서 북한을 벗어난 후 외국 국적을 취득하지 아니한 사람"을 말한다. 따라서 다음의 경우 북한이탈주민에 포함되지 않는다(통일부, 2019).

- **재북화교**(華僑) : 북한에 거주하나 중국 국적 보유
- **북한적 중국동포**[소위 '조교(朝僑)'] : 합법적 체류자격으로 중국에 거주하며 북한적을 가진 자
- **제3국 출생 탈북민 자녀** : 북한주민의 자녀로서 중국 등 제3국에서 출생하여 북한에 거주한 사실이 없는 자
- **북송재일교포** : 재일동포가 북한으로 영주귀국한 후, 북한을 벗어나 다시 일본에 거주할 경우

통일부(2019)에 따르면 1980년대 이후 남북한 사회의 경제적 규모의 격차가 커지고 1990년대 중반 북한의 식량사정이 악화되면서 북한이탈주민의 수가 꾸준히 증가하였다. 1998년까지 947명에 불과하던 입국자가 1999년부

1) 북한이탈주민은 다문화의 개념을 상이한 문화라는 측면까지 포함하는 광의로 이해하면 다문화 대상이 될 수 있으나, 엄격한 의미에서 결혼이민자나 귀화자와는 다른 성격을 띤다. 통일부에서 발간한 「2019 북한이탈주민 정착지원 실무편람」에 의하면 북한이탈주민은 남북한 통합이라는 관점에서 볼 때 다문화가족이라고 보기 어렵다고 명시되어 있다.

터 2001년까지 3년 동안 1,043명이 입국하였고, 2006년부터 2011년까지 매년 2,000명 이상으로 급증하였다. 이후 2012년부터 입국인원이 감소하는 추세이다. 2019년 9월 기준 국내 거주하는 북한이탈주민은 33,248명으로 잠정 집계되고 있으며, 성별로는 남성이 9,297명, 여성이 23,951명으로 나타났다.

북한이탈주민의 탈출 동기는 시기별로 다양하다. 1980년대 말부터 북한의 식량난으로 북한을 떠나 동아시아를 전전하는 경제난민이 시작되었는데 지금은 생존권 이외에 생활 향상에 대한 기대와 개인적인 문제 등 다양한 이유로 탈출하고 있다. 1990년대 중반 이후 식량난으로 탈북한 사람 가운데 중국 등 제3국에 은신·체류하다가 가족단위로 국내로 입국하는 경우가 증가하는 추세이다(우수명 외, 2015).

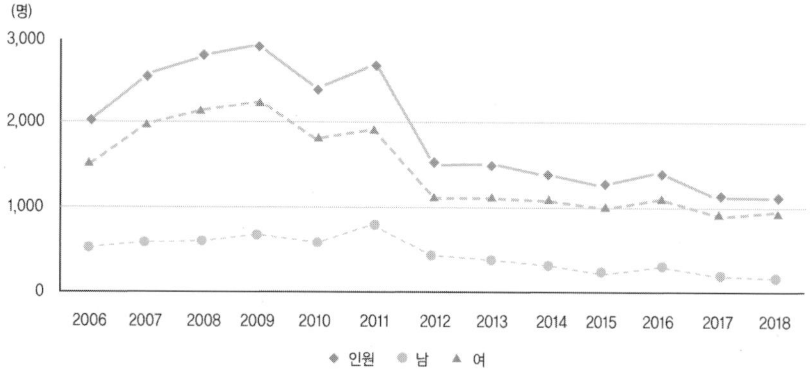

|그림 8-1| 북한이탈주민 입국현황

출처 : 통일부(2019). 기본통계표 : 북한이탈주민 관련 추이.

2. 북한이탈주민 정착지원 체계[2)]

북한이탈주민 정착지원 정책은 정부, 지방자치단체, 민간이 상호 협력하여 추진하고 있다.

중앙정부 차원에서는 통일부가 「북한이탈주민대책협의회」를 통해 탈북민 정책을 협의조정하고 있다. 거주지 차원에서는 지방자치단체와 지역적응센터가 탈북민 특성과 지역 실정에 따른 정착지원 서비스를 제공하고 있다. 민간 차원에서는 지역 민간단체, 의료기관, 종교단체, 자원봉사자 등이 북한이탈주민지원재단 및 지역적응센터와 연계하여 지원하고 있다.

정부는 1997년부터 「북한이탈주민의 보호 및 정착지원에 관한 법률」을 제정하여 북한이탈주민이 대한민국 사회에 잘 적응하도록 지원하고 있다. 북한이탈주민의 국내정착 과정은 |그림 8-3|에서와 같이 보호요청 및 국내이송 – 조사 및 임시보호조치 – 보호결정 – 하나원 정착준비 – 거주지 보호(5년) – 민간참여 서비스 제공이다.

북한이탈주민 정착지원 제도 주요 내용은 〈표 8-1〉과 같다.

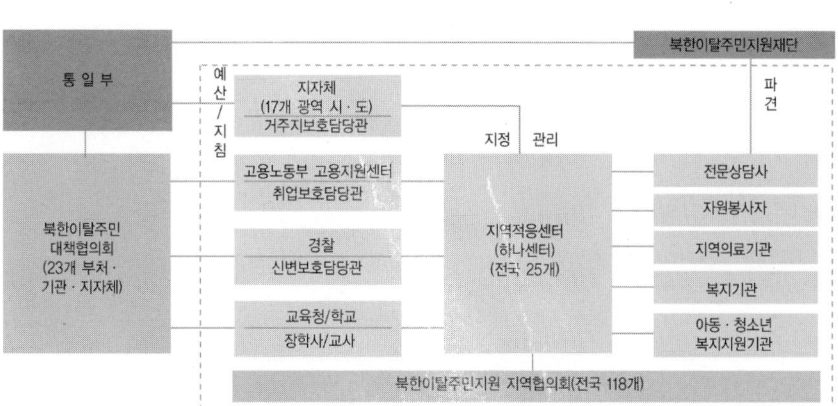

|그림 8-2| 북한이탈주민 정착지원 체계

출처 : 통일부(2019). 2019 북한이탈주민 정착지원 실무편람.

---

2) 통일부(2019). 2019 북한이탈주민 정착지원 실무편람의 내용을 정리하였음

보호요청 및 국내이송	• 보호요청 시 외교부, 관계부처에 상황보고 및 전파 • 해외공관 또는 주재국 임시보호시설 수용 • 신원확인 후 주재국과 입국교섭 및 국내입국 지원
---국내입국---	
조사 및 임시보호조치	• 입국 후 국정원이 보호결정 여부를 위한 조사 및 긴급한 치료 등 임시보호조치 실시 • 조사 종료 후 사회적응교육시설인 하나원으로 신병 이관
보호결정	• 「북한이탈주민대책협의회」 심의를 거쳐 보호 여부 결정 • 보호결정 세대단위 결정
하나원 정착준비	• 사회적응교육(12주, 400시간) – 심리안정, 우리 사회 이해 증진, 진로지도 상담, 기초 직업훈련 • 초기정착지원 : 가족관계 창설, 주거알선, 정착금・장려금 지원 등
---거주지 전입---	
거주지 보호 (5년)	• 사회적 안전망 편입(생계・의료급여 지급) • 취업지원 : 고용지원금, 무료 직업훈련, 자격인정 등 • 교육지원 : 특례 편입학 및 등록금 지원 • 보호담당관 : 거주지・취업・신변보호 담당관 제도 운영
민간참여	• 북한이탈주민지원재단을 통한 종합서비스 제공 • 지역적응센터(전국 25곳) 지정・운영 • 정착도우미 제도 : 민간자원봉사자 연계 • 북한이탈주민 전문상담사(82명) – 종합상담 및 애로사항 해결 등 찾아가는 상담서비스 제공

|그림 8-3| 북한이탈주민 국내정착 흐름도

출처 : 통일부(2019). 2019 북한이탈주민 정착지원 실무편람.

<표 8-1> 북한이탈주민 정착지원 제도 주요 내용

구 분	항 목	내 용
사회 적응 교육	기본교육 (하나원)	• 하나원 12주 400시간 교육 * 연령대·성별 7개반 운영(영아, 유치, 초등, 청소년, 성인남성, 성인여성, 경로) * 정서안정 및 건강증진, 우리 사회 이해 증진, 진로지도 및 직업탐색, 초기 정착지원, 생애설계 프로그램 등 5개 분야
	지역적응교육 (하나센터)	• 전국 하나센터 8일, 50시간 교육 및 사후지원 * 지역사회 이해, 진로 및 취업지원, 사회적응, 정서안정 등
정착금	기본금	• 1인 세대 800만 원, 2인 세대 1,400만 원, 3인 세대 1,900만 원, 4인 세대 2,400만 원, 7인 세대 이상 3,900만 원 * 초기지급금을 지급하고 남은 잔액은 분기별 분할 지급
	지방거주 장려금	• 지방 2년 거주 시 광역시(인천 제외)는 주거지원금의 10%, 기타지역은 주거지원금의 20%
	취약계층 보호 가산금	• 연령가산금(만 60세 이상인 자) : 720만 원 • 장애가산금 : 1,540만 원(중증장애), 360만 원(경증장애) • 장기치료가산금(중증질환으로 3개월 이상 입원 시) : 1개월에 80만 원(최대 9개월분까지 지급) • 한부모가정아동보호가산금(보호결정 당시 만 13세 미만 아동) : 세대당 360만 원 • 제3국 출생 자녀 양육가산금 : 만 16세 미만 아동 1인당 400만 원
주거	주택알선	• 영구·국민·다세대 임대주택 알선(2년간 임대차계약 해지 불가, 소유권·전세권·임차권 변경 불가)
	주거지원금	• 1인 세대 1,600만 원, 2~4인 세대 2,000만 원, 5인 이상 2,300만 원 * 보증금을 지급하고 남은 잔액은 거주지 보호기간 종료 후 지급
취업	직업훈련비 및 훈련수당	• 훈련비 전액 지원 및 훈련기간 중 훈련수당 지급
	직업훈련장려금 자격취득장려금	• 직업훈련 500시간 이상 120만 원, 620시간 이상 140만 원, 740시간 이상 160만 원 지급(국가기간 전략산업과정 수료 시 200만 원 추가) • 자격취득 시 200만 원 ※ 직업훈련장려금 및 자격취득장려금은 폐지. 다만, 2014. 11. 28. 이전 입국하여 보호결정된 자에게는 적용
	취업장려금	• 3년간 근속 시 최대 수도권 1,650만 원, 지방 1,950만 원
	고용지원금 (채용기업주에 지급)	• 임금의 1/2을 50만 원 한도에서 기본 3년, 최대 4년간 지원 ※ 고용지원금은 2014. 11. 28. 이전 입국하여 보호결정된 자에게 적용

취업	자산형성제도 (미래행복통장)	• 근로소득 중 저축액에 대해 정부가 동일한 금액을 매칭하여 지원 – 지원요건 : 거주지보호기간 내에 있고, 최초 거주지 전입 후 6개월이 지난 후에 3개월 이상 취업하고 있을 것 – 적립목적 : 주택구입비 또는 임대비, 교육비, 창업자금 등 – 지원기간 : 2년(1년 단위로 2회까지 연장 가능) – 적용대상 : 2014. 11. 29. 이후 입국하여 보호결정된 자 – 약정금액 : 근로소득의 30% 범위 내, 월 최대 50만 원
	기타	• 취업지원센터 운영, 사회적기업 설립 지원, 영농정착 및 창업 지원, 취업지원 바우처
사회 보장	생계급여	• 국민기초생활보장 수급자
	의료보호	• 의료급여 1종 수급자로서 본인 부담 없이 의료 혜택
	연금특례	• 입국 당시 50세 이상~60세 미만 시 국민연금 가입 특례
교육	특례 편·입학	• 대학진학 희망 시 정원 외 특례입학
	학비 지원	• 중·고교 및 국공립대 등록금 면제, 사립대 50% 보조
상담	–	• 하나센터, 전문상담사, 정착도우미 등을 통한 사후 지원

출처 : 통일부(2019). 2019 북한이탈주민 정착지원 실무편람.

3. 북한이탈주민 관련 문제점

북한이탈주민과 관련한 어려움으로는 체제 부적응으로 인한 경제문제와 정신건강문제가 대표적이다. 북한의 경제난과 체제에 대한 불만 혹은 개인적인 문제로 북한을 떠나 남한으로 왔지만 남한의 자본주의 경제체제에 적응하지 못하여 남한 주민에 비해 낮은 취업률과 고용불안정으로 경제적인 어려움에 처할 수 있다(김양미, 2018a).

일반적으로 북한이탈주민의 취업에 대한 욕구는 상당히 높으나 남한에서 인정받을 수 있는 학력이나 기술이 부재한 경우가 많아 어려움이 있다. 북한이탈주민 정착실태조사에서 '더 나은 남한생활을 위해 필요한 지원'에 관한 질문에 취업·창업지원이 24.9%로 가장 높았고 그 다음이 의료지원 17.8%, 교육지원 13.7%, 소득지원 12.3%, 주택 관련 지원 12.2%으로 답한 것에서도 이런 점을 엿볼 수 있다.

'2018 북한이탈주민 정착실태조사'에 따르면 북한이탈주민이 남한생활에서 가장 만족하는 부분은 '자유로운 삶을 살 수 있어서'가 33%로 가장 높았고, 그 다음이 '내가 일한 만큼 소득을 얻을 수 있어서' 23.7%, '북한보다 경제적 여유가 있어서' 21.5% 순이었다. 반면 남한 생활에 불만족하는 이유로는 '가족과 떨어져 살아야 해서(가족이 북한, 제3국에 있음)'가 27.4%로 가장 많았고, '경쟁이 너무 치열해서'가 18.6%, '북한이탈주민에 대한 남한 사회의 차별, 편견 때문에'가 18.3%를 차지했다(남북하나재단, 2019).

또한 문화적으로 기존 한국인들과 동질적인 민족정체성을 공유하고 있지만, 정치・경제・문화・사회가치 측면에서 전혀 다른 체제를 가진 북한 출신이라는 점이 한국인들로 하여금 이질적 문화정체성을 가진 특수한 사회적 그룹으로 인식되면서(주재원, 2018) 한국 사회로의 적응과 통합을 저해하기도 한다.

1990년 이후 북한이탈주민의 탈북경로를 보면 90% 이상이 제3국을 통한 탈북으로, 이 과정에서 가족 혹은 지인의 사망, 이별, 체포, 고문 등을 경험하면서 받은 정신적 충격이 남한에서의 생활에 부정적인 영향을 주기도 한다. 특히 10대 북한이탈주민의 경우 아직 돌봄이 필요한 나이에 혼자 남한생활을 하면서 심리적・정서적으로 어려움을 겪는다(김양미, 2018a).

북한이탈주민의 또다른 고민은 자녀교육이다. 자녀교육 문제로는 경제적인 어려움으로 인해 자녀교육에 있어 필요한 지원을 해주지 못하는 것과, 한국의 교육적 열기를 따라가지 못하는 것, 탈북과정에서 정상적인 교육을 받지 못함으로써 연령에 맞는 지식체계를 갖추지 못하여 자신보다 어린 학생들과 교육을 받으면서 친구들과 잘 어울리지 못하고 학교폭력에 노출되거나 학업에서 중도 탈락하는 경우 등이 있다(우수명 외, 2015).

제 9 장 난 민

1. 난민의 개념과 현황

난민의 정의를 국제법상 최초로 내린 것은 유엔이 1951년 채택하고, 1954년 발효한(한국은 1993년 발효) 「난민의 지위에 관한 협약(Convention Relating to the Status of Refugees)」이다. 이 협약에서 최초로 난민에 대한 일반적인 정의가 내려졌다. 그러나 이 협약은 2차 세계대전 이후 유럽의 난민문제에 대한 대응책으로 초안 작성되었기 때문에 적용에 있어 두 가지 주요한 제약이 있다. 그 하나가 난민의 정의는 일반적이지만 1951년 이전 발생한 사건의 결과로 출신국을 떠난 사람들에게만 해당되었다는 것[1]이고, 다른 하나는 협약 체약국은 유럽 내 난민에 대해서만 협약을 적용하도록 제한할 수 있는 선택권을 가진다는 것이다[UNHCR(유엔난민기구) www.unhcr.or.kr].

---

1) 「난민의 지위에 관한 협약」 제1장 제1조 "난민"의 용어 정의

A. 이 협약의 적용상, "난민"이라는 용어는 다음과 같은 자에게 적용된다.

(1) 1926년 5월 12일 및 1928년 6월 30일의 약정 또는 1933년 10월 28일 및 2월 10일의 협약, 1939년 9월 14일의 의정서 또는 국제난민기구헌장에 의하여 난민으로 인정되고 있는 자. 국제난민기구가 그 활동기간 중에 행한 부적격 결정은 당해자가 (2)의 조건을 충족시키는 경우 당해자가 난민의 지위를 부여하는 것을 방해하지 아니한다.

(2) 1951년 1월 1일 이전에 발생한 사건의 결과로서, 또한 인종, 종교, 국적 또는 특정 사회집단의 구성원 신분 또는 정치적 의견을 이유로 박해를 받을 우려가 있다는 충분한 이유가 있는 공포로 인하여 국적국 밖에 있는 자로서 그 국적국의 보호를 받을 수 없거나 또는 그러한 공포로 인하여 그 국적국의 보호를 받는 것을 원하지 아니하는 자 및 이들 사건의 결과로서 상주국가 밖에 있는 무국적자로서 종전의 상주국가로 돌아갈 수 없거나 또는 그러한 공포로 인하여 종전의 상주국가로 돌아가는 것을 원하지 아니하는 자.

둘 이상의 국적을 가진 자의 경우에, "국적국"이라 함은 그가 국적을 가지고 있는 국가 각각을 말하며, 충분한 이유가 있는 공포에 기초한 정당한 이유 없이 어느 하나의 국적국의 보호를 받지 않았다면 당해자에게 국적국의 보호가 없는 것으로 인정되지 아니한다.

「난민의 지위에 관한 협약」이 가지는 유럽이라는 지리적 한계 가능성과 1951년 이전 발생한 난민만 적용한다는 시간적 한계를 배제한 조치로 나온 것이 1967년 유엔에서 발효된(한국은 1992년 발효) 「난민의 지위에 관한 의정서(Protocol relating to the Status of Refugees)」이다.

한국은 1993년 「난민의 지위에 관한 협약」과 「난민의 지위에 관한 의정서」를 바탕으로 난민지위의 보장을 위하여 필요한 난민 관련 규정을 신설하고 기타 현행 규정상의 미비점을 개선·보완하려는 목적으로 1993년 12월 10일 「출입국관리법」을 개정하였다(행정안전부 국가기록원, 2019). 이후 2012년 난민과 관련한 독자적인 법인 「난민법」을 제정하고 2013년부터 시행하였다.

2012년 제정된 「난민법」 제2조에 따르면 난민이란 "인종, 종교, 국적, 특정 사회집단의 구성원인 신분 또는 정치적 견해를 이유로 박해를 받을 수 있다고 인정할 충분한 근거가 있는 공포로 인하여 국적국의 보호를 받을 수 없거나 보호받기를 원하지 아니하는 외국인 또는 그러한 공포로 인하여 대한민국에 입국하기 전에 거주한 국가(이하 "상주국"이라 한다)로 돌아갈 수 없거나 돌아가기를 원하지 아니하는 무국적자인 외국인"을 말한다.

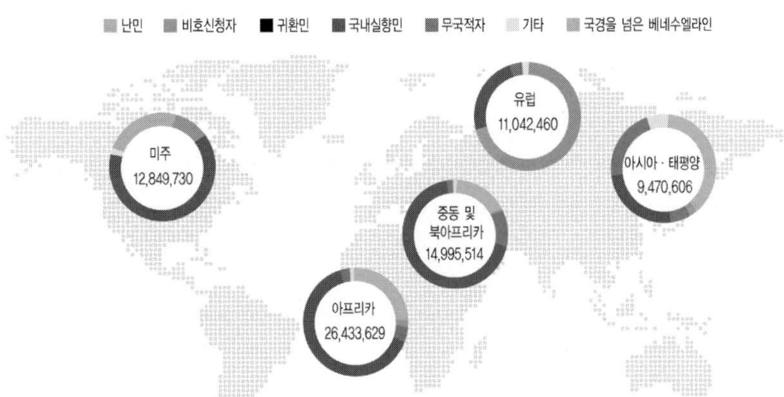

|그림 9-1| 난민보호대상자 현황(단위 : 명)

출처 : 유엔난민기구(2019).

2019년 기준 우리 정부의 난민 관련 업무처리 현황을 보면 1994년 이후 2019년 10월 말까지 난민신청자는 61,339명이고, 심사결정 종료자는 26,974명으로, 이 중 995명이 난민인정을 받았고, 2,151명이 인도적 체류허가를 받아 총 3,146명이 난민 인정(보호)을 받고 있다. 난민 신청 사유로는 종교사유가 15,103명, 정치적 사유가 11,147명, 특정 사회집단 구성원이 6,413명, 인종적 사유가 3,816명, 국적 문제가 257명, 기타 사유가 24,603명이다(법무부 출입국·외국인정책본부, 2019b).

<표 9-1> 난민신청 심사결과

(단위 : 명)

구분 / 연도	심사 완료	난민인정(보호)					불인정
		소 계	인 정	인도적 체류	인정률	보호율	
총 계	23,828	0	995	2,151	3.7%	11.7%	23,828
'94~'12년	2,151	495	324	171	12.2%	18.7%	2,151
2013년	460	63	57	6	10.9%	12%	460
2014년	947	627	94	533	6%	40%	947
2015년	2,452	303	105	198	3.8%	11%	2,452
2016년	5,315	350	98	252	1.7%	62%	5,315
2017년	5,440	437	121	316	2.1%	7.4%	5,440
2018년	3,312	652	144	508	3.6%	16.4%	3,312
2019년 1~10월	3,751	219	52	167	1.3%	5.5%	3,751

※ 인정취소 7건 및 철회 1건 포함(2009년 4건, 2010년 2건, 2011년 1건, 2014년 1건)

출처 : 법무부(2019. 10). 출입국외국인정책 통계연보.

<표 9-2> 국적별 인도적 체류자 현황

(단위 : 명)

구 분	소 계	1994~2012년	2013년	2014년	2015년	2016년	2017년	2018년	2019년 1~10월
총 계	2,151	171	6	533	198	252	316	508	167
시리아	1,192	0	0	494	149	232	245	54	18
예 멘	589	0	0	0	0	2	28	422	137
미얀마	37	25	1	4	3	0	3	0	1
중 국	36	20	3	0	8	0	3	2	0
파키스탄	32	13	0	7	7	0	2	3	0
기 타	265	113	2	28	31	18	35	27	11

출처 : 법무부(2019. 10). 출입국외국인정책 통계연보.

<표 9-3> 국적별 난민인정자 현황

(단위 : 명)

구 분	소 계	1994~2012년	2013년	2014년	2015년	2016년	2017년	2018년	2019년 1~10월
총 계	995	324	57	94	105	98	121	144	52
미얀마	315	134	19	4	32	41	35	36	14
에티오피아	128	19	3	43	11	12	23	14	3
방글라데시	118	65	10	2	12	9	8	7	5
파키스탄	72	2	9	12	18	6	9	13	3
이 란	54	13	0	8	7	2	11	7	6
기 타	308	91	16	25	25	28	35	67	21

출처 : 법무부(2019. 10). 출입국외국인정책 통계연보.

한국은 그간 난민문제에 대해서는 공적 측면이나 민간 측면에서 모두 크게 관심을 두지 않다가 2018년 예멘 출신 난민들이 본국의 내전을 피해 급격히 유입되면서 난민 수용에 대한 논쟁이 본격화되었다. 그간 한국 정부의 난민인정률은 다른 국가들에 비해 매우 낮았고, 일부 국민들 사이에 난민들의 출신국과 문화에 대한 부정적인 시각이 팽배하면서 난민 수용과 관련한 논쟁이 커지고 있다.

2. 난민 관련 문제점

난민과 관련된 문제들은 다양하고 복합적이며 난민의 '생존권'과 밀접한 관계를 가진다. 여전히 낮은 난민인정률로 인한 구금과 송환, 사회안전망 부재, 언어적 한계에 따른 의사소통 문제, 미숙련 단순노동으로 인한 경제적 어려움, 신체적·정신적 건강 관리, 난민 자녀의 출생신고를 비롯한 양육과 교육 문제 등이 난민이 처한 상황이다. 이런 현실적인 문제들은 근본적으로 난민에 대한 기본적인 이해와 정책적 의지가 없으면 앞으로도 해결되기 어려운 문제들이다. 따라서 난민과 그들의 문화에 대한 편견과 차별배제적인 관점에 대한 성찰이 우선되어야 한다.

현재 한국에서 난민 문제는 상당히 심각한 논쟁거리이다. 2018년 급격히 유입된 제주 예멘 난민 이후 난민에 대한 국민들의 의식은 〈표 9-4〉에서와 같이 양분화되어 있으며, 난민 수용 반대를 주장하는 편에서는 강경한 자세를 보이고 있다.

<표 9-4> 반 난민 담론의 주요 내용

주요 키워드	반 난민 담론 내용 및 해석	수용적 의견
사회경제적 부담	먼저 자국의 영세민을 돌봐라 혈세낭비이다	한국은 전쟁 시 혜택받은 나라다 난민의 보호의무가 있다
이슬람	충돌 없는 같은 문화권으로 가면 된다	혐오와 편견을 조장하여 일반화하지 마라
가짜 난민 추방	경제적 난민이다	난민은 또 다른 우리이다
외국인 혐오 (Xenophobia)	난민은 범죄자다 이슬람 남성에 의한 위협이 걱정된다 미등록이며, 무슬림계이다	외국인 혐오 및 허위사실 유포를 금지하라

자국민 안전	잠재적 성폭력범, 테러리스트, 치안 문제	모든 난민을 범죄화하지 말아라
선주민 vs 이주민	국민의 권리가 우선이다	우리도 해외에 나가면 이주민이다
강제송환	전원 송환조치하라	자의적 판단으로 인도적 지원을 막아서는 안 된다
민족주의	혈통주의, 국가주의, 단일민족주의	현재 한국은 외국인 유입이 증가하고 있는 추세이다
인도적 체류	인도적 체류허가 철회하라	난민 인정자 없어 당혹스럽고 우려된다
인도적 체류 허가자 제주 출도 제한 해제	출도 제한 해제를 폐지하고 난민 거주구역을 제한 단속하라. 치안과 불법체류, 잠적 위험을 방지하라	이동할 수 있는 권리를 주라 난민 신청자에 대한 출도 제한을 해제하고 생계보장의 의무를 다하라
실업자 문제	취업하기 어려운 현실에 우리의 직장을 뺏기고 있다	이주민이 경제적으로 기여하고 있다

출처 : 강지혜 외(2018). 한국사회 반난민 담론의 부상과 구성. p. 53 〈표 5〉 부분 발췌.

한국인의 난민에 대한 부정적 인식과 편견은 난민의 고통을 가중하는 요소가 되고 있다. 인간에 대한 다른 차별과 마찬가지로 난민에 대한 차별적 시선 또한 논리적이고 합리적인 이해에 근거하기보다는 감정적인 편견과 기득권의 자기방어인 경우가 많다. 이런 점에 대해 바나지와 그린왈드(Banaji & Greenwald)는 그들의 저서 『맹점, 누구도 피해 갈 수 없는 편견(Blindspot : Hidden Biases of Good People)』(2013)에서 이를 잘 분석하고 있다. 그들에 따르면 우리는 다른 사람, 특히 자신과 충분한 상호작용의 시간을 가지지 못한 사람을 평가할 때 그 사람의 외모나 느낌으로 단정 짓는 경우가 많지만 사실 이런 판단은 근거가 없고 많은 경우 그 타인에게 해를 입히는 심각한 오류를 저지를 수도 있다. 이런 왜곡된 평가 행위는 특수한 소수의 사례가 아니라 많은 평범한 사람들이 흔하게 저지르는 착각이며, 타인에 대해 직접적인 정보가 부재한 상황에서 몇 초 만에 상대에 대해 판단하면서도 우리는 그런 우리의 행위에 대해 불편함 조차 느끼지 못할 때가 많다. 반면 우리는 타인이 나에 대해 자세히 알지 못한 상태에서 나에 대한 부정확한 평가를 내려 내가 해를 입게 되는 상황은 민감하게 반응한다.

상대에 대한 명확한 판단이 어려운 상황에서 우리는 성공적인 결정을 예측하기 위한 기준으로 그 사람이 속한 사회집단을 따진다. 그가 속한 집단 사람들은 똑똑한가? 폭력적인가? 평화적인가? 등 이러한 우리 안의 편향된 시각은 신뢰해서는 안 되는 사람에게 잘못된 신뢰감을 심어주기도 하고, 그 반대로 신뢰해야 할 사람에 대해 불신감을 심어줄 수도 있다. 타인에게 가지는 편향된 시각, 즉 고정관념은 해당 상대가 속한 인종과 민족에 근거한 경우도 많지만 반드시 인종과 민족에만 국한되는 것이 아니라 심리적·사회적으로 의미 있는 모든 종류의 인간집단(나이, 성별, 종교, 계층, 장애 여부 등)에서 파생된다(Banaji, et al., 2013).

현실적인 생존과 문제와 사람들의 편견 이외에도 난민들은 출신국의 박해와 억압과 폭력 등 위험으로부터 탈출하면서 정신적인 스트레스를 많이 받아 우울증, 공포, 불안, 강박증 등 정신적·정서적 어려움도 함께 겪는 경우가 많다.

난민수용은 이전에 한국이 겪어보지 못한 새로운 상황이다. 낯선 대상과 상황에 대해 두려움으로 인한 편견과 비합리적인 감정으로 대응하지 말고, 인간존엄성 존중과 사회통합에 기여할 수 있는 깊이 있는 분석과 성찰을 통한 합리적인 대처가 필요하다.

생각 나누기 1

"불우이웃도 많은데 왜 난민만 돕죠?"

❖ 다음 기사를 읽고 본인의 의견을 나누어 봅시다.

우리는 잘 알지 못하는 대상에 대해서는 두려움을 갖기 쉽다. 주변의 편견과 의도된 가짜 뉴스에 휩쓸리기도 쉽다. 인간의 본성상 어쩌면 자연스러운 현상일지도 모른다.

그런 측면에서 '난민'도 많은 사람들이 막연한 두려움을 갖는 대상 중 하나다. 하지만 난민에 대한 여러 객관적인 사실들을 알고 보면, 그들에 대한 두려움이 얼마나 부풀려진 것인지 알 수 있을 것이다. 난민을 둘러싼 여러 오해와 그에 대한 얘기들을 이어가고자 한다.

◉ 범죄자나 테러리스트가 난민에 섞여 들어올 수 있다?

우리에게는 매우 엄격한 난민 심사 과정이 있다. 난민 심사는 여권 확인하고 간단한 면접을 하는 입국 심사나 비자 심사 같은 게 아니다. 난민지위협약과 국내 난민법에 따라 국제 기준에 맞추어 매우 엄격하고 까다로운 절차를 거쳐 진행된다.

난민 신청자는 그 과정에서 자기 신분을 완벽히 공개해야 하기 때문에 범죄자나 테러리스트가 난민 인정을 받을 가능성은 거의 없다. 자국에서는 물론 심사국까지 오는 과정에서 범죄 기록이 있다면 난민으로 인정받기 어렵다.

심사하는 국가 차원에서도 이들을 한번 잘못 받아들이면 매우 곤란해지기 때문에 그 사람이 그 나라에서 무슨 일을 했는지, 왜 우리나라에 왔는지 등을 철저하게 조사한다. 그러다 보니 심사 과정이 길어지고, 수백 명의 대기자가 생기고는 하는 것이다.

◉ 이슬람 난민은 위험하다?

유럽 등에서 일어난 테러 사건 등의 영향으로 이슬람 난민을 범죄 집단처럼 보는 시각도 있는데, 극히 일부 극단주의 성향의 무슬림 난민이 그랬다고 전체 무슬림 난민을 잠재적 범죄자 취급하는 것은 옳지 않다.

매우 안타까운 일이지만, 2007년 미국 버지니아에서 한 한국계 청년이 무차별 총기 난사로 수십 명을 죽음으로 몰고 간 끔찍한 사건이 있었다. 그런데 미국인들이 그것을 가지고 한국 사람들 중에 살인마가 더 있을지 모른다고 단정 지어 버렸다면 어땠을까?

유엔난민기구 통계 자료를 보면 난민 출신의 범죄자 비율은 실제로는 아주 낮은 수준이다. 기존 거주민의 범죄율보다 훨씬 낮다. 난민 지위를 인정받기가 얼마나 복잡하고 어려운데, 겨우 얻은 그 지위를 상실할지도 모를 위험을 무릅쓰고 범죄를 저지르겠는가? 설령 어떤 난민이 범죄를 저질렀다고 해도 대부분의 경우 그건 난민 범죄라기보다는 개인의 일탈로 봐야 하는 경우가 많다.

극히 소수의 사례를 가지고 난민 전체를, 특히 이슬람 난민을 잠재적 범죄자로 규정하는 것은 난민에 대한 차별적인 시각 때문이다. 종교를 이유로 가하는 차별이기도 하다. '가짜 뉴스'에 휘둘리지 않기 위해 우리에게 차분한 시선과 정확한 정보가 필요한 이유다.

◉ 여성이나 아동은 몰라도 젊은 남성은 안 된다?

지난해 제주도를 찾은 예멘 난민 신청자들의 소식이 알려졌을 때 이 사람들이 주로 젊은 남성들이기 때문에 반대한다는 목소리도 있었다. 하지만 난민에 여성, 남성, 아동, 청년, 노인이 따로 있을 수는 없다. 대부분의 난민은 가족 단위로 이동하고, 따라서 그 안에는 남녀노소가 두루 있다.

다만 우리 눈에 난민 신청자로 젊은 남성들이 주로 눈에 띄는 데는 이유가 있다. 우선 난민 인정을 받을 수 있을지 없을지 모를 불확실한 미래에 전 가족이 함께 움직이는 모험을 하기가 쉽지 않다. 먼저 누군가가 도착하여 난민 신청을 하고 그 결과에 따라 다른 가족을 데리고 오는 방식을 취할 수밖에 없는데, 이럴 때 여성이나 아동, 노인보다는 젊은 남성이 먼저 나서는 게 일반적이다.

또한 예멘에서도 그렇듯 내전으로 대량 난민이 발생하는 경우가 많은데, 원하지 않는 전쟁에 징집과 집총을 거부하며 국경을 넘은 이들도 많다. 내가 작년 제주도에서 만난 예멘 난민 신청자들은 기자, 컴퓨터 프로그래머, 엔지니어, 전직 사이클 국가대표 등 전문적인 직업을 가진 이들이었다. 정부군과 반군에 모두 동의할 수 없어 징집을 거부하면 그로 인해 가족들이 괴롭힘을 당하기에 예멘 땅을 떠날 수밖에 없었다는 게 그들의 이야기다. 기자 중 한 명은 반군에 반하는 기사를 썼다는 이유로 고문을 받다가 탈출해 온 사람이기도 했다.

이렇게 난민들의 사정을 전하고 오해를 풀어달라는 이야기를 할 때마다 많은 분들이 종종 나에게 이런 말씀을 하신다. "한국에도 불우한 사람들이 많은데, 왜 굳이 외국 사람만 돕자는 거죠?"

이것 역시 오해다. 나는 난민만 돕거나 난민을 우선해서 돕자고 이야기하는 것이 아니다. 우리나라 안에서 힘들게 살고 계신 분들을 외면하자고 하는 것이 아니다. 그분들에 대한 관심과 지원은 물론 매우 중요하다. 다만 여유가 된다면 눈을 들어 더 먼 곳을 함께 바라보자고 이야기하고 싶은 것이다.

게다가 인권은 누가 누구보다 더 중요하고 덜 중요한 문제가 아니다. 인권에는 우선순위가 없다. 대한민국 국민의 인권도 중요하고, 마찬가지로 저 멀리 예멘 난민의 인권도, 남수단 난민의 인권도, 로힝야 난민의 인권도 중요하다. 우리 모두가 조금 더 서로를 존중하고 조금 더 배려하는 사회, 나는 이것이 지금 대한민국에서 꿈같은 얘기가 아니라고 믿고 있다.

출처 : SBS(2019. 11. 29). "불우이웃도 많은데 왜 난민만 돕죠?" 정우성의 대답.

생각 나누기 2

❖ 다음의 노래 가사에 대한 자신의 느낌을 말해봅시다.

섞인 말들 mixlanguage

안녕하세요. 사장. 팀장. 공장장.
이거 하고. 끝나면. 저거 하고. 두 개 끝나면 저거 해.
설렁설렁 하지 마. 불량 만들지 마세요.
다 했어요? 일 다 했어? 아이고.

이리 와.
야 이 새끼야.
이거 틀렸어. 몇 개 불량이었어요?

이거 비싸. 이거 사 가지고 가. 진짜 외국사람이 맞나? 눈이 이쁘다. 잘 생겼다.
피가 섞인다. 네팔 사람 맞나요?
아이 시끄러워.
니네 나라 이런 거 있어? 인도네시아에 달 있어? 네팔에 해 있어?
니네 나라는 숟가락 없냐? 한국에 얼마 동안 있었어요?
말 없어요... 쉬세요...
빨리 빨리... 피섞인다

* 프로젝트 작가 그룹 Mixrice가 여러 이주노동자센터 한글교실, 이주노동자 공동체들을 찾아가 이주노동자들이 한국에서 가장 많이 들었고, 가장 많이 사용하고 있는 한국말(언어)을 수집하여 가사로 만든 노래이다.

출처 : mixrice.org

제 4 부

다문화 관련 법제

인간이 행복해지는 것이 왜 이토록 어려운가?
인간에게 고통을 유발시키는 세 가지 원천은
자연의 막대한 힘,
인간의 신체적 허약함,
그리고 가족과 국가와 사회에서 인간 상호 관계를 조절하는
제도의 불완전함이다.

Sigmund Freud(1930).
『문화에서의 불안(Das Unbehagen in der Kultur)』 중

제 10 장 다문화 관련 법제 개요

1. 다문화 관련 법제의 중요성

한국 사회는 세계화의 흐름 속에 노동시장 등 다방면에서 다문화화 하고 있다. 한국은 과거 단일민족의 신화 속에 통합을 이루며 살았기에 전에 경험하지 못한 다른 문화와의 공존은 기대감과 함께 미래에 대한 불안감의 원인이 되기도 한다. 그러나 세계화와 더불어 저출산 기조로 인한 인구구조의 공백이 예상되는 시점에서 이제 다문화는 피해갈 수 없는 현실이다. 따라서 새로운 다문화사회에서 평화로운 공존과 통합을 위해서는 다른 문화를 존중하고 배려하는 인식 변화와 더불어 현실의 문제들을 합리적으로 해결하고 지원해 줄 각종 법 규범들도 필요로 하게 되었다.

한국 사회에 이주민 유입이 본격화하면서 이주민의 권리와 의무 등을 규정한 사회규범이 요구되고, 외국인과 이민자들에 대한 출입국관리와 국적 관련 사항을 포함한 체계적이고 공식적인 법제들이 필요해지면서 이러한 요구에 맞는 법들이 제정되고 있다. 이러한 법적 제도화의 원인이 되는 요소는 다음과 같다(우수명 외, 2015).

- 국내 정주 외국인의 증가에 따른 사회문제 발생 및 이에 따른 국가적인 관리 요구의 증대로, 다른 국적을 가지고 있는 체류자나 귀화자의 국내 출입국 절차 및 권리의 한계와 범주를 정하는 것과 이를 관리할 수 있는 체계를 법적으로 마련하는 것이 요구되었다.
- 이주민 또는 체류자들의 인권과 노동권 보호에 대한 국내외 요구와 영향력의 증가로 각종 국제법과 조약 비준에 따른 책임을 법적으로 명시할 필요가 있다.

- 빈번한 국제 교류에 따라 다른 나라에 있는 자국민에 대한 보호 요구가 증대하고 있으며, 국제화 시대에 이에 적극 대응해야 할 필요성이 증대되고 있다.

법은 해당 사회구성원의 삶의 현장에 영향을 미치는 가장 강력한 사회규범이다. 다문화사회에서의 법은 기존 사회의 입장에서는 사회통합의 중요한 기초가 될 것이고, 출신국을 떠나 새로운 규범이 지배하는 사회에서 생활하게 된 외국인에게는 새로운 삶에의 성공적 적응을 가늠할 가장 기본적인 요소가 될 것이다.

2. 한국의 다문화 관련법

한국에서 제정·시행되고 있는 다문화 관련법에는 대한민국 국민의 자격요건을 명시한 국적법, 대한민국에서의 출입국과 체류 관리에 관한 사항이 명시된 출입국관리법, 외국인 근로자 관리와 관련된 「외국인근로자의 고용 등에 관한 법률」, 재한외국인의 대한민국 사회 적응 도모를 위한 「재한외국인 처우 기본법」, 결혼중개업 관리를 위한 「결혼중개업의 관리에 관한 법률」, 다문화가족의 사회통합을 지원하기 위한 다문화가족지원법, 난민 관련 사항을 명시한 난민법이 있으며, 이 외에도 「재외동포의 출입국과 법적 지위에 관한 법률」 등이 다문화와 관련이 있다. 이상의 각 법의 제정 목적 및 제정 연도를 정리하면 〈표 10-1〉과 같다.

<표 10-1> 다문화 관련법

법 명	목 적	제정연도
국적법	대한민국의 국민이 되는 요건을 정함	1948. 12.
출입국관리법	대한민국에서의 출입국과 체류 관리	1963. 3.
외국인근로자의 고용 등에 관한 법률	외국인근로자를 체계적으로 도입·관리함으로써 원활한 인력수급 및 국민경제의 균형 있는 발전을 도모함	2003. 8.
재한외국인 처우 기본법	재한외국인에 대한 처우 등에 관한 기본적인 사항을 정함으로써 재한외국인이 대한민국 사회에 적응하여 개인의 능력을 충분히 발휘할 수 있도록 하고, 대한민국 국민과 재한외국인이 서로를 이해하고 존중하는 사회 환경을 만들어 대한민국의 발전과 사회통합에 이바지함	2007. 5.
결혼중개업의 관리에 관한 법률	결혼중개업을 건전하게 지도·관리하고 결혼중개업 이용자의 피해를 예방하여 그 이용자를 보호함으로써 건전한 결혼문화 형성에 이바지함	2007. 12.
다문화가족 지원법	다문화가족 구성원이 안정적인 가족생활을 영위하고 사회구성원으로서의 역할과 책임을 다할 수 있도록 함으로써 이들의 삶의 질 향상과 사회통합에 이바지함	2008. 3.
난민법	「난민의 지위에 관한 1951년 협약」(이하 "난민협약"이라 한다) 및 「난민의 지위에 관한 1967년 의정서」(이하 "난민의정서"라 한다) 등에 따라 난민의 지위와 처우 등에 관한 사항을 정함	2012. 2.

이상의 다문화 관련법들 중 가장 기본이 되는 국적법, 출입국관리법, 「재한외국인 처우 기본법」, 그리고 다문화 대상자별로 이슈가 되고 있는 각종 사안과 관련이 많은 「외국인근로자의 고용 등에 관한 법률」, 다문화가족지원법, 「결혼중개업의 관리에 관한 법률」, 난민법에 대해, 개별법의 입법 배경과 법의 목적, 주요 내용 등을 자세히 살펴보고자 한다.

제 11 장 국적법

1. 입법 배경 및 목적

국적법은 대한민국의 국민이 되는 요건을 규정하기 위한 목적(제1조)으로 1948년 제정·시행된 법이다. 대한민국의 헌법에는 대한민국 국민이 되는 요건은 법률로 정한다(헌법 제2조 제1항)고 명시되어 있는데, 여기서 말하는 대한민국 국민이 되는 요건의 구체적 사항을 명시한 법이 국적법이다. 외국인 입장에서 특정 국가의 국적을 취득했다는 것은 공식적으로 해당 사회의 일원이 되었다는 것을 의미하는 것이 되고, 해당 사회 입장에서는 누구를 어떤 방식으로 사회구성원으로 받아들일지를 결정하는 법률이므로 국적법은 다문화 관련 법률 중 핵심적인 역할을 담당한다고 볼 수 있다(박성혁 외, 2016).

국적법은 1948년 제정된 이후 수차례에 걸쳐 개정이 있었다. 1997년 12월 전부개정을 통해 기존의 부계혈통중심주의를 부모양계혈통주의로 전환하는 등 남녀평등의 원칙에 부합하도록 하였다. 1997년 개정 이전 부계혈통주의 조항이 남녀평등의 원칙에 위배되며, 한국 정부가 유엔의 '여성에 대한 모든 형태의 차별철폐에 관한 협약(Convention on the Elimination of All Forms of Discrimination against Women)'을 1984년 비준할 당시 유보한 바 있는 국적취득에 있어서의 남녀평등 조항에 대한 유보를 철회하여 국제조류에 따를 필요성이 대두되었기 때문이다.

2004년 1월 개정에서는 대한민국 국민과 결혼한 외국인이 국적법에 의해 간이귀화요건을 충족시키지 못한 때에도 대한민국 국민인 배우자와 혼인한 상태로 대한민국에 주소를 두고 있던 중 배우자가 사망 실종되거나 자신의 귀책사유 없이 혼인생활을 계속할 수 없었던 경우 또는 혼인에 의하여 출생한 미성년 자녀의 양육 등의 필요가 있는 경우에는 외국인 배우자의 인권보장과 아동보호 차원에서 국적취득을 허용하는 내용이 명시되었다.

2. 주요 내용

1) 대한민국 국적 취득 방법

(1) 출생에 의한 국적 취득

다음 각 호의 어느 하나에 해당하는 자는 출생과 동시에 대한민국 국적(國籍)을 취득한다.

- 출생 당시에 부(父)또는 모(母)가 대한민국의 국민인 자
- 출생하기 전에 부가 사망한 경우에는 그 사망 당시에 부가 대한민국의 국민이었던 자
- 부모가 모두 분명하지 아니한 경우나 국적이 없는 경우에는 대한민국에서 출생한 자

대한민국에서 발견된 기아(棄兒)는 대한민국에서 출생한 것으로 추정한다.(제2조)

(2) 인지에 의한 국적 취득

대한민국의 국민이 아닌 자(이하 "외국인"이라 한다)로서 대한민국의 국민인 부 또는 모에 의하여 인지(認知)된 자가 다음 각 호의 요건을 모두 갖추면 법무부장관에게 신고함으로써 대한민국 국적을 취득할 수 있다.(제3조)

- 대한민국의 민법상 미성년일 것
- 출생 당시에 부 또는 모가 대한민국의 국민이었을 것

(3) 귀화에 의한 국적 취득

대한민국 국적을 취득한 사실이 없는 외국인은 법무부장관의 귀화허가(歸化許可)를 받아 대한민국 국적을 취득할 수 있다. 법무부장관은 귀화허가 신청을 받으면 귀화 요건을 갖추었는지를 심사한 후 그 요건을 갖춘 사람에게만 귀화를 허가한다. 귀화허가를 받은 사람은 법무부장관 앞에서 국민선서를 하고 귀화증서를 수여받은 때에 대한민국 국적을 취득한다. 다만, 법무부장관은 연령, 신체적·정신적 장애 등으로 국민선서의 의미를 이해할 수 없거나 이해한 것을 표현할 수 없다고 인정되는 사람에게는 국민선서를 면제할 수 있다.(제4조)

2) 귀화요건

(1) 일반귀화 요건

외국인이 귀화허가를 받기 위해서는 간이귀화 요건이나 특별귀화 요건에 해당하는 경우 외에는 다음 각 호의 요건을 갖추어야 한다.(제5조)

- 5년 이상 계속하여 대한민국에 주소가 있을 것 또는 대한민국에서 영주할 수 있는 체류자격을 가지고 있을 것
- 대한민국의 민법상 성년일 것
- 법령을 준수하는 등 법무부령으로 정하는 품행 단정의 요건을 갖출 것
- 자신의 자산(資産)이나 기능(技能)에 의하거나 생계를 같이하는 가족에 의존하여 생계를 유지할 능력이 있을 것
- 국어능력과 대한민국의 풍습에 대한 이해 등 대한민국 국민으로서의 기본 소양(素養)을 갖추고 있을 것

- 귀화를 허가하는 것이 국가안전보장·질서유지 또는 공공복리를 해치지 아니한다고 법무부장관이 인정할 것

(2) 간이귀화 요건

다음 각 호의 어느 하나에 해당하는 외국인으로서 대한민국에 3년 이상 계속하여 주소가 있는 사람은 5년 이상 계속하여 대한민국에 주소가 있어야 한다는 요건이나 대한민국에서 영주할 수 있는 체류자격을 자지고 있어야 한다는 요건을 갖추지 아니하여도 귀화허가를 받을 수 있다.

- 부 또는 모가 대한민국의 국민이었던 사람
- 대한민국에서 출생한 사람으로서 부 또는 모가 대한민국에서 출생한 사람
- 대한민국 국민의 양자(養子)로서 입양 당시 대한민국의 민법상 성년이었던 사람

배우자가 대한민국의 국민인 외국인으로서 다음 각 호의 어느 하나에 해당하는 사람은 5년 이상 계속하여 대한민국에 주소가 있어야 한다는 요건이나 대한민국에서 영주할 수 있는 체류자격을 자지고 있어야 한다는 요건을 갖추지 아니하여도 귀화허가를 받을 수 있다.

- 그 배우자와 혼인한 상태로 대한민국에 2년 이상 계속하여 주소가 있는 사람
- 그 배우자와 혼인한 후 3년이 지나고 혼인한 상태로 대한민국에 1년 이상 계속하여 주소가 있는 사람
- 상기 두 조건의 기간을 채우지 못하였으나, 그 배우자와 혼인한 상태로 대한민국에 주소를 두고 있던 중 그 배우자의 사망이나 실종 또는 그 밖에 자신에게 책임이 없는 사유로 정상적인 혼인 생활을 할 수 없었던

사람으로서 상기된 잔여기간을 채웠고 법무부장관이 상당(相當)하다고 인정하는 사람

- 그 배우자와 혼인한 상태로 대한민국에 2년 이상 계속하여 주소가 있거나 그 배우자와 혼인한 후 3년이 지나고 혼인한 상태로 대한민국에 1년 이상 계속하여 주소가 있는 요건을 충족하지 못하였으나, 그 배우자와의 혼인에 따라 출생한 미성년의 자(子)를 양육하고 있거나 양육하여야 할 사람으로서 상기 기간을 채웠고 법무부장관이 상당하다고 인정하는 사람(제6조)

(3) 특별귀화 요건

다음 각 호의 어느 하나에 해당하는 외국인으로서 대한민국에 주소가 있는 사람은 귀화허가를 받을 수 있다.(제7조)

- 부 또는 모가 대한민국의 국민인 사람. 다만, 양자로서 대한민국의 민법상 성년이 된 후에 입양된 사람은 제외한다.
- 대한민국에 특별한 공로가 있는 사람
- 과학·경제·문화·체육 등 특정 분야에서 매우 우수한 능력을 보유한 사람으로서 대한민국의 국익에 기여할 것으로 인정되는 사람

(4) 수반 취득

외국인의 자(子)로서 대한민국의 민법상 미성년인 사람은 부 또는 모가 귀화허가를 신청할 때 함께 국적 취득을 신청할 수 있다. 따라서 국적 취득을 신청한 사람은 부 또는 모가 대한민국 국적을 취득한 때에 함께 대한민국 국적을 취득한다.(제8조)

3) 국적회복에 의한 국적 취득

대한민국의 국민이었던 외국인은 법무부장관의 국적회복허가(國籍回復許可)를 받아 대한민국 국적을 취득할 수 있다. 법무부장관은 국적회복허가 신청을 받으면 심사한 후 다음 각 호의 어느 하나에 해당하는 사람에게는 국적회복을 허가하지 아니한다.

- 국가나 사회에 위해(危害)를 끼친 사실이 있는 사람
- 품행이 단정하지 못한 사람
- 병역을 기피할 목적으로 대한민국 국적을 상실하였거나 이탈하였던 사람
- 국가안전보장·질서유지 또는 공공복리를 위하여 법무부장관이 국적회복을 허가하는 것이 적당하지 아니하다고 인정하는 사람

대한민국의 국민이었던 외국인이 법무부장관의 국적회복허가(國籍回復許可)를 받아 대한민국 국적을 취득한 사람은 법무부장관 앞에서 국민선서를 하고 국적회복증서를 수여받은 때에 대한민국 국적을 취득한다. 다만, 법무부장관은 연령, 신체적·정신적 장애 등으로 국민선서의 의미를 이해할 수 없거나 이해한 것을 표현할 수 없다고 인정되는 사람에게는 국민선서를 면제할 수 있다.(제9조)

4) 국적 취득자의 외국 국적 포기 의무

대한민국 국적을 취득한 외국인으로서 외국 국적을 가지고 있는 자는 대한민국 국적을 취득한 날부터 1년 내에 그 외국 국적을 포기하여야 한다. 다음 각 호의 어느 하나에 해당하는 자는 대한민국 국적을 취득한 날부터 1년 내에 외국 국적을 포기하거나 법무부장관이 정하는 바에 따라 대한민국에서 외국 국적을 행사하지 아니하겠다는 뜻을 법무부장관에게 서약하여야 한다.

- 귀화허가를 받은 때에 그 배우자와 혼인한 상태로 대한민국에 2년 이상 계속하여 주소가 있는 사람이거나, 그 배우자와 혼인한 후 3년이 지나고 혼인한 상태로 대한민국에 1년 이상 계속하여 주소가 있는 사람, 또는 대한민국에 특별한 공로가 있는 사람이거나, 과학·경제·문화·체육 등 특정 분야에서 매우 우수한 능력을 보유한 사람으로서 대한민국의 국익에 기여할 것으로 인정되는 사람
- 국적회복허가를 받은 자로서 대한민국에 특별한 공로가 있는 사람이거나, 과학·경제·문화·체육 등 특정 분야에서 매우 우수한 능력을 보유한 사람으로서 대한민국의 국익에 기여할 것으로 인정되는 사람
- 대한민국의 민법상 성년이 되기 전에 외국인에게 입양된 후 외국 국적을 취득하고 외국에서 계속 거주하다가 제9조에 따라 국적회복허가를 받은 자
- 외국에서 거주하다가 영주할 목적으로 만 65세 이후에 입국하여 국적회복허가를 받은 자
- 본인의 뜻에도 불구하고 외국의 법률 및 제도로 인하여 대한민국 국적을 취득한 외국인으로서 외국 국적을 가지고 있는 자는 대한민국 국적을 취득한 날부터 1년 내에 그 외국 국적을 포기하여야 조건을 이행하기 어려운 자로서 대통령령으로 정하는 자

상기 조건을 이행하지 아니한 자는 그 기간이 지난 때에 대한민국 국적을 상실(喪失)한다.(제10조)

5) 국적의 재취득

대한민국 국적을 상실한 자가 그 후 1년 내에 그 외국 국적을 포기하면 법무부장관에게 신고함으로써 대한민국 국적을 재취득할 수 있다. 이에 따라 신고한 자는 그 신고를 한 때에 대한민국 국적을 취득한다.(제11조)

6) 복수국적자

(1) 복수국적자의 법적 지위

출생이나 그 밖에 이 법에 따라 대한민국 국적과 외국 국적을 함께 가지게 된 사람으로서 대통령령으로 정하는 사람[이하 "복수국적자"(複數國籍者)라 한다]은 대한민국의 법령 적용에서 대한민국 국민으로만 처우한다. 복수국적자가 관계 법령에 따라 외국 국적을 보유한 상태에서 직무를 수행할 수 없는 분야에 종사하려는 경우에는 외국 국적을 포기하여야 한다. 중앙행정기관의 장이 복수국적자를 외국인과 동일하게 처우하는 내용으로 법령을 제정 또는 개정하려는 경우에는 미리 법무부장관과 협의하여야 한다.(제11조의2)

(2) 복수국적자의 국적선택의무

만 20세가 되기 전에 복수국적자가 된 자는 만 22세가 되기 전까지, 만 20세가 된 후에 복수국적자가 된 자는 그때부터 2년 내에 하나의 국적을 선택하여야 한다. 다만, 법무부장관에게 대한민국에서 외국 국적을 행사하지 아니하겠다는 뜻을 서약한 복수국적자는 제외한다. 병역법 제8조에 따라 병역준비역에 편입된 자는 편입된 때부터 3개월 이내에 하나의 국적을 선택하거나 제3항 각 호의 어느 하나에 해당하는 때부터 2년 이내에 하나의 국적을 선택하여야 한다.

직계존속(直系尊屬)이 외국에서 영주(永住)할 목적 없이 체류한 상태에서 출생한 자는 병역의무의 이행과 관련하여 다음 각 호의 어느 하나에 해당하는 경우에만 제14조에 따른 국적이탈신고를 할 수 있다.(제12조)

- 현역·상근예비역 또는 보충역으로 복무를 마치거나 마친 것으로 보게 되는 경우
- 전시근로역에 편입된 경우
- 병역면제처분을 받은 경우

(3) 대한민국 국적의 선택 절차

복수국적자로서 규정된 기간 내에 대한민국 국적을 선택하려는 자는 외국 국적을 포기하거나 법무부장관이 정하는 바에 따라 대한민국에서 외국 국적을 행사하지 아니하겠다는 뜻을 서약하고 법무부장관에게 대한민국 국적을 선택한다는 뜻을 신고할 수 있다. 복수국적자로서 규정된 기간 후에 대한민국 국적을 선택하려는 자는 외국 국적을 포기한 경우에만 법무부장관에게 대한민국 국적을 선택한다는 뜻을 신고할 수 있다. 다만, 현역・상근 예비역 또는 보충역으로 복무를 마치거나 마친 것으로 보게 되는 경우에 해당하는 자는 그 경우에 해당하는 때부터 2년 이내에는 상기 정한 방식으로 대한민국 국적을 선택한다는 뜻을 신고할 수 있다.

당시에 모가 자녀에게 외국 국적을 취득하게 할 목적으로 외국에서 체류 중이었던 사실이 인정되는 자는 외국 국적을 포기한 경우에만 대한민국 국적을 선택한다는 뜻을 신고할 수 있다.(제13조)

(4) 대한민국 국적의 이탈 요건 및 절차

복수국적자로서 외국 국적을 선택하려는 자는 외국에 주소가 있는 경우에만 주소지 관할 재외공관의 장을 거쳐 법무부장관에게 대한민국 국적을 이탈한다는 뜻을 신고할 수 있다. 다만, 병역의무에 해당하는 자는 그 기간 이내에 또는 해당 사유가 발생한 때부터만 신고할 수 있다. 국적 이탈의 신고를 한 자는 법무부장관이 신고를 수리한 때에 대한민국 국적을 상실한다.(제14조)

(5) 복수국적자에 대한 국적선택명령

법무부장관은 복수국적자로서 정한 기간 내에 국적을 선택하지 아니한 자에게 1년 내에 하나의 국적을 선택할 것을 명하여야 한다. 법무부장관은 복수국적자로서 대한민국에서 외국 국적을 행사하지 아니하겠다는 뜻을 서약한 자가 그 뜻에 현저히 반하는 행위를 한 경우에는 6개월 내에 하나의 국적을 선택할 것을 명할 수 있다.

국적선택의 명령을 받은 자가 대한민국 국적을 선택하려면 외국 국적을 포기하여야 한다. 국적선택의 명령을 받고도 이를 따르지 아니한 자는 그 기간이 지난 때에 대한민국 국적을 상실한다.(제14조의2)

(6) 대한민국 국적의 상실결정

법무부장관은 복수국적자가 다음 각 호의 어느 하나의 사유에 해당하여 대한민국의 국적을 보유함이 현저히 부적합하다고 인정하는 경우에는 청문을 거쳐 대한민국 국적의 상실을 결정할 수 있다. 다만, 출생에 의하여 대한민국 국적을 취득한 자는 제외한다.

- 국가안보, 외교관계 및 국민경제 등에 있어서 대한민국의 국익에 반하는 행위를 하는 경우
- 대한민국의 사회질서 유지에 상당한 지장을 초래하는 행위로서 대통령령으로 정하는 경우

상기 결정을 받은 자는 그 결정을 받은 때에 대한민국 국적을 상실한다.(제14조의3)

(7) 복수국적자에 관한 통보의무

공무원이 그 직무상 복수국적자를 발견하면 지체 없이 법무부장관에게 그 사실을 통보하여야 한다. 공무원이 그 직무상 복수국적자 여부를 확인할 필요가 있는 경우에는 당사자에게 질문을 하거나 필요한 자료의 제출을 요청할 수 있다.(제14조의4)

7) 국적상실

(1) 외국 국적 취득에 따른 국적 상실

대한민국의 국민으로서 자진하여 외국 국적을 취득한 자는 그 외국 국적을 취득한 때에 대한민국 국적을 상실한다. 대한민국의 국민으로서 다음 어느 하나에 해당하는 자는 그 외국 국적을 취득한 때부터 6개월 내에 법무부장관에게 대한민국 국적을 보유할 의사가 있다는 뜻을 신고하지 아니하면 그 외국 국적을 취득한 때로 소급(遡及)하여 대한민국 국적을 상실한 것으로 본다.

- 외국인과의 혼인으로 그 배우자의 국적을 취득하게 된 자
- 외국인에게 입양되어 그 양부 또는 양모의 국적을 취득하게 된 자
- 외국인인 부 또는 모에게 인지되어 그 부 또는 모의 국적을 취득하게 된 자
- 외국 국적을 취득하여 대한민국 국적을 상실하게 된 자의 배우자나 미성년의 자(子)로서 그 외국의 법률에 따라 함께 그 외국 국적을 취득하게 된 자

외국 국적을 취득함으로써 대한민국 국적을 상실하게 된 자에 대하여 그 외국 국적의 취득일을 알 수 없으면 그가 사용하는 외국 여권의 최초 발급일에 그 외국 국적을 취득한 것으로 추정한다.(제15조)

(2) 국적상실자의 처리

대한민국 국적을 상실한 자(국적이탈의 신고를 한 자는 제외한다)는 법무부장관에게 국적상실신고를 하여야 한다. 공무원이 그 직무상 대한민국 국적을 상실한 자를 발견하면 지체 없이 법무부장관에게 그 사실을 통보하여야 한다. 법무부장관은 그 직무상 대한민국 국적을 상실한 자를 발견하거나 국적상실의 신고나 통보를 받으면 가족관계등록 관서와 주민등록 관서에 통보하여야

한다.(제16조) 법무부장관은 대한민국 국적의 취득과 상실에 관한 사항이 발생하면 그 뜻을 관보에 고시(告示)하여야 한다.(제17조)

(3) 국적상실자의 권리 변동

대한민국 국적을 상실한 자는 국적을 상실한 때부터 대한민국의 국민만이 누릴 수 있는 권리를 누릴 수 없다. 대한민국의 국민이었을 때 취득한 것으로서 양도(讓渡)할 수 있는 것은 그 권리와 관련된 법령에서 따로 정한 바가 없으면 3년 내에 대한민국의 국민에게 양도하여야 한다.(제18조)

8) 국적 판정 및 허가 취소

법무부장관은 대한민국 국적의 취득이나 보유 여부가 분명하지 아니한 자에 대하여 이를 심사한 후 판정할 수 있다.(제20조)

법무부장관은 거짓이나 그 밖의 부정한 방법으로 귀화허가나 국적회복허가 또는 국적보유판정을 받은 자에 대하여 그 허가 또는 판정을 취소할 수 있다.(제21조)

9) 관계 기관의 협조

법무부장관은 국적업무 수행에 필요하면 관계 기관의 장이나 관련 단체의 장에게 자료 제출, 사실 조사, 신원 조회, 의견 제출 등의 협조를 요청할 수 있다. 법무부장관은 국적업무를 수행하기 위하여 관계 기관의 장에게 다음 각 호의 정보 제공을 요청할 수 있으며, 협조 요청 또는 정보 제공 요청을 받은 관계 기관의 장이나 관련 단체의 장은 정당한 사유가 없으면 요청에 따라야 한다.(제21조의3)

- 범죄경력정보
- 수사경력정보

- 외국인의 범죄처분결과정보
- 여권발급정보
- 주민등록정보
- 가족관계등록정보
- 병적기록 등 병역관계정보
- 납세증명서

제12장 출입국관리법

1. 입법 배경 및 목적

출입국관리법은 1963년 대한민국 국민과 외국인의 출입국에 대한 절차를 규정하기 위하여 제정되었다. 제정 당시에는 출입국 및 체류 외국인 수가 많지 않아서 외국인의 출입국 및 체류관리에 큰 의미가 없었으나 1988년 올림픽 이후 외국인의 입국과 방문이 급격하게 증가하면서 출입국관리법은 외국인의 체류관리 등의 가장 기본적이고 중요한 법률이 되었다(최윤철, 2016). 출입국관리법의 목적은 대한민국에 입국하거나 대한민국에서 출국하는 모든 국민 및 외국인의 출입국관리를 통한 안전한 국경관리, 대한민국에 체류하는 외국인의 체류관리와 사회통합 등에 관한 사항을 규정함을 목적으로 한다.

출입국관리법은 제정 후 2020년 현재 40여 회의 개정을 거치고 있다. 1992년 12월 전부개정에서는 산업발전과 국제화 추세에 따라 출입국자가 급증하고, 국내임금수준의 상승에 따라 외국인 불법취업자가 계속 증가하고 있는 등 체류외국인의 활동이 복잡·다양화되고 있는 현실에 효과적으로 대응하기 위하여 출입국심사 및 체류관리제도를 합리적으로 개선하고, 외국인불법 체류를 억제할 수 있도록 현행규정상의 미비점을 보완하려 했다.

1993년 12월 일부개정에서는 난민의 지위에 관한 협약(Convention Relating to the Status of Refugees - 한국 1993년 발효) 및 난민의 지위에 관한 의정서(Protocol relating to the Status of Refugees - 한국 1992년 발효) 가입에 따른 난민지위의 보장을 위하여 필요한 난민 관련 규정을 신설하고 기타 현행규정상의 미비점을 개선·보완하였다. 이후 난민과 관련된 내용이 난민법의 제정으로 분리되면서 2012년 개정에서 난민의 출입과 체류에 관한 사항만 남게 되었다.

또 하나 중요한 개정은 2011년 4월 개정으로 대한민국 국민의 배우자인 외국인이 가정폭력으로 권리구제 절차 진행 중에 체류기간 연장허가를 신청하면 그 권리구제 절차가 종료할 때까지 체류기간 연장을 허가할 수 있도록 하고, 그 기간 만료 후에도 피해회복 등에 필요한 경우에는 체류기간 연장을 허가할 수 있도록 하는 등 결혼이민자의 인권을 보호할 수 있는 제도적 장치를 마련하였다. 2019년 4월 개정에서는 아동학대피해 이주아동들에 대한 안정적인 보호를 위하여 아동학대범죄를 이유로 법원의 재판, 수사기관의 수사 또는 권리구제절차가 진행 중인 외국인 아동과 보호자가 체류기간 연장허가를 신청한 경우 그 권리구제 절차가 종료할 때까지 체류기간 연장을 허가할 수 있도록 하는 아동학대피해자와 보호자의 체류연장과 관련한 특칙이 추가되었다.

2. 주요 내용

1) 용어 정의

이 법에서 사용하는 용어의 뜻은 다음과 같다.(제2조)

- "국민"이란 대한민국의 국민을 말한다.
- "외국인"이란 대한민국의 국적을 가지지 아니한 사람을 말한다.
- "난민"이란 난민법 제2조 제1호에 따른 난민을 말한다.
- "여권"이란 대한민국정부·외국정부 또는 권한 있는 국제기구에서 발급한 여권 또는 난민여행증명서나 그 밖에 여권을 갈음하는 증명서로서 대한민국정부가 유효하다고 인정하는 것을 말한다.

- “선원신분증명서”란 대한민국정부나 외국정부가 발급한 문서로서 선원임을 증명하는 것을 말한다.
- “출입국항”이란 출국하거나 입국할 수 있는 대한민국의 항구·공항과 그 밖의 장소로서 대통령령으로 정하는 곳을 말한다.
- “재외공관의 장”이란 외국에 주재하는 대한민국의 대사(大使), 공사(公使), 총영사(總領事), 영사(領事) 또는 영사업무를 수행하는 기관의 장을 말한다.
- “선박등”이란 대한민국과 대한민국 밖의 지역 사이에서 사람이나 물건을 수송하는 선박, 항공기, 기차, 자동차, 그 밖의 교통기관을 말한다.
- “승무원”이란 선박등에서 그 업무를 수행하는 사람을 말한다.
- “운수업자”란 선박등을 이용하여 사업을 운영하는 자와 그를 위하여 통상 그 사업에 속하는 거래를 대리하는 자를 말한다.
- “지방출입국·외국인관서”란 출입국 및 외국인의 체류 관리업무를 수행하기 위하여 법령에 따라 각 지역별로 설치된 관서와 외국인보호소를 말한다.
- “보호”란 출입국관리공무원이 제46조 제1항 각 호에 따른 강제퇴거 대상에 해당된다고 의심할 만한 상당한 이유가 있는 사람을 출국시키기 위하여 외국인보호실, 외국인보호소 또는 그 밖에 법무부장관이 지정하는 장소에 인치(引致)하고 수용하는 집행활동을 말한다.
- “외국인보호실”이란 이 법에 따라 외국인을 보호할 목적으로 지방출입국·외국인관서에 설치한 장소를 말한다.
- “외국인보호소”란 지방출입국·외국인관서 중 이 법에 따라 외국인을 보호할 목적으로 설치한 시설로서 대통령령으로 정하는 곳을 말한다.
- “출입국사범”이란 제93조의2, 제93조의3, 제94조부터 제99조까지, 제99조의2, 제99조의3 및 제100조에 규정된 죄를 범하였다고 인정되는 자를 말한다.

2) 국민의 출입국

(1) 국민의 출국

대한민국에서 대한민국 밖의 지역으로 출국(이하 "출국"이라 한다)하려는 국민은 유효한 여권을 가지고 출국하는 출입국항에서 출입국관리공무원의 출국심사를 받아야 한다. 다만, 부득이한 사유로 출입국항으로 출국할 수 없을 때에는 관할 지방출입국·외국인관서의 장의 허가를 받아 출입국항이 아닌 장소에서 출입국관리공무원의 출국심사를 받은 후 출국할 수 있다.

출국심사는 정보화기기에 의한 출국심사로 갈음할 수 있다. 법무부장관은 정보화기기에 의한 출국심사에 필요한 경우에는 관계 행정기관이 보유하고 있는 국민의 지문 및 얼굴에 관한 자료의 제출을 요청할 수 있다. 협조를 요청받은 관계 행정기관은 정당한 이유 없이 그 요청을 거부해서는 아니 된다. 출입국관리공무원은 제출받은 자료를 출국심사에 활용할 수 있다. 법무부장관은 제출받은 자료를 「개인정보 보호법」에 따라 처리한다.(제3조)

(2) 출국의 금지

법무부장관은 다음 각 호의 어느 하나에 해당하는 국민에 대하여는 6개월 이내의 기간을 정하여 출국을 금지할 수 있다.

- 형사재판에 계속(係屬) 중인 사람
- 징역형이나 금고형의 집행이 끝나지 아니한 사람
- 대통령령으로 정하는 금액 이상의 벌금이나 추징금을 내지 아니한 사람
- 대통령령으로 정하는 금액 이상의 국세·관세 또는 지방세를 정당한 사유 없이 그 납부기한까지 내지 아니한 사람
- 그 밖에 제1호부터 제4호까지의 규정에 준하는 사람으로서 대한민국의 이익이나 공공의 안전 또는 경제질서를 해칠 우려가 있어 그 출국이 적당하지 아니하다고 법무부령으로 정하는 사람

법무부장관은 범죄 수사를 위하여 출국이 적당하지 아니하다고 인정되는 사람에 대하여는 1개월 이내의 기간을 정하여 출국을 금지할 수 있다. 다만, 다음에 해당하는 사람은 정한 기간으로 한다.

- 소재를 알 수 없어 기소중지결정이 된 사람 또는 도주 등 특별한 사유가 있어 수사진행이 어려운 사람 : 3개월 이내
- 기소중지결정이 된 경우로서 체포영장 또는 구속영장이 발부된 사람 : 영장 유효기간 이내

중앙행정기관의 장 및 법무부장관이 정하는 관계 기관의 장은 소관 업무와 관련하여 상기 각 호의 어느 하나에 해당하는 사람이 있다고 인정할 때에는 법무부장관에게 출국금지를 요청할 수 있다. 출입국관리공무원은 출국심사를 할 때에 출국이 금지된 사람을 출국시켜서는 아니 된다.(제4조)

(3) 출국금지기간의 연장

법무부장관은 출국금지기간을 초과하여 계속 출국을 금지할 필요가 있다고 인정하는 경우에는 그 기간을 연장할 수 있다. 출국금지를 요청한 기관의 장은 출국금지기간을 초과하여 계속 출국을 금지할 필요가 있을 때에는 출국금지기간이 끝나기 3일 전까지 법무부장관에게 출국금지기간을 연장하여 줄 것을 요청하여야 한다.(제4조의2)

(4) 출국금지의 해제

법무부장관은 출국금지 사유가 없어졌거나 출국을 금지할 필요가 없다고 인정할 때에는 즉시 출국금지를 해제하여야 한다. 출국금지를 요청한 기관의 장은 출국금지 사유가 없어졌을 때에는 즉시 법무부장관에게 출국금지의 해제를 요청하여야 한다.(제4조의3)

(5) 출국금지결정 등의 통지

법무부장관은 출국을 금지하거나 출국금지기간을 연장하였을 때에는 즉시 당사자에게 그 사유와 기간 등을 밝혀 서면으로 통지하여야 한다. 법무부장관은 출국금지를 해제하였을 때에는 이를 즉시 당사자에게 통지하여야 한다.

법무부장관은 다음 각 호의 어느 하나에 해당하는 경우에는 통지를 하지 아니할 수 있다.(제4조의4)

- 대한민국의 안전 또는 공공의 이익에 중대하고 명백한 위해(危害)를 끼칠 우려가 있다고 인정되는 경우
- 범죄수사에 중대하고 명백한 장애가 생길 우려가 있다고 인정되는 경우. 다만, 연장기간을 포함한 총 출국금지기간이 3개월을 넘는 때에는 당사자에게 통지하여야 한다.
- 출국이 금지된 사람이 있는 곳을 알 수 없는 경우

(6) 출국금지결정 등에 대한 이의신청

출국이 금지되거나 출국금지기간이 연장된 사람은 출국금지결정이나 출국금지기간 연장의 통지를 받은 날 또는 그 사실을 안 날부터 10일 이내에 법무부장관에게 출국금지결정이나 출국금지기간 연장결정에 대한 이의를 신청할 수 있다. 법무부장관은 이의신청을 받으면 그 날부터 15일 이내에 이의신청의 타당성 여부를 결정하여야 한다. 다만, 부득이한 사유가 있으면 15일의 범위에서 한 차례만 그 기간을 연장할 수 있다. 법무부장관은 이의신청이 이유 있다고 판단하면 즉시 출국금지를 해제하거나 출국금지기간의 연장을 철회하여야 하고, 그 이의신청이 이유 없다고 판단하면 이를 기각하고 당사자에게 그 사유를 서면에 적어 통보하여야 한다.(제4조의5)

(7) 긴급출국금지

수사기관은 범죄 피의자로서 사형·무기 또는 장기 3년 이상의 징역이나 금고에 해당하는 죄를 범하였다고 의심할 만한 상당한 이유가 있고, 다음 어느 하나에 해당하는 사유가 있으며, 긴급한 필요가 있는 때에는 출국심사를 하는 출입국관리공무원에게 출국금지를 요청할 수 있다.

- 피의자가 증거를 인멸할 염려가 있는 때
- 피의자가 도망하거나 도망할 우려가 있는 때

출입국관리공무원은 출국심사를 할 때에 출국금지가 요청된 사람을 출국시켜서는 아니 된다. 수사기관은 긴급출국금지를 요청한 때로부터 6시간 이내에 법무부장관에게 긴급출국금지 승인을 요청하여야 한다. 이 경우 검사의 수사지휘서 및 범죄사실의 요지, 긴급출국금지의 사유 등을 기재한 긴급출국금지보고서를 첨부하여야 한다. 법무부장관은 수사기관이 긴급출국금지 승인 요청을 하지 아니한 때에는 수사기관 요청에 따른 출국금지를 해제하여야 한다. 수사기관이 긴급출국금지 승인을 요청한 때로부터 12시간 이내에 법무부장관으로부터 긴급출국금지 승인을 받지 못한 경우에도 또한 같다. 출국금지가 해제된 경우에 수사기관은 동일한 범죄사실에 관하여 다시 긴급출국금지 요청을 할 수 없다.(제4조의6)

(8) 국민의 여권 등의 보관

출입국관리공무원은 위조되거나 변조된 국민의 여권 또는 선원신분증명서를 발견하였을 때에는 회수하여 보관할 수 있다.(제5조)

(9) 국민의 입국

대한민국 밖의 지역에서 대한민국으로 입국(이하 "입국"이라 한다)하려는 국민은 유효한 여권을 가지고 입국하는 출입국항에서 출입국관리공무원의 입국심사를 받아야 한다. 다만, 부득이한 사유로 출입국항으로 입국할 수 없을 때에는 지방출입국·외국인관서의 장의 허가를 받아 출입국항이 아닌 장소에서 출입국관리공무원의 입국심사를 받은 후 입국할 수 있다. 출입국관리공무원은 국민이 유효한 여권을 잃어버리거나 그 밖의 사유로 이를 가지지 아니하고 입국하려고 할 때에는 확인절차를 거쳐 입국하게 할 수 있다.

입국심사는 대통령령으로 정하는 바에 따라 정보화기기에 의한 입국심사로 갈음할 수 있다. 법무부장관은 정보화기기에 의한 입국심사에 필요한 경우에는 관계 행정기관이 보유하고 있는 국민의 지문 및 얼굴에 관한 자료의 제출을 요청할 수 있다. 협조를 요청받은 관계 행정기관은 정당한 이유 없이 그 요청을 거부해서는 아니 된다. 출입국관리공무원은 제4항에 따라 제출받은 자료를 입국심사에 활용할 수 있다. 법무부장관은 제출받은 자료를 「개인정보 보호법」에 따라 처리한다.(제6조)

3) 외국인의 입국

(1) 외국인의 입국

외국인이 입국할 때에는 유효한 여권과 법무부장관이 발급한 사증(査證)을 가지고 있어야 한다. 다음 어느 하나에 해당하는 외국인은 사증 없이 입국할 수 있다.

- 재입국허가를 받은 사람 또는 재입국허가가 면제된 사람으로서 그 허가 또는 면제받은 기간이 끝나기 전에 입국하는 사람
- 대한민국과 사증면제협정을 체결한 국가의 국민으로서 그 협정에 따라 면제대상이 되는 사람
- 국제친선, 관광 또는 대한민국의 이익 등을 위하여 입국하는 사람으로서 대통령령으로 정하는 바에 따라 따로 입국허가를 받은 사람

- 난민여행증명서를 발급받고 출국한 후 그 유효기간이 끝나기 전에 입국하는 사람

법무부장관은 공공질서의 유지나 국가이익에 필요하다고 인정하면 해당하는 사람에 대하여 사증면제협정의 적용을 일시 정지할 수 있다.

대한민국과 수교(修交)하지 아니한 국가나 법무부장관이 외교부장관과 협의하여 지정한 국가의 국민은 대통령령으로 정하는 바에 따라 재외공관의 장이나 지방출입국·외국인관서의 장이 발급한 외국인입국허가서를 가지고 입국할 수 있다.(제7조)

(2) 허위초청 등의 금지

누구든지 외국인을 입국시키기 위한 다음 각 호의 어느 하나의 행위를 하여서는 아니 된다.(제7조의2)

- 거짓된 사실의 기재나 거짓된 신원보증 등 부정한 방법으로 외국인을 초청하거나 그러한 초청을 알선하는 행위
- 거짓으로 사증 또는 사증발급인정서를 신청하거나 그러한 신청을 알선하는 행위

(3) 사증

사증은 1회만 입국할 수 있는 단수사증(單數査證)과 2회 이상 입국할 수 있는 복수사증(複數査證)으로 구분한다. 법무부장관은 사증발급에 관한 권한을 대통령령으로 정하는 바에 따라 재외공관의 장에게 위임할 수 있다. 사증발급에 관한 기준과 절차는 법무부령으로 정한다.(제8조)

법무부장관은 사증을 발급하기 전에 특히 필요하다고 인정할 때에는 입국하려는 외국인의 신청을 받아 사증발급인정서를 발급할 수 있다. 사증발급인정서 발급신청은 그 외국인을 초청하려는 자가 대리할 수 있다. 사증발

급인정서의 발급대상·발급기준 및 발급절차는 법무부령으로 정한다.(제9조)

(4) 체류자격

입국하려는 외국인은 다음 각 호의 어느 하나에 해당하는 체류자격을 가져야 한다.(제10조)

- 일반체류자격 : 이 법에 따라 대한민국에 체류할 수 있는 기간이 제한되는 체류자격
- 영주자격 : 대한민국에 영주(永住)할 수 있는 체류자격

(5) 일반체류자격

일반체류자격(이하 "일반체류자격"이라 한다)은 다음 각 호의 구분에 따른다.

- 단기체류자격 : 관광, 방문 등의 목적으로 대한민국에 90일 이하의 기간(사증면제협정이나 상호주의에 따라 90일을 초과하는 경우에는 그 기간) 동안 머물 수 있는 체류자격
- 장기체류자격 : 유학, 연수, 투자, 주재, 결혼 등의 목적으로 대한민국에 90일을 초과하여 법무부령으로 정하는 체류기간의 상한 범위에서 거주할 수 있는 체류자격

단기체류자격 및 장기체류자격의 종류, 체류자격에 해당하는 사람 또는 그 체류자격에 따른 활동범위는 체류목적, 취업활동 가능 여부 등을 고려하여 대통령령으로 정한다.(제10조의2)

(6) 영주자격

영주자격(이하 "영주자격"이라 한다)을 가진 외국인은 활동범위 및 체류기간의 제한을 받지 아니한다. 영주자격을 취득하려는 사람은 대통령령으로 정

하는 영주의 자격에 부합한 사람으로서 다음 각 호의 요건을 모두 갖추어야 한다.

- 대한민국의 법령을 준수하는 등 품행이 단정할 것
- 본인 또는 생계를 같이하는 가족의 소득, 재산 등으로 생계를 유지할 능력이 있을 것
- 한국어능력과 한국사회·문화에 대한 이해 등 대한민국에서 계속 살아가는 데 필요한 기본소양을 갖추고 있을 것

법무부장관은 대한민국에 특별한 공로가 있는 사람, 과학·경영·교육·문화예술·체육 등 특정 분야에서 탁월한 능력이 있는 사람, 대한민국에 일정 금액 이상을 투자한 사람 등 대통령령으로 정하는 사람에 대해서는 대통령령으로 정하는 바에 따라 상기 요건의 전부 또는 일부를 완화하거나 면제할 수 있다.(제10조의3)

(7) 입국의 금지 등

법무부장관은 다음 각 호의 어느 하나에 해당하는 외국인에 대하여는 입국을 금지할 수 있다.

- 감염병환자, 마약류중독자, 그 밖에 공중위생상 위해를 끼칠 염려가 있다고 인정되는 사람
- 「총포·도검·화약류 등의 안전관리에 관한 법률」에서 정하는 총포·도검·화약류 등을 위법하게 가지고 입국하려는 사람
- 대한민국의 이익이나 공공의 안전을 해치는 행동을 할 염려가 있다고 인정할 만한 상당한 이유가 있는 사람
- 경제질서 또는 사회질서를 해치거나 선량한 풍속을 해치는 행동을 할 염려가 있다고 인정할 만한 상당한 이유가 있는 사람

- 사리 분별력이 없고 국내에서 체류활동을 보조할 사람이 없는 정신장애인, 국내체류비용을 부담할 능력이 없는 사람, 그 밖에 구호(救護)가 필요한 사람
- 강제퇴거명령을 받고 출국한 후 5년이 지나지 아니한 사람
- 1910년 8월 29일부터 1945년 8월 15일까지 사이에 다음 각 목의 어느 하나에 해당하는 정부의 지시를 받거나 그 정부와 연계하여 인종, 민족, 종교, 국적, 정치적 견해 등을 이유로 사람을 학살·학대하는 일에 관여한 사람
  - 일본 정부
  - 일본 정부와 동맹 관계에 있던 정부
  - 일본 정부의 우월한 힘이 미치던 정부
- 법무부장관이 그 입국이 적당하지 아니하다고 인정하는 사람

법무부장관은 입국하려는 외국인의 본국(本國)이 상기 사유 외의 사유로 국민의 입국을 거부할 때에는 그와 동일한 사유로 그 외국인의 입국을 거부할 수 있다.(제11조)

(8) 입국심사

외국인이 입국하려는 경우에는 입국하는 출입국항에서 출입국관리공무원의 입국심사를 받아야 한다. 출입국관리공무원은 입국심사를 할 때에 다음 각 호의 요건을 갖추었는지를 심사하여 입국을 허가한다.

- 여권과 사증이 유효할 것. 다만, 사증은 이 법에서 요구하는 경우만을 말한다.
- 입국목적이 체류자격에 맞을 것
- 체류기간이 법무부령으로 정하는 바에 따라 정하여졌을 것
- 제11조에 따른 입국의 금지 또는 거부의 대상이 아닐 것

출입국관리공무원은 외국인이 각 요건을 갖추었음을 증명하지 못하면 입국을 허가하지 아니할 수 있다.(제12조)

(9) 입국 시 지문 및 얼굴에 관한 정보의 제공 등

입국하려는 외국인은 입국심사를 받을 때 법무부령으로 정하는 방법으로 지문 및 얼굴에 관한 정보를 제공하고 본인임을 확인하는 절차에 응하여야 한다. 다만, 다음 각 호의 어느 하나에 해당하는 사람은 그러하지 아니하다.

- 17세 미만인 사람
- 외국정부 또는 국제기구의 업무를 수행하기 위하여 입국하는 사람과 그 동반 가족
- 외국과의 우호 및 문화교류 증진, 경제활동 촉진 또는 대한민국의 이익 등을 고려하여 지문 및 얼굴에 관한 정보의 제공을 면제하는 것이 필요하다고 대통령령으로 정하는 사람

출입국관리공무원은 외국인이 지문 및 얼굴에 관한 정보를 제공하지 아니하는 경우에는 그의 입국을 허가하지 아니할 수 있다. 법무부장관은 입국심사에 필요한 경우에는 관계 행정기관이 보유하고 있는 외국인의 지문 및 얼굴에 관한 자료의 제출을 요청할 수 있다. 협조를 요청받은 관계 행정기관은 정당한 이유 없이 그 요청을 거부하여서는 아니 된다. 출입국관리공무원은 제공받은 지문 및 얼굴에 관한 정보와 제출받은 자료를 입국심사에 활용할 수 있다. 법무부장관은 제공받은 지문 및 얼굴에 관한 정보와 제출받은 자료를 「개인정보 보호법」에 따라 보유하고 관리한다.(제12조의2)

(10) 선박등의 제공금지

누구든지 외국인을 불법으로 입국 또는 출국하게 하거나 대한민국을 거쳐 다른 국가에 불법으로 입국하게 할 목적으로 다음 각 호의 행위를 하여

서는 아니 된다.

- 선박등이나 여권 또는 사증, 탑승권이나 그 밖에 출입국에 사용될 수 있는 서류 및 물품을 제공하는 행위
- 위의 행위를 알선하는 행위

누구든지 불법으로 입국한 외국인에 대하여 다음 각 호의 행위를 하여서는 아니 된다.

- 해당 외국인을 대한민국에서 은닉 또는 도피하게 하거나 그러한 목적으로 교통수단을 제공하는 행위
- 위의 행위를 알선하는 행위(제12조의3)

(11) 조건부 입국허가

지방출입국・외국인관서의 장은 다음 각 호의 어느 하나에 해당하는 외국인에 대하여는 대통령령으로 정하는 바에 따라 조건부 입국을 허가할 수 있다.

- 부득이한 사유로 제12조 제3항 제1호의 요건을 갖추지 못하였으나 일정 기간 내에 그 요건을 갖출 수 있다고 인정되는 사람
- 제11조 제1항 각 호의 어느 하나에 해당된다고 의심되거나 제12조 제3항 제2호의 요건을 갖추지 못하였다고 의심되어 특별히 심사할 필요가 있다고 인정되는 사람
- 제1호 및 제2호에서 규정한 사람 외에 지방출입국・외국인관서의 장이 조건부 입국을 허가할 필요가 있다고 인정되는 사람

지방출입국・외국인관서의 장은 조건부 입국을 허가할 때에는 조건부입국허가서를 발급하여야 한다. 이 경우 그 허가서에는 주거의 제한, 출석요구에 따를 의무 및 그 밖에 필요한 조건을 붙여야 하며, 필요하다고 인정할

때에는 1천만 원 이하의 보증금을 예치(預置)하게 할 수 있다. 지방출입국·외국인관서의 장은 제1항에 따른 조건부 입국허가를 받은 외국인이 그 조건을 위반하였을 때에는 그 예치된 보증금의 전부 또는 일부를 국고(國庫)에 귀속시킬 수 있다.(제13조)

4) 외국인의 상륙

(1) 승무원의 상륙허가

출입국관리공무원은 다음 각 호의 어느 하나에 해당하는 외국인승무원에 대하여 선박등의 장 또는 운수업자나 본인이 신청하면 15일의 범위에서 승무원의 상륙을 허가할 수 있다.

- 승선 중인 선박등이 대한민국의 출입국항에 정박하고 있는 동안 휴양 등의 목적으로 상륙하려는 외국인승무원
- 대한민국의 출입국항에 입항할 예정이거나 정박 중인 선박등으로 옮겨 타려는 외국인승무원

출입국관리공무원은 신청을 받으면 다음 각 호의 서류를 확인하여야 한다. 다만, 외국과의 협정 등에서 선원신분증명서로 여권을 대신할 수 있도록 하는 경우에는 선원신분증명서의 확인으로 여권의 확인을 대신할 수 있다.

출입국관리공무원은 허가를 할 때에는 승무원 상륙허가서를 발급하여야 한다. 이 경우 승무원 상륙허가서에는 상륙허가의 기간, 행동지역의 제한 등 필요한 조건을 붙일 수 있다. 지방출입국·외국인관서의 장은 승무원 상륙허가를 받은 외국인승무원에 대하여 필요하다고 인정하면 그 상륙허가의 기간을 연장할 수 있다. 발급받은 승무원 상륙허가서는 그 선박등이 최종 출항할 때까지 국내의 다른 출입국항에서도 계속 사용할 수 있다.(제14조)

(2) 관광상륙허가

출입국관리공무원은 관광을 목적으로 대한민국과 외국 해상을 국제적으로 순회(巡廻)하여 운항하는 여객운송선박 중 법무부령으로 정하는 선박에 승선한 외국인승객에 대하여 그 선박의 장 또는 운수업자가 상륙허가를 신청하면 3일의 범위에서 승객의 관광상륙을 허가할 수 있다.(제14조의2)

(3) 긴급상륙허가

출입국관리공무원은 선박등에 타고 있는 외국인(승무원을 포함한다)이 질병이나 그 밖의 사고로 긴급히 상륙할 필요가 있다고 인정되면 그 선박등의 장이나 운수업자의 신청을 받아 30일의 범위에서 긴급상륙을 허가할 수 있다.(제15조)

(4) 재난상륙허가

지방출입국·외국인관서의 장은 조난을 당한 선박등에 타고 있는 외국인(승무원을 포함한다)을 긴급히 구조할 필요가 있다고 인정하면 그 선박등의 장, 운수업자, 「수상에서의 수색·구조 등에 관한 법률」에 따른 구호업무 집행자 또는 그 외국인을 구조한 선박등의 장의 신청에 의하여 30일의 범위에서 재난상륙허가를 할 수 있다.(제16조)

(5) 난민 임시상륙허가

지방출입국·외국인관서의 장은 선박등에 타고 있는 외국인이 난민법 제2조 제1호에 규정된 이유나 그 밖에 이에 준하는 이유로 그 생명·신체 또는 신체의 자유를 침해받을 공포가 있는 영역에서 도피하여 곧바로 대한민국에 비호(庇護)를 신청하는 경우 그 외국인을 상륙시킬 만한 상당한 이유가 있다고 인정되면 법무부장관의 승인을 받아 90일의 범위에서 난민 임시상

륙허가를 할 수 있다. 이 경우 법무부장관은 외교부장관과 협의하여야 한다.(제16조의2)

5) 외국인의 체류

(1) 외국인의 체류 및 활동범위

외국인은 그 체류자격과 체류기간의 범위에서 대한민국에 체류할 수 있다. 대한민국에 체류하는 외국인은 이 법 또는 다른 법률에서 정하는 경우를 제외하고는 정치활동을 하여서는 아니 된다. 법무부장관은 대한민국에 체류하는 외국인이 정치활동을 하였을 때에는 그 외국인에게 서면으로 그 활동의 중지명령이나 그 밖에 필요한 명령을 할 수 있다.(제17조)

(2) 외국인 고용의 제한

외국인이 대한민국에서 취업하려면 대통령령으로 정하는 바에 따라 취업활동을 할 수 있는 체류자격을 받아야 한다. 체류자격을 가진 외국인은 지정된 근무처가 아닌 곳에서 근무하여서는 아니 된다. 누구든지 체류자격을 가지지 아니한 사람을 고용하거나, 고용을 알선하거나 권유하여서는 아니 되며, 고용을 알선할 목적으로 그를 자기 지배하에 두는 행위를 하여서는 아니 된다.(제18조)

(3) 외국인을 고용한 자 등의 신고의무

취업활동을 할 수 있는 체류자격을 가지고 있는 외국인을 고용한 자는 다음 각 호의 어느 하나에 해당하는 사유가 발생하면 그 사실을 안 날부터 15일 이내에 지방출입국·외국인관서의 장에게 신고하여야 한다. 외국인에게 산업기술을 연수시키는 업체의 장에 대하여서도 마찬가지이다.

- 외국인을 해고하거나 외국인이 퇴직 또는 사망한 경우

- 고용된 외국인의 소재를 알 수 없게 된 경우
- 고용계약의 중요한 내용을 변경한 경우

「외국인근로자의 고용 등에 관한 법률」의 적용을 받는 외국인을 고용한 자가 신고를 한 경우 그 신고사실이 같은 법 제17조 제1항에 따른 신고사유에 해당하는 때에는 같은 항에 따른 신고를 한 것으로 본다.(제19조)

(4) 외국인의 기술연수활동

법무부장관은 외국에 직접투자한 산업체, 외국에 기술·산업설비를 수출하는 산업체 등 지정된 산업체의 모집에 따라 국내에서 기술연수활동을 하는 외국인(이하 "기술연수생"이라 한다)의 적정한 연수활동을 지원하기 위하여 필요한 조치를 하여야 한다.(제19조의2)

(5) 외국인유학생의 관리 등

유학이나 연수활동을 할 수 있는 체류자격을 가지고 있는 외국인(이하 "외국인유학생"이라 한다)이 재학 중이거나 연수 중인 학교(고등교육법 제2조 각 호에 따른 학교를 말한다. 이하 같다)의 장은 그 외국인유학생의 관리를 담당하는 직원을 지정하고 이를 지방출입국·외국인관서의 장에게 알려야 한다.

학교의 장은 다음 각 호의 어느 하나에 해당하는 사유가 발생하면 그 사실을 안 날부터 15일 이내에 지방출입국·외국인관서의 장에게 신고(정보통신망에 의한 신고를 포함한다)하여야 한다.(제19조의4)

- 입학하거나 연수허가를 받은 외국인유학생이 매 학기 등록기한까지 등록을 하지 아니하거나 휴학을 한 경우
- 제적·연수중단 또는 행방불명 등의 사유로 외국인유학생의 유학이나 연수가 끝난 경우

(6) 체류자격 외 활동

대한민국에 체류하는 외국인이 그 체류자격에 해당하는 활동과 함께 다른 체류자격에 해당하는 활동을 하려면 미리 법무부장관의 체류자격 외 활동허가를 받아야 한다.(제20조)

(7) 근무처의 변경 · 추가

대한민국에 체류하는 외국인이 그 체류자격의 범위에서 그의 근무처를 변경하거나 추가하려면 미리 법무부장관의 허가를 받아야 한다. 다만, 전문적인 지식 · 기술 또는 기능을 가진 사람으로서 대통령령으로 정하는 사람은 근무처를 변경하거나 추가한 날부터 15일 이내에 법무부장관에게 신고하여야 한다. 누구든지 근무처의 변경허가 · 추가허가를 받지 아니한 외국인을 고용하거나 고용을 알선하여서는 아니 된다. 다만, 다른 법률에 따라 고용을 알선하는 경우에는 그러하지 아니하다.(제21조)

(8) 활동범위의 제한

법무부장관은 공공의 안녕질서나 대한민국의 중요한 이익을 위하여 필요하다고 인정하면 대한민국에 체류하는 외국인에 대하여 거소(居所) 또는 활동의 범위를 제한하거나 그 밖에 필요한 준수사항을 정할 수 있다.(제22조)

(9) 체류자격 부여

대한민국에서 출생하여 제10조에 따른 체류자격을 가지지 못하고 체류하게 되는 외국인은 그가 출생한 날부터 90일 이내에, 대한민국에서 체류 중 대한민국의 국적을 상실하거나 이탈하는 등 그 밖의 사유로 제10조에 따른 체류자격을 가지지 못하고 체류하게 되는 외국인은 그 사유가 발생한 날부터 30일 이내에 대통령령으로 정하는 바에 따라 체류자격을 받아야 한다.(제23조)

(10) 체류자격 변경허가

대한민국에 체류하는 외국인이 그 체류자격과 다른 체류자격에 해당하는 활동을 하려면 미리 법무부장관의 체류자격 변경허가를 받아야 한다. 신분이 변경되어 체류자격을 변경하려는 사람은 신분이 변경된 날부터 30일 이내에 법무부장관의 체류자격 변경허가를 받아야 한다.(제24조)

(11) 체류기간 연장허가

외국인이 체류기간을 초과하여 계속 체류하려면 대통령령으로 정하는 바에 따라 체류기간이 끝나기 전에 법무부장관의 체류기간 연장허가를 받아야 한다.(제25조)

(12) 결혼이민자에 대한 특칙

법무부장관은 「가정폭력범죄의 처벌 등에 관한 특례법」 제2조 제1호의 가정폭력을 이유로 법원의 재판, 수사기관의 수사 또는 그 밖의 법률에 따른 권리구제 절차가 진행 중인 대한민국 국민의 배우자인 외국인이 체류기간 연장허가를 신청한 경우에는 그 권리구제 절차가 종료할 때까지 체류기간 연장을 허가할 수 있다. 법무부장관은 제1항에 따른 체류 연장기간 만료 이후에도 피해 회복 등을 위하여 필요하다고 인정하는 경우 체류기간 연장허가를 할 수 있다.(제25조의2)

(13) 성폭력피해자에 대한 특칙

법무부장관은 「성폭력범죄의 처벌 등에 관한 특례법」 제2조 제1항의 성폭력범죄를 이유로 법원의 재판, 수사기관의 수사 또는 그 밖의 법률에 따른 권리구제 절차가 진행 중인 외국인이 체류기간 연장허가를 신청한 경우에는 그 권리구제 절차가 종료할 때까지 체류기간 연장을 허가할 수 있다.

법무부장관은 체류 연장기간 만료 이후에도 피해 회복 등을 위하여 필요하다고 인정하는 경우 체류기간 연장을 허가할 수 있다.(제25조의3)

(14) 아동학대피해자에 대한 특칙

법무부장관은 「아동학대범죄의 처벌 등에 관한 특례법」 제2조 제4호의 아동학대범죄를 이유로 법원의 재판, 수사기관의 수사 또는 그 밖의 법률에 따른 권리구제 절차가 진행 중인 외국인 아동 및 아동복지법 제3조 제3호의 보호자(아동학대행위자는 제외한다)가 체류기간 연장허가를 신청한 경우에는 그 권리구제 절차가 종료할 때까지 체류기간 연장을 허가할 수 있다. 법무부장관은 체류 연장기간 만료 이후에도 피해 회복 등을 위하여 필요하다고 인정하는 경우 체류기간 연장을 허가할 수 있다.(제25조의4)

(15) 허위서류 제출 등의 금지

누구든지 허가 신청과 관련하여 다음 각 호의 어느 하나에 해당하는 행위를 해서는 아니 된다.(제26조)

- 위조·변조된 문서 등을 입증자료로 제출하거나 거짓 사실이 적힌 신청서 등을 제출하는 등 부정한 방법으로 신청하는 행위
- 위의 행위를 알선·권유하는 행위

(16) 여권등의 휴대 및 제시

대한민국에 체류하는 외국인은 항상 여권·선원신분증명서·외국인입국허가서·외국인등록증 또는 상륙허가서(이하 "여권등"이라 한다)를 지니고 있어야 한다. 다만, 17세 미만인 외국인의 경우에는 그러하지 아니하다. 외국인은 출입국관리공무원이나 권한 있는 공무원이 그 직무수행과 관련하여 여권등의 제시를 요구하면 여권등을 제시하여야 한다.(제27조)

6) 외국인의 출국

(1) 출국심사

외국인이 출국할 때에는 유효한 여권을 가지고 출국하는 출입국항에서 출입국관리공무원의 출국심사를 받아야 한다.(제28조)

(2) 외국인 (긴급)출국의 정지

법무부장관은 특정 출국금지 조항에 해당하는 외국인에 대하여는 출국을 정지할 수 있다.(제29조) 수사기관은 범죄 피의자인 외국인이 출국심사를 하는 출입국관리공무원에게 출국정지를 요청할 수 있다.(제29조의2)

(3) 재입국허가

법무부장관은 외국인등록을 하거나 그 등록이 면제된 외국인이 체류기간 내에 출국하였다가 재입국하려는 경우 그의 신청을 받아 재입국을 허가할 수 있다. 다만, 영주자격을 가진 사람과 재입국허가를 면제하여야 할 상당한 이유가 있는 사람으로서 법무부령으로 정하는 사람에 대하여는 재입국허가를 면제할 수 있다. 재입국허가는 한 차례만 재입국할 수 있는 단수재입국허가와 2회 이상 재입국할 수 있는 복수재입국허가로 구분한다.

외국인이 질병이나 그 밖의 부득이한 사유로 제1항에 따라 허가받은 기간 내에 재입국할 수 없는 경우에는 그 기간이 끝나기 전에 법무부장관의 재입국허가기간 연장허가를 받아야 한다. 법무부장관은 재입국허가기간 연장허가에 관한 권한을 대통령령으로 정하는 바에 따라 재외공관의 장에게 위임할 수 있다. 재입국허가 및 그 기간의 연장허가와 재입국허가의 면제에 관한 기준과 절차는 법무부령으로 정한다.(제30조)

7) 외국인의 등록

(1) 외국인 등록

외국인이 입국한 날부터 90일을 초과하여 대한민국에 체류하려면 대통령령으로 정하는 바에 따라 입국한 날부터 90일 이내에 그의 체류지를 관할하는 지방출입국·외국인관서의 장에게 외국인등록을 하여야 한다. 다만, 다음 각 호의 어느 하나에 해당하는 외국인의 경우에는 그러하지 아니하다.

- 주한외국공관(대사관과 영사관을 포함한다)과 국제기구의 직원 및 그의 가족
- 대한민국정부와의 협정에 따라 외교관 또는 영사와 유사한 특권 및 면제를 누리는 사람과 그의 가족
- 대한민국정부가 초청한 사람 등으로서 법무부령으로 정하는 사람

위의 어느 하나에 해당하는 외국인은 본인이 원하는 경우 체류기간 내에 외국인등록을 할 수 있다.

체류자격을 받는 사람으로서 그 날부터 90일을 초과하여 체류하게 되는 사람은 제1항 각 호 외의 부분 본문에도 불구하고 체류자격을 받는 때에 외국인등록을 하여야 한다. 체류자격 변경허가를 받는 사람으로서 입국한 날부터 90일을 초과하여 체류하게 되는 사람은 체류자격 변경허가를 받는 때에 외국인등록을 하여야 한다. 지방출입국·외국인관서의 장은 규정에 따라 외국인등록을 한 사람에게는 대통령령으로 정하는 방법에 따라 개인별로 고유한 등록번호(이하 "외국인등록번호"라 한다)를 부여하여야 한다.(제31조)

(2) 외국인등록사항

외국인등록사항은 다음과 같다.(제32조)

- 성명, 성별, 생년월일 및 국적
- 여권의 번호·발급일자 및 유효기간

- 근무처와 직위 또는 담당업무
- 본국의 주소와 국내 체류지
- 체류자격과 체류기간
- 위의 규정한 사항 외에 법무부령으로 정하는 사항

(3) 외국인등록증의 발급 등

외국인등록을 받은 지방출입국·외국인관서의 장은 대통령령으로 정하는 바에 따라 그 외국인에게 외국인등록증을 발급하여야 한다. 다만, 그 외국인이 17세 미만인 경우에는 발급하지 아니할 수 있다. 외국인등록증을 발급받지 아니한 외국인이 17세가 된 때에는 90일 이내에 체류지 관할 지방출입국·외국인관서의 장에게 외국인등록증 발급신청을 하여야 한다. 영주자격을 가진 외국인에게 발급하는 외국인등록증(이하 "영주증"이라 한다)의 유효기간은 10년으로 한다. 영주증을 발급받은 사람은 유효기간이 끝나기 전까지 영주증을 재발급받아야 한다. 영주증의 재발급 절차 등에 필요한 사항은 대통령령으로 정한다.(제33조)

(4) 영주증 재발급에 관한 특례 등

이 법(법률 제15492호 출입국관리법 일부개정법률을 말한다. 이하 이 조에서 같다) 시행 당시 종전의 규정에 따라 영주자격을 가진 사람은 다음 각 호의 구분에 따른 기간 내에 체류지 관할 지방출입국·외국인관서의 장에게 영주증을 재발급받아야 한다.

- 이 법 시행 당시 영주자격을 취득한 날부터 10년이 경과한 사람 : 이 법 시행일부터 2년 이내
- 이 법 시행 당시 영주자격을 취득한 날부터 10년이 경과하지 아니한 사람 : 10년이 경과한 날부터 2년 이내

체류지 관할 지방출입국·외국인관서의 장은 해당하는 사람에게 영주증 재발급 신청기한 등이 적힌 영주증 재발급 통지서를 지체 없이 송부하여야 한다. 다만, 소재불명 등으로 영주증 재발급 통지서를 송부하기 어려운 경우에는 관보에 공고하여야 한다. 이 법 시행 당시 종전의 규정에 따라 영주자격을 가진 사람의 영주증은 영주증을 재발급받기 전까지 유효한 것으로 본다. 영주증의 재발급 절차 등에 필요한 사항은 대통령령으로 정한다.(제33조의2)

(5) 외국인등록증 등의 채무이행 확보수단 제공 등의 금지

누구든지 다음 각 호의 어느 하나에 해당하는 행위를 하여서는 아니 된다.(제33조의3)

- 외국인의 여권이나 외국인등록증을 취업에 따른 계약 또는 채무이행의 확보수단으로 제공받거나 그 제공을 강요 또는 알선하는 행위
- 제31조 제5항에 따른 외국인등록번호를 거짓으로 생성하여 자기 또는 다른 사람의 재물이나 재산상의 이익을 위하여 사용하거나 이를 알선하는 행위
- 외국인등록번호를 거짓으로 생성하는 프로그램을 다른 사람에게 전달하거나 유포 또는 이를 알선하는 행위
- 다른 사람의 외국인등록증을 부정하게 사용하거나 자기의 외국인등록증을 부정하게 사용한다는 사정을 알면서 다른 사람에게 제공하는 행위 또는 이를 각각 알선하는 행위
- 다른 사람의 외국인등록번호를 자기 또는 다른 사람의 재물이나 재산상의 이익을 위하여 부정하게 사용하거나 이를 알선하는 행위

(6) 외국인등록표 등의 작성 및 관리

외국인등록을 받은 지방출입국・외국인관서의 장은 등록외국인기록표를 작성・비치하고, 외국인등록표를 작성하여 그 외국인이 체류하는 시(「제주특별자치도 설치 및 국제자유도시 조성을 위한 특별법」 제10조에 따른 행정시를 포함하며, 특별시와 광역시는 제외한다. 이하 같다)・군・구(자치구가 아닌 구를 포함한다. 이하 이 조, 제36조 및 제37조에서 같다) 및 읍・면・동의 장에게 보내야 한다. 시・군・구 및 읍・면・동의 장은 외국인등록표를 받았을 때에는 그 등록사항을 외국인등록대장에 적어 관리하여야 한다. 등록외국인기록표, 외국인등록표 및 외국인등록대장의 작성과 관리에 필요한 사항은 대통령령으로 정한다.(제34조)

(7) 외국인등록사항의 변경신고

등록을 한 외국인은 다음 각 호의 어느 하나에 해당하는 사항이 변경되었을 때에는 대통령령으로 정하는 바에 따라 14일 이내에 체류지 관할 지방출입국・외국인관서의 장에게 외국인등록사항 변경신고를 하여야 한다.(제35조)

- 성명, 성별, 생년월일 및 국적
- 여권의 번호, 발급일자 및 유효기간
- 규정한 사항 외에 법무부령으로 정하는 사항

(8) 체류지 변경의 신고

등록을 한 외국인이 체류지를 변경하였을 때에는 대통령령으로 정하는 바에 따라 전입한 날부터 14일 이내에 새로운 체류지의 시・군・구 또는 읍・면・동의 장이나 그 체류지를 관할하는 지방출입국・외국인관서의 장에게 전입신고를 하여야 한다. 외국인이 제1항에 따른 신고를 할 때에는 외국인등록증을 제출하여야 한다. 이 경우 시・군・구 또는 읍・면・동의 장이나 지방출입국·외국인관서의 장은 그 외국인등록증에 체류지 변경사항을 적은 후 돌려주어야 한다. 전입신고를 받은 지방출입국·외국인관서의 장은 지체 없이 새로운 체류지의 시·군·구 또는 읍·면·동의 장에게 체류지 변경 사실을 통보하여야 한다. 직접 전입신고를 받거나 지방출입국·외국인관서의 장으로부터 체류지 변경통보를 받은 시·군·구 또는 읍·면·동의 장은 지체 없이 종전 체류지의 시·군·구 또는 읍·면·동의 장에게 체류지 변경신고서 사본을 첨부하여 외국인등록표의 이송을 요청하여야 한다. (제36조)

(9) 외국인등록증의 반납

등록을 한 외국인이 출국할 때에는 출입국관리공무원에게 외국인등록증을 반납하여야 한다. 다만, 다음 각 호의 어느 하나에 해당하는 경우에는 그러하지 아니하다.

- 재입국허가를 받고 일시 출국하였다가 그 허가기간 내에 다시 입국하려는 경우
- 복수사증 소지자나 재입국허가 면제대상 국가의 국민으로서 일시 출국하였다가 허가된 체류기간 내에 다시 입국하려는 경우
- 난민여행증명서를 발급받고 일시 출국하였다가 그 유효기간 내에 다시 입국하려는 경우

등록을 한 외국인이 국민이 되거나 사망한 경우 또는 제31조 제1항 각 호의 어느 하나에 해당하게 된 경우(같은 조 제2항에 따라 외국인등록을 한 경우는 제외한다)에는 대통령령으로 정하는 바에 따라 외국인등록증을 반납하여야 한다. 지방출입국·외국인관서의 장은 제1항이나 제2항에 따라 외국인등록증을 반납받으면 대통령령으로 정하는 바에 따라 그 사실을 지체 없이 체류지의 시·군·구 및 읍·면·동의 장에게 통보하여야 한다. 지방출입국·외국

인관서의 장은 대한민국의 이익을 위하여 필요하다고 인정하면 외국인의 외국인등록증을 일시 보관할 수 있다. 그 외국인이 허가된 기간 내에 다시 입국하였을 때에는 14일 이내에 지방출입국·외국인관서의 장으로부터 외국인등록증을 돌려받아야 하고, 그 허가받은 기간 내에 다시 입국하지 아니하였을 때에는 제1항에 따라 외국인등록증을 반납한 것으로 본다.(제37조)

(10) 외국인등록사항의 말소

지방출입국·외국인관서의 장은 등록을 한 외국인이 다음의 어느 하나에 해당하는 경우에는 외국인등록사항을 말소할 수 있다.(제37조의2)

- 외국인등록증을 반납한 경우
- 출국 후 재입국허가기간(재입국허가를 면제받은 경우에는 면제받은 기간 또는 체류허가기간) 내에 입국하지 아니한 경우
- 그 밖에 출입국관리공무원이 직무수행 중 제1호 또는 제2호에 준하는 말소 사유를 발견한 경우

(11) 지문 및 얼굴에 관한 정보의 제공 등

다음의 어느 하나에 해당하는 외국인은 법무부령으로 정하는 바에 따라 지문 및 얼굴에 관한 정보를 제공하여야 한다.(제38조)

- 다음 각 목의 어느 하나에 해당하는 사람으로서 17세 이상인 사람
  - 외국인등록을 하여야 하는 사람(같은 조 제2항에 따라 외국인등록을 하려는 사람은 제외한다)
  - 「재외동포의 출입국과 법적 지위에 관한 법률」 제6조에 따라 국내거소신고를 하려는 사람
- 이 법을 위반하여 조사를 받거나 그 밖에 다른 법률을 위반하여 수사를 받고 있는 사람

- 신원이 확실하지 아니한 사람
- 규정한 사람 외에 법무부장관이 대한민국의 안전이나 이익 또는 해당 외국인의 안전이나 이익을 위하여 특히 필요하다고 인정하는 사람

지방출입국・외국인관서의 장은 지문 및 얼굴에 관한 정보의 제공을 거부하는 외국인에게는 체류기간 연장허가 등 이 법에 따른 허가를 하지 아니할 수 있다. 법무부장관은 제공받은 정보를 「개인정보 보호법」에 따라 보유하고 관리한다.

8) 사회통합 프로그램

(1) 사회통합 프로그램

법무부장관은 대한민국 국적, 영주자격 등을 취득하려는 외국인의 사회 적응을 지원하기 위하여 교육, 정보 제공, 상담 등의 사회통합 프로그램(이하 "사회통합 프로그램"이라 한다)을 시행할 수 있다. 법무부장관은 사회통합 프로그램을 효과적으로 시행하기 위하여 필요한 전문인력 및 시설 등을 갖춘 기관, 법인 또는 단체를 사회통합 프로그램 운영기관으로 지정할 수 있다. 법무부장관은 대통령령으로 정하는 바에 따라 사회통합 프로그램의 시행에 필요한 전문인력을 양성할 수 있다. 국가와 지방자치단체는 다음의 경비의 전부 또는 일부를 예산의 범위에서 지원할 수 있다.

- 지정된 운영기관의 업무 수행에 필요한 경비
- 전문인력 양성에 필요한 경비

사회통합 프로그램의 내용 및 개발, 운영기관의 지정・관리 및 지정 취소, 그 밖에 사회통합 프로그램의 운영에 필요한 사항은 대통령령으로 정한다.(제39조)

(2) 사회통합 프로그램 이수자에 대한 우대

법무부장관은 사증 발급, 체류 관련 각종 허가 등을 할 때에 이 법 또는 관계 법령에서 정하는 바에 따라 사회통합 프로그램 이수자를 우대할 수 있다.(제40조)

(3) 사회통합 자원봉사위원

법무부장관은 외국인의 사회통합을 지원하기 위하여 법무부령으로 정하는 바에 따라 지방출입국·외국인관서에 사회통합 자원봉사위원(이하 "사회통합위원"이라 한다)을 둘 수 있다. 사회통합위원은 다음 각 호의 직무를 수행한다.

- 외국인 및 고용주 등의 법 준수를 위한 홍보활동
- 외국인이 한국사회의 건전한 사회구성원으로 정착하기 위한 체류 지원
- 영주자격 및 국적을 취득하려는 자에 대한 지원
- 그 밖에 대한민국 국민과 국내 체류 외국인의 사회통합을 위하여 법무부장관이 정하는 사항

사회통합위원은 명예직으로 하되 직무수행에 필요한 비용의 전부 또는 일부를 지급할 수 있다. 사회통합위원의 위촉 및 해촉, 정원, 자치 조직, 비용의 지급, 그 밖에 필요한 사항은 법무부령으로 정한다.(제41조)

제13장 재한외국인 처우 기본법(약칭 : 외국인처우법)

1. 입법 배경 및 목적

「재한외국인 처우 기본법」은 재한외국인에 대한 처우 등에 관한 기본적인 사항을 정함으로써 재한외국인이 대한민국 사회에 적응하여 개인의 능력을 충분히 발휘할 수 있도록 하고, 대한민국 국민과 재한외국인이 서로를 이해하고 존중하는 사회 환경을 만들어 대한민국의 발전과 사회통합에 이바지함을 목적으로(제1조) 2007년 제정되었다.

「재한외국인 처우 기본법」은 2019년 현재까지 총 3회에 걸친 개정이 있었다. 먼저 2010년 개정에서는 기존 법에 결혼이민자의 자녀에게 교육 및 보육 지원 등을 할 수 있으나 의료 지원에 대한 규정이 없어 결혼이민자의 자녀가 각종 질병에 노출될 위험이 있기에 이에 대처하고, 결혼이민자의 안정적 국내 정착과 다문화가족의 복지를 위하여 결혼이민자의 자녀에게 의료 지원을 할 수 있는 근거를 마련하였다. 2012년 개정에서는 그간 출입국관리법에 명시되어 있던 난민인정절차 및 난민 등의 처우에 관하여 본법에서 구체적으로 규정함으로써 「난민의 지위에 관한 협약」 등 국제법과 국내법의 조화를 꾀하고, 인권선진국으로 나아가는 초석을 다지려고 하였다. 마지막으로 2017년 개정에서는 국가와 지방자치단체는 결혼이민자, 내국인과 사실혼관계에 있는 재한외국인 및 그 자녀에 대하여 건강검진을 실시할 수 있는 근거규정을 마련하였다.

「재한외국인 처우 기본법」은 국가와 지방자치단체가 재한외국인의 처우를 증진하기 위하여 종합적・거시적 차원의 외국인정책을 추진해야 할 의무가 있음을 명시할 목적으로 제정되었지만, 재한 외국인을 동화를 위한 지원 대상으로 바라보는 시각과 결혼이민자와 그 자녀를 지원 대상으로만 보고 지원 위주의 정책을 규정하고 있는 점, 적용대상에서 외국인과 이주노동자들 중 합법적 지위가 없는 불법체류 외국인은 배제되고 있다는 점에서 한계점을 보인다(박성혁 외, 2016).

2. 주요 내용

1) 용어 정의

이 법에서 사용하는 용어의 뜻은 다음과 같다.(제2조)

- "재한외국인"이란 대한민국의 국적을 가지지 아니한 자로서 대한민국에 거주할 목적을 가지고 합법적으로 체류하고 있는 자를 말한다.
- "재한외국인에 대한 처우"란 국가 및 지방자치단체가 재한외국인을 그 법적 지위에 따라 적정하게 대우하는 것을 말한다.
- "결혼이민자"란 대한민국 국민과 혼인한 적이 있거나 혼인관계에 있는 재한외국인을 말한다

2) 국가 및 지방자치단체의 책무

국가 및 지방자치단체는 본 법의 목적을 달성하기 위하여 재한외국인에 대한 처우 등에 관한 정책의 수립·시행에 노력하여야 한다.(제3조) 국가는 재한외국인에 대한 처우 등과 관련되는 다른 법률을 제정 또는 개정하는 경우에는 이 법의 목적에 맞도록 하여야 한다.(제4조)

3) 외국인정책의 기본계획

법무부장관은 관계 중앙행정기관의 장과 협의하여 5년마다 외국인정책에 관한 기본계획(이하 "기본계획"이라 한다)을 수립하여야 한다. 기본계획에는 다음 각 호의 사항이 포함되어야 한다.

- 외국인정책의 기본목표와 추진방향
- 외국인정책의 추진과제, 그 추진방법 및 추진시기
- 필요한 재원의 규모와 조달방안
- 그 밖에 외국인정책 수립 등을 위하여 필요하다고 인정되는 사항

법무부장관은 수립된 기본계획을 외국인정책위원회의 심의를 거쳐 확정하여야 한다. 기본계획의 수립절차 등에 관하여 필요한 사항은 대통령령으로 정한다. 법무부장관은 기본계획을 수립함에 있어서 상호주의 원칙을 고려한다.(제5조)

4) 연도별 시행계획

관계 중앙행정기관의 장은 기본계획에 따라 소관별로 연도별 시행계획을 수립・시행하여야 한다. 지방자치단체의 장은 중앙행정기관의 장이 법령에 따라 위임한 사무에 관하여 당해 중앙행정기관의 장이 수립한 시행계획에 따라 당해 지방자치단체의 연도별 시행계획을 수립・시행하여야 한다. 관계 중앙행정기관의 장은 수립된 지방자치단체의 시행계획이 기본계획 및 당해 중앙행정기관의 시행계획에 부합되지 아니하는 경우에는 당해 지방자치단체의 장에게 그 변경을 요청할 수 있고, 당해 지방자치단체가 수립한 시행계획의 이행사항을 기본계획 및 당해 중앙행정기관의 시행계획에 따라 점검할 수 있다. 관계 중앙행정기관의 장은 소관별로 다음 해 시행계획과 지난 해 추진실적 및 평가결과를 법무부장관에게 제출하여야 하며, 법무부장관은

이를 종합하여 제8조에 따른 외국인정책위원회에 상정하여야 한다. 그 밖에 시행계획의 수립·시행 및 평가 등에 관하여 필요한 사항은 대통령령으로 정한다.(제6조)

법무부장관은 기본계획과 시행계획을 수립·시행하고 이를 평가하기 위하여 필요한 때에는 국가기관·지방자치단체 및 대통령령으로 정하는 공공단체의 장(이하 "공공기관장"이라 한다)에게 관련 자료의 제출 등 필요한 협조를 요청할 수 있다. 중앙행정기관 및 지방자치단체의 장은 소관 업무에 관한 시행계획을 수립·시행하고 이를 평가하기 위하여 필요한 때에는 공공기관장에게 관련 자료의 제출 등 필요한 협조를 요청할 수 있다.(제7조)

5) 외국인정책위원회

외국인정책에 관한 주요 사항을 심의·조정하기 위하여 국무총리 소속으로 외국인정책위원회(이하 "위원회"라 한다)를 둔다. 위원회는 다음 각 호의 사항을 심의·조정한다.

- 외국인정책의 기본계획의 수립에 관한 사항
- 외국인정책의 시행계획 수립, 추진실적 및 평가결과에 관한 사항
- 사회적응에 관한 주요 사항
- 그 밖에 외국인정책에 관한 주요 사항

위원회는 위원장 1인을 포함한 30인 이내의 위원으로 구성하며, 위원장은 국무총리가 되고, 위원은 다음 각 호의 자가 된다.

- 대통령령으로 정하는 중앙행정기관의 장
- 외국인정책에 관하여 학식과 경험이 풍부한 자 중에서 위원장이 위촉하는 자

위원회에 상정할 안건과 위원회에서 위임한 안건을 처리하기 위하여 위원회에 외국인정책실무위원회(이하 "실무위원회"라 한다)를 둔다.

6) 정책의 연구·추진 등

법무부장관은 기본계획의 수립, 시행계획의 수립 및 추진실적에 대한 평가, 위원회 및 실무위원회의 구성·운영 등이 효율적으로 이루어질 수 있도록 다음 각 호의 업무를 수행하여야 한다.

- 재한외국인, 불법체류외국인 및 제15조에 따른 귀화자에 관한 실태조사
- 기본계획의 수립에 필요한 사항에 관한 연구
- 위원회 및 실무위원회에 부의할 안건에 관한 사전 연구
- 외국인정책에 관한 자료 및 통계의 관리, 위원회 및 실무위원회의 사무처리
- 사회적응시책 및 그 이용에 관한 연구와 정책의 추진
- 그 밖에 외국인정책 수립 등에 관하여 필요하다고 인정되는 사항에 관한 연구와 정책의 추진

업무를 효율적으로 수행하기 위하여 필요한 사항은 대통령령으로 정한다.(제9조)

7) 재한외국인 등의 처우

(1) 재한외국인 등의 인권옹호 및 사회적응 지원

국가 및 지방자치단체는 재한외국인 또는 그 자녀에 대한 불합리한 차별 방지 및 인권옹호를 위한 교육·홍보, 그 밖에 필요한 조치를 하기 위하여 노력하여야 한다.(제10조) 국가 및 지방자치단체는 재한외국인이 대한민국에서 생활하는 데 필요한 기본적 소양과 지식에 관한 교육·정보제공 및 상담 등의 지원을 할 수 있다.(제11조)

(2) 결혼이민자 및 그 자녀의 처우

국가 및 지방자치단체는 결혼이민자에 대한 국어교육, 대한민국의 제도·문화에 대한 교육, 결혼이민자의 자녀에 대한 보육 및 교육 지원, 의료 지원 등을 통하여 결혼이민자 및 그 자녀가 대한민국 사회에 빨리 적응하도록 지원할 수 있다. 이는 대한민국 국민과 사실혼 관계에서 출생한 자녀를 양육하고 있는 재한외국인 및 그 자녀에 대하여 준용한다. 국가와 지방자치단체는 결혼이민자 및 그 자녀와 재한외국인 및 그 자녀에 대하여 건강검진을 실시할 수 있다.(제12조)

(3) 영주권자의 처우

국가 및 지방자치단체는 대한민국에 영구적으로 거주할 수 있는 법적 지위를 가진 외국인(이하 "영주권자"라 한다)에 대하여 대한민국의 안전보장·질서유지·공공복리, 그 밖에 대한민국의 이익을 해치지 아니하는 범위 안에서 대한민국으로의 입국·체류 또는 대한민국 안에서의 경제활동 등을 보장할 수 있다.(제13조)

(4) 난민의 처우

난민법에 따른 난민인정자가 대한민국에서 거주하기를 원하는 경우에는 결혼이민자 지원을 준용하여 지원할 수 있다. 국가는 난민의 인정을 받은 재한외국인이 외국에서 거주할 목적으로 출국하려는 경우에는 출국에 필요한 정보제공 및 상담과 그 밖에 필요한 지원을 할 수 있다.(제14조)

(5) 국적취득 후 사회적응

재한외국인이 대한민국의 국적을 취득한 경우에는 국적을 취득한 날부터 3년이 경과하는 날까지 시책의 혜택을 받을 수 있다.(제15조)

(6) 전문외국인력의 처우 개선

국가 및 지방자치단체는 전문적인 지식·기술 또는 기능을 가진 외국인력의 유치를 촉진할 수 있도록 그 법적 지위 및 처우의 개선에 필요한 제도와 시책을 마련하기 위하여 노력하여야 한다.(제16조)

(7) 과거 대한민국국적을 보유하였던 자 등의 처우

국가 및 지방자치단체는 과거 대한민국의 국적을 보유하였던 자 또는 그의 직계비속(대한민국의 국적을 보유한 자를 제외한다)으로서 대통령령으로 정하는 자에 대하여 대한민국의 안전보장·질서유지·공공복리, 그 밖에 대한민국의 이익을 해치지 아니하는 범위 안에서 대한민국으로의 입국·체류 또는 대한민국 안에서의 경제활동 등을 보장할 수 있다.(제17조)

8) 국민과 재한외국인이 더불어 살아가는 환경 조성

국가 및 지방자치단체는 국민과 재한외국인이 서로의 역사·문화 및 제도를 이해하고 존중할 수 있도록 교육, 홍보, 불합리한 제도의 시정이나 그 밖에 필요한 조치를 하기 위하여 노력하여야 한다.(제18조) 국민과 재한외국인이 서로의 문화와 전통을 존중하면서 더불어 살아갈 수 있는 사회 환경을 조성하기 위하여 매년 5월 20일을 세계인의 날로 하고, 세계인의 날부터 1주간의 기간을 세계인주간으로 한다. 세계인의 날 행사에 관하여 필요한 사항은 법무부장관 또는 특별시장·광역시장·도지사 또는 특별자치도지사가 따로 정할 수 있다.(제19조)

제 14 장 외국인근로자의 고용 등에 관한 법률(약칭 : 외국인고용법)

1. 입법 배경 및 목적

「외국인근로자의 고용 등에 관한 법률」은 외국인근로자를 체계적으로 도입·관리함으로써 원활한 인력수급 및 국민경제의 균형 있는 발전을 도모함을 목적으로 하며(제1조), 내국인근로자에 대한 고용기회 보호의 원칙하에 외국인근로자를 체계적으로 도입함으로써 인력수급을 원활히 하여 중소기업 등의 인력부족을 해소하고 지속적인 경제성장을 도모하는 한편, 외국인근로자에 대한 효율적인 고용관리와 근로자로서의 권익을 보호하기 위한 장치를 마련하기 위해 2003년 8월 제정되었다. 이 법은 외국인근로자의 합법적인 고용에 관한 사항뿐 아니라 외국인근로자의 불법체류자를 엄격하게 관리하는 데 취지가 있으며 외국인근로자의 취업활동기간, 근로기간 및 체류기간 제한, 사업장 이동 및 변경 제한, 고용자의 관리 책임 등의 규정들이 명시되어 있다(박성혁 외, 2016).

「외국인근로자의 고용 등에 관한 법률」은 2003년 제정, 2004년 시행된 이후 수차례 개정이 있었다. 2005년 5월 개정에서는 외국인근로자를 고용하고 있는 중소기업의 인력난을 해소하기 위하여 외국인근로자의 재취업제한기간을 현행 1년에서 6개월로 단축하고, 3년의 취업기간 만료로 출국하는 외국인근로자 중 출국 전에 당해 외국인근로자를 고용하고 있던 사용자의 추천이 있는 자에 대하여는 6개월의 재취업제한기간을 단축할 수 있도록 하였다. 2005년 12월 개정에서는 산업현장의 원활한 인력수급을 지원하기 위해 외국인근로자 고용절차 간소화 및 외국국적동포의 취업허용업종을 확대하고, 2004년 8월 고용허가제 시행 이후 그간 운용과정에서 나타난 일부 미비점을 보완하였다.

2009년 10월 개정에서는 새롭게 민간부문에서 출현하고 있는 직업소개와 모집이 결합한 형태의 직업소개 등 다양한 양태의 고용서비스를 합리적으로 규율할 수 있도록 직업소개의 개념을 확대하고, 직업소개에 따른 요금에 관한 규제를 일부 완화하며, 하위법령으로 정하고 있던 유료직업소개사업 사업소의 수(數) 제한에 관한 사항과 근로자공급사업의 자산 및 시설 요건에 관한 사항 등의 법률상 근거를 명확히 하는 등 현행 제도의 운영상 나타난 일부 미비점을 개선·보완하였다.

2012년 2월 개정에서는 외국인근로자의 정주화 방지를 위한 단기순환 원칙을 견지하면서도 기업에는 숙련인력의 계속 사용을, 외국인근로자에 대하여는 성실근로와 자진 귀국을 유도하기 위하여 국내 취업활동 기간 중에 내국인 고용 곤란 사업장에서 사업장 변경 없이 성실하게 근로한 외국인근로자에 대해서는 연장된 고용기간이 만료되어 출국한 날부터 3개월이 지나면 다시 취업하도록 할 수 있고, 한국어능력시험, 취업교육 등에 관한 규정을 적용하지 아니하였다. 가장 최근 개정인 2019년 개정에서는 그간 지속적으로 제기되어 왔으나 여전히 개선되고 있지 않은 농·어업에 종사하는 외국인근로자의 위험하고 열악한 주거환경과, 농·어업에 종사하는 외국인근로자들은 사실상 출퇴근이 불가능한 상황에서 숙소 선택을 자유롭게 할 수 없는 실정임에도 기숙사 등 주거환경에 대하여 어떠한 사항도 규정하고 있지 않은 것에 대해 사용자가 외국인근로자에게 기숙사를 제공하는 경우에는 근로기준법 제100조에서 정하는 기준을 준수하고, 건강과 안전을 지킬 수 있도록 하며, 외국인근로자와 근로계약을 체결할 때에 외국인근로자에게 기숙사의 구조, 설비 및 설치 장소 등의 정보를 사전에 제공하도록 하였다.

2. 주요 내용

1) 외국인근로자의 정의 및 적용범위

"외국인근로자"란 대한민국의 국적을 가지지 아니한 사람으로서 국내에 소재하고 있는 사업 또는 사업장에서 임금을 목적으로 근로를 제공하고 있거나 제공하려는 사람을 말한다. 다만, 출입국관리법 제18조 제1항에 따라 취업활동을 할 수 있는 체류자격을 받은 외국인 중 취업분야 또는 체류기간 등을 고려하여 대통령령으로 정하는 사람은 제외한다.(제2조)

이 법은 외국인근로자 및 외국인근로자를 고용하고 있거나 고용하려는 사업 또는 사업장에 적용한다. 다만, 선원법의 적용을 받는 선박에 승무(乘務)하는 선원 중 대한민국 국적을 가지지 아니한 선원 및 그 선원을 고용하고 있거나 고용하려는 선박의 소유자에 대하여는 적용하지 아니한다. 외국인근로자의 입국·체류 및 출국 등에 관하여 이 법에서 규정하지 아니한 사항은 출입국관리법에서 정하는 바에 따른다.(제3조)

2) 외국인력정책위원회

외국인근로자의 고용관리 및 보호에 관한 주요 사항을 심의·의결하기 위하여 국무총리 소속으로 외국인력정책위원회(이하 "정책위원회"라 한다)를 둔다. 정책위원회는 다음 각 호의 사항을 심의·의결한다.

- 외국인근로자 관련 기본계획의 수립에 관한 사항
- 외국인근로자 도입 업종 및 규모 등에 관한 사항
- 외국인근로자를 송출할 수 있는 국가(이하 "송출국가"라 한다)의 지정 및 지정취소에 관한 사항
- 그 밖에 대통령령으로 정하는 사항

정책위원회는 위원장 1명을 포함한 20명 이내의 위원으로 구성한다. 정책위원회의 위원장은 국무조정실장이 되고, 위원은 기획재정부·외교부·법무부·산업통상자원부·고용노동부·중소벤처기업부의 차관 및 대통령령으로 정하는 관계 중앙행정기관의 차관이 된다. 외국인근로자 고용제도의 운영 및 외국인근로자의 권익보호 등에 관한 사항을 사전에 심의하게 하기 위하여 정책위원회에 외국인력정책실무위원회(이하 "실무위원회"라 한다)를 둔다. 정책위원회와 실무위원회의 구성·기능 및 운영 등에 필요한 사항은 대통령령으로 정한다.(제4조)

3) 외국인근로자 도입계획의 공표 등

고용노동부장관은 외국인근로자 도입계획을 정책위원회의 심의·의결을 거쳐 수립하여 매년 3월 31일까지 대통령령으로 정하는 방법으로 공표하여야 한다. 고용노동부장관은 국내의 실업증가 등 고용사정의 급격한 변동으로 인하여 외국인근로자 도입계획을 변경할 필요가 있을 때에는 정책위원회의 심의·의결을 거쳐 변경할 수 있다. 고용노동부장관은 필요한 경우 외국인근로자 관련 업무를 지원하기 위하여 조사·연구사업을 할 수 있으며, 이에 관하여 필요한 사항은 대통령령으로 정한다.(제5조)

4) 외국인근로자 고용절차

(1) 내국인 구인 노력

외국인근로자를 고용하려는 자는 직업안정법 제2조의2 제1호에 따른 직업안정기관(이하 "직업안정기관"이라 한다)에 우선 내국인 구인 신청을 하여야 한다. 직업안정기관의 장은 내국인 구인 신청을 받은 경우에는 사용자가 적절한 구인 조건을 제시할 수 있도록 상담·지원하여야 하며, 구인 조건을 갖춘 내국인이 우선적으로 채용될 수 있도록 직업소개를 적극적으로 하여야 한다.(제6조)

(2) 외국인근로자 고용허가

내국인 구인 신청을 한 사용자는 직업소개를 받고도 인력을 채용하지 못한 경우에는 고용노동부령으로 정하는 바에 따라 직업안정기관의 장에게 외국인근로자 고용허가를 신청하여야 한다. 고용허가 신청의 유효기간은 3개월로 하되, 일시적인 경영악화 등으로 신규 근로자를 채용할 수 없는 경우 등에는 대통령령으로 정하는 바에 따라 1회에 한정하여 고용허가 신청의 효력을 연장할 수 있다.

직업안정기관의 장은 신청을 받으면 외국인근로자 도입 업종 및 규모 등 대통령령으로 정하는 요건을 갖춘 사용자에게 외국인구직자 명부에 등록된 사람 중에서 적격자를 추천하여야 한다. 직업안정기관의 장은 추천된 적격자를 선정한 사용자에게는 지체 없이 고용허가를 하고, 선정된 외국인근로자의 성명 등을 적은 외국인근로자 고용허가서를 발급하여야 한다. 외국인근로자 고용허가서의 발급 및 관리 등에 필요한 사항은 대통령령으로 정한다. 직업안정기관이 아닌 자는 외국인근로자의 선발, 알선, 그 밖의 채용에 개입하여서는 아니 된다.(제8조)

(3) 근로계약

사용자가 선정한 외국인근로자를 고용하려면 고용노동부령으로 정하는 표준근로계약서를 사용하여 근로계약을 체결하여야 한다. 사용자는 근로계약을 체결하려는 경우 이를 한국산업인력공단에 대행하게 할 수 있다. 고용허가를 받은 사용자와 외국인근로자는 기간 내에서 당사자 간의 합의에 따라 근로계약을 체결하거나 갱신할 수 있다. 취업활동 기간이 연장되는 외국인근로자와 사용자는 연장된 취업활동 기간의 범위에서 근로계약을 체결할 수 있다. 근로계약을 체결하는 절차 및 효력발생 시기 등에 관하여 필요한 사항은 대통령령으로 정한다.(제9조)

(4) 외국인 취업교육

외국인근로자는 입국한 후에 고용노동부령으로 정하는 기간 이내에 대통령령으로 정하는 기관에서 국내 취업활동에 필요한 사항을 주지(周知)시키기 위하여 실시하는 교육(이하 "외국인 취업교육"이라 한다)을 받아야 한다. 사용자는 외국인근로자가 외국인 취업교육을 받을 수 있도록 하여야 한다. 외국인 취업교육의 시간과 내용, 그 밖에 외국인 취업교육에 필요한 사항은 고용노동부령으로 정한다.(제11조)

(5) 외국인근로자 고용의 특례

다음의 어느 하나에 해당하는 사업 또는 사업장의 사용자는 특례고용가능확인을 받은 후 대통령령으로 정하는 사증을 발급받고 입국한 외국인으로서 국내에서 취업하려는 사람을 고용할 수 있다.

- 건설업으로서 정책위원회가 일용근로자 노동시장의 현황, 내국인근로자 고용기회의 침해 여부 및 사업장 규모 등을 고려하여 정하는 사업 또는 사업장
- 서비스업, 제조업, 농업 또는 어업으로서 정책위원회가 산업별 특성을 고려하여 정하는 사업 또는 사업장
- 외국인으로서 제1항 각 호의 어느 하나에 해당하는 사업 또는 사업장에 취업하려는 사람은 외국인 취업교육을 받은 후에 직업안정기관의 장에게 구직 신청을 하여야 하고, 고용노동부장관은 이에 대하여 외국인구직자 명부를 작성·관리하여야 한다.

내국인 구인 신청을 한 사용자는 직업안정기관의 장의 직업소개를 받고도 인력을 채용하지 못한 경우에는 고용노동부령으로 정하는 바에 따라 직업안정기관의 장에게 특례고용가능확인을 신청할 수 있다. 이 경우 직업안정기관의 장은 외국인근로자의 도입 업종 및 규모 등 대통령령으로 정하는

요건을 갖춘 사용자에게 특례고용가능확인을 하여야 한다. 특례고용가능확인을 받은 사용자는 외국인구직자 명부에 등록된 사람 중에서 채용하여야 하고, 외국인근로자가 근로를 시작하면 고용노동부령으로 정하는 바에 따라 직업안정기관의 장에게 신고하여야 한다. 특례고용가능확인의 유효기간은 3년으로 한다. 다만, 공사기간이 3년보다 짧은 경우에는 그 기간으로 한다. 직업안정기관의 장이 특례고용가능확인을 한 경우에는 대통령령으로 정하는 바에 따라 해당 사용자에게 특례고용가능확인서를 발급하여야 한다.(제12조)

5) 외국인근로자의 고용관리

(1) 출국만기보험 · 신탁

외국인근로자를 고용한 사업 또는 사업장의 사용자(이하 "사용자"라 한다)는 외국인근로자의 출국 등에 따른 퇴직금 지급을 위하여 외국인근로자를 피보험자 또는 수익자(이하 "피보험자등"이라 한다)로 하는 보험 또는 신탁(이하 "출국만기보험등"이라 한다)에 가입하여야 한다. 이 경우 보험료 또는 신탁금은 매월 납부하거나 위탁하여야 한다. 사용자가 출국만기보험등에 가입한 경우 「근로자퇴직급여 보장법」 제8조 제1항에 따른 퇴직금제도를 설정한 것으로 본다. 출국만기보험등의 가입대상 사용자, 가입방법 · 내용 · 관리 및 지급 등에 필요한 사항은 대통령령으로 정하되, 지급시기는 피보험자등이 출국한 때부터 14일(체류자격의 변경, 사망 등에 따라 신청하거나 출국일 이후에 신청하는 경우에는 신청일부터 14일) 이내로 한다. 출국만기보험등의 지급사유 발생에 따라 피보험자등이 받을 금액(이하 "보험금등"이라 한다)에 대한 청구권은 상법 제662조에도 불구하고 지급사유가 발생한 날부터 3년간 이를 행사하지 아니하면 소멸시효가 완성한다. 이 경우 출국만기보험등을 취급하는 금융기관은 소멸시효가 완성한 보험금등을 1개월 이내에 한국산업인력공단에 이전하여야 한다.(제13조)

(2) 건강보험

사용자 및 사용자에게 고용된 외국인근로자에게 국민건강보험법을 적용하는 경우 사용자는 사용자로, 사용자에게 고용된 외국인근로자는 직장가입자로 본다.(제14조)

(3) 외국인근로자의 고용관리

사용자는 외국인근로자와의 근로계약을 해지하거나 그 밖에 고용과 관련된 중요 사항을 변경하는 등 대통령령으로 정하는 사유가 발생하였을 때에는 고용노동부령으로 정하는 바에 따라 직업안정기관의 장에게 신고하여야 한다. 사용자가 신고를 한 경우 그 신고사실이 출입국관리법 제19조 제1항 각 호에 따른 신고사유에 해당하는 때에는 같은 항에 따른 신고를 한 것으로 본다. 신고를 받은 직업안정기관의 장은 그 신고사실이 이에 해당하는 때에는 지체 없이 사용자의 소재지를 관할하는 지방출입국·외국인관서의 장에게 통보하여야 한다. 외국인근로자의 적절한 고용관리 등에 필요한 사항은 대통령령으로 정한다.(제17조)

(4) 취업활동 기간의 제한 및 취업활동 기간 제한에 관한 특례

외국인근로자는 입국한 날부터 3년의 범위에서 취업활동을 할 수 있다.(제18조)

다음의 외국인근로자는 1회에 한하여 2년 미만의 범위에서 취업활동 기간을 연장받을 수 있다.

- 고용허가를 받은 사용자에게 고용된 외국인근로자로서 취업활동 기간 3년이 만료되어 출국하기 전에 사용자가 고용노동부장관에게 재고용 허가를 요청한 근로자

- 특례고용가능확인을 받은 사용자에게 고용된 외국인근로자로서 취업활동 기간 3년이 만료되어 출국하기 전에 사용자가 고용노동부장관에게 재고용 허가를 요청한 근로자

사용자의 재고용 허가 요청 절차 및 그 밖에 필요한 사항은 고용노동부령으로 정한다.(제18조의2)

(5) 재입국 취업의 제한 재입국 취업 제한의 특례

국내에서 취업한 후 출국한 외국인근로자는 출국한 날부터 6개월이 지나지 아니하면 이 법에 따라 다시 취업할 수 없다.(제18조의3)

다음의 요건을 모두 갖춘 외국인근로자로서 연장된 취업활동 기간이 만료되어 출국하기 전에 사용자가 재입국 후의 고용허가를 신청하면 고용노동부장관은 그 외국인근로자에 대하여 출국한 날부터 3개월이 지나면 이 법에 따라 다시 취업하도록 할 수 있다. 재입국 취업은 1회에 한하여 허용된다.(제18조의4)

- 취업활동 기간 중에 사업 또는 사업장 변경을 하지 아니하였을 것(제25조 제1항 제2호에 따라 사업 또는 사업장을 변경한 경우에는 재입국 후의 고용허가를 신청하는 사용자와 취업활동 기간 만료일까지의 근로계약 기간이 1년 이상일 것)
- 정책위원회가 도입 업종이나 규모 등을 고려하여 내국인을 고용하기 어렵다고 정하는 사업 또는 사업장에서 근로하고 있을 것
- 재입국하여 근로를 시작하는 날부터 효력이 발생하는 1년 이상의 근로계약을 해당 사용자와 체결하고 있을 것

(6) 외국인근로자 고용허가 또는 특례고용가능확인의 취소

직업안정기관의 장은 다음의 어느 하나에 해당하는 사용자에 대하여 대통령령으로 정하는 바에 따라 고용허가나 특례고용가능확인을 취소할 수 있다.

- 거짓이나 그 밖의 부정한 방법으로 고용허가나 특례고용가능확인을 받은 경우
- 사용자가 입국 전에 계약한 임금 또는 그 밖의 근로조건을 위반하는 경우
- 사용자의 임금체불 또는 그 밖의 노동관계법 위반 등으로 근로계약을 유지하기 어렵다고 인정되는 경우

외국인근로자 고용허가나 특례고용가능확인이 취소된 사용자는 취소된 날부터 15일 이내에 그 외국인근로자와의 근로계약을 종료하여야 한다.(제19조)

(7) 외국인근로자 고용의 제한

직업안정기관의 장은 다음의 어느 하나에 해당하는 사용자에 대하여 그 사실이 발생한 날부터 3년간 외국인근로자의 고용을 제한할 수 있다.

- 고용허가 또는 특례고용가능확인을 받지 아니하고 외국인근로자를 고용한 자
- 외국인근로자의 고용허가나 특례고용가능확인이 취소된 자
- 이 법 또는 출입국관리법을 위반하여 처벌을 받은 자
- 그 밖에 대통령령으로 정하는 사유에 해당하는 자

고용노동부장관은 외국인근로자의 고용을 제한하는 경우에는 그 사용자에게 고용노동부령으로 정하는 바에 따라 알려야 한다.(제20조)

(8) 외국인근로자 관련 사업

고용노동부장관은 외국인근로자의 원활한 국내 취업활동 및 효율적인 고용관리를 위하여 다음의 사업을 한다.(제21조)

- 외국인근로자의 출입국 지원사업
- 외국인근로자 및 그 사용자에 대한 교육사업
- 송출국가의 공공기관 및 외국인근로자 관련 민간단체와의 협력사업
- 외국인근로자 및 그 사용자에 대한 상담 등 편의 제공 사업
- 외국인근로자 고용제도 등에 대한 홍보사업
- 그 밖에 외국인근로자의 고용관리에 관한 사업으로서 대통령령으로 정하는 사업

6) 외국인근로자의 보호

(1) 차별 금지

사용자는 외국인근로자라는 이유로 부당하게 차별하여 처우하여서는 아니 된다.(제22조)

(2) 기숙사의 제공 등

사용자가 외국인근로자에게 기숙사를 제공하는 경우에는 근로기준법 제100조에서 정하는 기준을 준수하고, 건강과 안전을 지킬 수 있도록 하여야 한다. 사용자는 기숙사를 제공하는 경우 외국인근로자와 근로계약을 체결할 때에 외국인근로자에게 다음 각 호의 정보를 사전에 제공하여야 한다. 근로계약 체결 후 다음의 사항을 변경하는 경우에도 또한 같다.(제22조의2)

- 기숙사의 구조와 설비
- 기숙사의 설치 장소
- 기숙사의 주거 환경
- 기숙사의 면적
- 그 밖에 기숙사 설치 및 운영에 필요한 사항

(3) 보증보험 등의 가입

사업의 규모 및 산업별 특성 등을 고려하여 대통령령으로 정하는 사업 또는 사업장의 사용자는 임금체불에 대비하여 그가 고용하는 외국인근로자를 위한 보증보험에 가입하여야 한다. 산업별 특성 등을 고려하여 대통령령으로 정하는 사업 또는 사업장에서 취업하는 외국인근로자는 질병・사망 등에 대비한 상해보험에 가입하여야 한다. 보증보험, 상해보험의 가입방법・내용・관리 및 지급 등에 필요한 사항은 대통령령으로 정한다.(제23조)

(4) 외국인근로자 관련 단체 등에 대한 지원

국가는 외국인근로자에 대한 상담과 교육, 그 밖에 대통령령으로 정하는 사업을 하는 기관 또는 단체에 대하여 사업에 필요한 비용의 일부를 예산의 범위에서 지원할 수 있다. 지원요건・기준 및 절차 등에 관하여 필요한 사항은 대통령령으로 정한다.(제24조)

(5) 외국인근로자 권익보호협의회

외국인근로자의 권익보호에 관한 사항을 협의하기 위하여 직업안정기관에 관할 구역의 노동자단체와 사용자단체 등이 참여하는 외국인근로자 권익보호협의회를 둘 수 있다. 외국인근로자 권익보호협의회의 구성・운영 등에 필요한 사항은 고용노동부령으로 정한다.(제24조의2)

(6) 사업 또는 사업장 변경의 허용

외국인근로자(제12조 제1항에 따른 외국인근로자는 제외한다)는 다음의 어느 하나에 해당하는 사유가 발생한 경우에는 고용노동부령으로 정하는 바에 따라 직업안정기관의 장에게 다른 사업 또는 사업장으로의 변경을 신청할 수 있다.

- 사용자가 정당한 사유로 근로계약기간 중 근로계약을 해지하려고 하거나 근로계약이 만료된 후 갱신을 거절하려는 경우
- 휴업, 폐업, 고용허가의 취소, 고용의 제한, 기준을 위반한 기숙사의 제공, 사용자의 근로조건 위반 또는 부당한 처우 등 외국인근로자의 책임이 아닌 사유로 인하여 사회통념상 그 사업 또는 사업장에서 근로를 계속할 수 없게 되었다고 인정하여 고용노동부장관이 고시한 경우
- 그 밖에 대통령령으로 정하는 사유가 발생한 경우

다른 사업 또는 사업장으로의 변경을 신청한 날부터 3개월 이내에 출입국관리법 제21조에 따른 근무처 변경허가를 받지 못하거나 사용자와 근로계약이 종료된 날부터 1개월 이내에 다른 사업 또는 사업장으로의 변경을 신청하지 아니한 외국인근로자는 출국하여야 한다. 다만, 업무상 재해, 질병, 임신, 출산 등의 사유로 근무처 변경허가를 받을 수 없거나 근무처 변경신청을 할 수 없는 경우에는 그 사유가 없어진 날부터 각각 그 기간을 계산한다. 외국인근로자의 사업 또는 사업장 변경은 원칙적으로 3회를 초과할 수 없으며, 연장된 기간 중에는 2회를 초과할 수 없다. 다만, 휴업, 폐업, 고용허가의 취소, 고용의 제한, 기준을 위반한 기숙사의 제공, 사용자의 근로조건 위반 또는 부당한 처우 등 외국인근로자의 책임이 아닌 사유로 인하여 사회통념상 그 사업 또는 사업장에서 근로를 계속할 수 없게 되었다고 인정하여 고용노동부장관이 고시한 사유로 사업 또는 사업장을 변경한 경우는 포함하지 아니한다.(제25조)

제 15 장 다문화가족지원법(약칭 : 다문화가족법)

1. 입법 배경 및 목적

다문화가족지원법은 결혼이민자 및 그 자녀 등으로 구성되는 다문화가족이 언어 및 문화적 차이로 인하여 사회부적응과 가족구성원 간 갈등 및 자녀교육에 어려움을 겪고 있음에 따라, 다문화가족의 구성원이 우리 사회의 구성원으로 순조롭게 통합되어 안정적인 가족생활을 영위할 수 있도록 하기 위한 가족상담·부부교육·부모교육 및 가족생활교육 등을 추진하고, 문화의 차이 등을 고려한 언어통역, 법률상담 및 행정지원 등의 전문적인 서비스를 제공하도록 하는 등 다문화가족에 대한 지원정책의 제도적인 틀을 마련하려는 취지로 2008년 3월 21일 제정되고, 2008년 9월 22일 시행되었다.

다문화가족지원법은 다문화가족 구성원이 안정적인 가족생활을 영위하고 사회구성원으로서의 역할과 책임을 다할 수 있도록 함으로써 이들의 삶의 질 향상과 사회통합에 이바지함을 목적으로 한다.(제1조)

다문화가족지원법은 2008년 제정 이후 여러 차례 개정을 거치며 미비점을 수정·보완해 오고 있다. 2011년 4월 개정에서는 기존의 다문화가족의 범위를 확대하고, 다문화가족 지원을 위한 기본계획 및 연도별 시행계획 등을 수립하며, 다문화가족 구성원인 결혼이민자 등에게 한국어교육 지원을 통하여 사회적 적응을 잘할 수 있게 하고, 다문화가족 내 가정폭력 예방과 가정폭력 피해자의 보호·지원, 의료 및 건강관리를 위한 지원 등을 함으로써 다문화가족 구성원의 삶의 질 향상과 사회통합을 더욱 쉽게 하려는 내용을 추가하였다.

2013년 3월 개정에서는 결혼이민자 등인 부 또는 모의 모국어 교육을 지원할 수 있도록 법적인 근거를 명확히 하여 모국어 교육 지원 사업을 활성화시킴으로써 가족 간의 유대감을 증진시키고 다문화가족 자녀가 다양한 문화적 잠재력을 발현하여 건강한 사회구성원으로 성장할 수 있도록 하며, 국가와 지방자치단체가 다문화가족에 대한 사회적 차별 및 편견을 예방하고 사회구성원이 문화적 다양성을 인정하고 존중할 수 있도록 다문화 이해교육을 실시하도록 하였다. 2013년 8월 개정에서는 결혼이민자나 다문화가족의 생활적응과 초기정착을 돕기 위해 다국어로 상담과 통역이 가능한 다문화가족 종합정보 전화센터를 설치함으로써 결혼이민자나 다문화가족이 전화를 통해 필요한 서비스를 받을 수 있도록 하고, 결혼이민자나 다문화가족이 다문화가족지원센터와 유사한 명칭을 사용한 민간 시설 등을 시·군·구가 설치한 다문화가족지원센터로 오인하여 피해를 당하지 않도록 다문화가족지원센터와 유사한 명칭을 사용하지 못하도록 하며, 이혼 등의 사유로 해체된 다문화가족 자녀의 인권을 보호하고, 다문화가족 지원정책의 실효성을 제고하기 위하여 이들 자녀도 이 법에 따른 지원을 받을 수 있도록 하였다.

2015년 12월 개정에서는 다문화가족의 소득수준 등을 고려하여 방문교육 비용의 차등지원 근거 및 비용지원의 신청 등 절차를 마련하고, 결혼이민자 등이 안정적인 가족생활을 영위할 수 있도록 하기 위하여 한국어교육 등 우리 사회 적응을 위한 교육을 받을 수 있도록 결혼이민자 등의 가족구성원이 함께 노력하도록 하는 규정을 명시하였고, 교육기관의 장으로 하여금 아동·청소년 보육·교육을 실시함에 있어 다문화가족 구성원인 아동·청소년이 차별을 받지 아니하도록 필요한 조치를 하도록 지원하고, 기존 "아동"에서 보호 범위를 넓혀 "청소년"을 포함시키려는 것으로 다문화가족 실태조사의 대상을 확대하고 아동과 청소년에게 보육·교육지원을 할 수 있도록 정비하여 다문화가족 지원을 강화하려고 하였다. 또한 다문화가족에 대한 사회적 차별 및 편견을 예방하고, 사회구성원이 문화적 다양성을 인정하고 존중할 수 있도록 다문화가족에 대한 이해를 증진하는 사회통합 홍보영상을 제작, 지상파방송의 공익광고에 송출하도록 요청할 수 있는 근거를 마련하였다.

2. 주요 내용

1) 용어 정의

이 법에서 사용하는 용어의 뜻은 다음과 같다.(제2조)

- "다문화가족"이란 「재한외국인 처우 기본법」에 규정된 결혼이민자와 국적법의 규정에 따른 대한민국 국적을 취득한 자로 이루어진 가족, 국적법에 따라 대한민국 국적을 취득한 자와 같은 법 규정에 따라 대한민국 국적을 취득한 자로 이루어진 가족 중 어느 하나에 해당하는 가족을 말한다.
- "결혼이민자등"이란 다문화가족의 구성원으로서 「재한외국인 처우 기본법」의 결혼이민자, 국적법의 귀화허가를 받은 자 중 어느 하나에 해당하는 자를 말한다.
- "아동·청소년"이란 24세 이하인 사람을 말한다.

2) 국가와 지방자치단체의 책무

국가와 지방자치단체는 다문화가족 구성원이 안정적인 가족생활을 영위하고 경제·사회·문화 등 각 분야에서 사회구성원으로서의 역할과 책임을 다할 수 있도록 필요한 제도와 여건을 조성하고 이를 위한 시책을 수립·시행하여야 한다. 특별시·광역시·특별자치시·도·특별자치도 및 시·군·구에는 다문화가족 지원을 담당할 기구와 공무원을 두어야 한다.(제3조)

3) 다문화가족 지원을 위한 기본계획의 수립

여성가족부장관은 다문화가족 지원을 위하여 5년마다 다문화가족정책에 관한 기본계획을 수립하여야 하며, 기본계획에는 다음 각 호의 사항을 포함하여야 한다.(제3조의2)

- 다문화가족 지원 정책의 기본 방향
- 다문화가족 지원을 위한 분야별 발전시책과 평가에 관한 사항
- 다문화가족 지원을 위한 제도 개선에 관한 사항
- 다문화가족 구성원의 경제·사회·문화 등 각 분야에서 활동 증진에 관한 사항
- 다문화가족 지원을 위한 재원 확보 및 배분에 관한 사항
- 그 밖에 다문화가족 지원을 위하여 필요한 사항

여성가족부장관은 기본계획을 수립할 때에는 미리 관계 중앙행정기관의 장과 협의하여야 한다. 기본계획은 다문화가족정책위원회의 심의를 거쳐 확정한다. 이 경우 여성가족부장관은 확정된 기본계획을 관계 중앙행정기관의 장과 특별시장·광역시장·특별자치시장·도지사·특별자치도지사에게 알려야 한다.

4) 연도별 시행계획의 수립·시행

여성가족부장관, 관계 중앙행정기관의 장과 시·도지사는 매년 기본계획에 따라 다문화가족정책에 관한 시행계획을 수립·시행하여야 한다. 관계 중앙행정기관의 장과 시·도지사는 전년도의 시행계획에 따른 추진실적 및 다음 연도의 시행계획을 대통령령으로 정하는 바에 따라 매년 여성가족부장관에게 제출하여야 한다.(제3조의3)

5) 다문화가족정책위원회의 설치

다문화가족의 삶의 질 향상과 사회통합에 관한 중요 사항을 심의·조정하기 위하여 국무총리 소속으로 다문화가족정책위원회를 두며, 정책위원회는 다음의 사항을 심의·조정한다.(제3조의4)

- 다문화가족정책에 관한 기본계획의 수립 및 추진에 관한 사항
- 다문화가족정책의 시행계획의 수립, 추진실적 점검 및 평가에 관한 사항
- 다문화가족과 관련된 각종 조사, 연구 및 정책의 분석·평가에 관한 사항
- 각종 다문화가족 지원 관련 사업의 조정 및 협력에 관한 사항
- 다문화가족정책과 관련된 국가 간 협력에 관한 사항
- 그 밖에 다문화가족의 사회통합에 관한 중요 사항으로 위원장이 필요하다고 인정하는 사항

정책위원회는 위원장 1명을 포함한 20명 이내의 위원으로 구성하고, 위원장은 국무총리가 되며, 위원은 대통령령으로 정하는 중앙행정기관의 장과 다문화가족정책에 관하여 학식과 경험이 풍부한 사람 중에서 위원장이 위촉하는 사람이 된다.

정책위원회에서 심의·조정할 사항을 미리 검토하고 대통령령에 따라 위임된 사항을 다루기 위하여 정책위원회에 실무위원회를 둔다.

6) 실태조사

여성가족부장관은 다문화가족의 현황 및 실태를 파악하고 다문화가족 지원을 위한 정책수립에 활용하기 위하여 3년마다 다문화가족에 대한 실태조사를 실시하고 그 결과를 공표하여야 한다. 여성가족부장관은 실태조사를 위하여 관계 공공기관 또는 관련 법인·단체에 대하여 필요한 자료의 제출 등 협조를 요청할 수 있다. 이 경우 자료의 제출 등 협조를 요청받은 관계

공공기관 또는 관련 법인·단체 등은 특별한 사유가 없는 한 이에 협조하여야 한다.

여성가족부장관은 실태조사를 실시함에 있어서 외국인정책 관련 사항에 대하여는 법무부장관과, 다문화가족 구성원인 아동·청소년의 교육현황 및 아동·청소년의 다문화가족에 대한 인식 등에 관한 사항에 대하여는 교육부장관과 협의를 거쳐 실시한다.(제4조)

7) 다문화가족에 대한 이해증진

국가와 지방자치단체는 다문화가족에 대한 사회적 차별 및 편견을 예방하고 사회구성원이 문화적 다양성을 인정하고 존중할 수 있도록 다문화 이해교육을 실시하고 홍보 등 필요한 조치를 하여야 한다. 여성가족부장관은 조치를 함에 있어 홍보영상을 제작하여 방송법 제2조 제3호에 따른 방송사업자에게 배포하여야 한다. 여성가족부장관은 지상파방송사업자에게 대통령령으로 정하는 비상업적 공익광고 편성비율의 범위에서 홍보영상을 채널별로 송출하도록 요청할 수 있다. 지상파방송사업자는 홍보영상 외에 독자적으로 홍보영상을 제작하여 송출할 수 있다. 이 경우 여성가족부장관에게 필요한 협조 및 지원을 요청할 수 있다.

교육부장관과 특별시·광역시·특별자치시·도·특별자치도의 교육감은 유아교육법 제2조, 초·중등교육법 제2조 또는 고등교육법 제2조에 따른 학교에서 다문화가족에 대한 이해를 돕는 교육을 실시하기 위한 시책을 수립·시행하여야 한다. 이 경우 실태조사의 결과 중 다문화가족 구성원인 아동·청소년의 교육현황 및 아동·청소년의 다문화가족에 대한 인식 등에 관한 사항을 반영하여야 한다.

교육부장관과 특별시·광역시·특별자치시·도·특별자치도의 교육감은 유아교육법 제2조 및 초·중등교육법 제2조에 따른 학교의 교원에 대하여

대통령령으로 정하는 바에 따라 다문화 이해교육 관련 연수를 실시하여야 한다.(제5조)

8) 생활정보 제공 및 교육 지원

국가와 지방자치단체는 결혼이민자등이 대한민국에서 생활하는 데 필요한 기본적 정보(아동·청소년에 대한 학습 및 생활지도 관련 정보를 포함)를 제공하고, 사회적응교육과 직업교육·훈련 및 언어소통 능력 향상을 위한 한국어교육 등을 받을 수 있도록 필요한 지원을 할 수 있다. 국가와 지방자치단체는 결혼이민자등의 배우자 및 가족구성원이 결혼이민자등의 출신 국가 및 문화 등을 이해하는 데 필요한 기본적 정보를 제공하고 관련 교육을 지원할 수 있다.

국가와 지방자치단체는 교육을 실시함에 있어 거주지 및 가정환경 등으로 인하여 서비스에서 소외되는 결혼이민자등과 배우자 및 그 가족구성원이 없도록 방문교육이나 원격교육 등 다양한 방법으로 교육을 지원하고, 교재와 강사 등의 전문성을 강화하기 위한 시책을 수립·시행하여야 한다. 국가와 지방자치단체는 방문교육의 비용을 결혼이민자등의 가구 소득수준, 교육의 종류 등 여성가족부장관이 정하여 고시하는 기준에 따라 차등 지원할 수 있다.

결혼이민자등의 배우자 등 다문화가족 구성원은 결혼이민자등이 한국어교육 등 사회적응에 필요한 다양한 교육을 받을 수 있도록 노력하여야 한다.(제6조)

9) 평등한 가족관계의 유지를 위한 조치

국가와 지방자치단체는 다문화가족이 민주적이고 양성평등한 가족관계를 누릴 수 있도록 가족상담, 부부교육, 부모교육, 가족생활교육 등을 추진하여야 한다. 이 경우 문화의 차이 등을 고려한 전문적인 서비스가 제공될 수 있도록 노력하여야 한다.(제7조)

10) 가정폭력 피해자에 대한 보호 · 지원

국가와 지방자치단체는 「가정폭력방지 및 피해자보호 등에 관한 법률」에 따라 다문화가족 내 가정폭력을 예방하기 위하여 노력하여야 하며, 국가와 지방자치단체는 가정폭력으로 피해를 입은 결혼이민자등을 보호 · 지원할 수 있다. 국가와 지방자치단체는 가정폭력의 피해를 입은 결혼이민자등에 대한 보호 및 지원을 위하여 외국어 통역 서비스를 갖춘 가정폭력 상담소 및 보호시설의 설치를 확대하도록 노력하여야 한다.

국가와 지방자치단체는 결혼이민자등이 가정폭력으로 혼인관계를 종료하는 경우 의사소통의 어려움과 법률체계 등에 관한 정보의 부족 등으로 불리한 입장에 놓이지 아니하도록 의견진술 및 사실확인 등에 있어서 언어통역, 법률상담 및 행정지원 등 필요한 서비스를 제공할 수 있다.(제8조)

11) 아동 · 청소년 보육 · 교육

국가와 지방자치단체는 아동 · 청소년 보육 · 교육을 실시함에 있어서 다문화가족 구성원인 아동 · 청소년을 차별하여서는 아니 된다.

국가와 지방자치단체는 다문화가족 구성원인 아동 · 청소년이 학교생활에 신속히 적응할 수 있도록 교육지원대책을 마련하여야 하고, 특별시 · 광역시 · 특별자치시 · 도 · 특별자치도의 교육감은 다문화가족 구성원인 아동 · 청소년에 대하여 학과 외 또는 방과 후 교육 프로그램 등을 지원할 수 있다.

국가와 지방자치단체는 다문화가족 구성원인 18세 미만인 사람의 초등학교 취학 전 보육 및 교육 지원을 위하여 노력하고, 그 구성원의 언어발달을 위하여 한국어 및 결혼이민자등인 부 또는 모의 모국어 교육을 위한 교재지원 및 학습지원 등 언어능력 제고를 위하여 필요한 지원을 할 수 있다.

영유아보육법 제10조에 따른 어린이집의 원장, 유아교육법 제7조에 따른 유치원의 장, 초・중등교육법 제2조에 따른 각급 학교의 장, 그 밖에 대통령령으로 정하는 기관의 장은 아동・청소년 보육・교육을 실시함에 있어 다문화가족 구성원인 아동・청소년이 차별을 받지 아니하도록 필요한 조치를 하여야 한다.(제10조)

12) 다문화가족지원센터의 설치・운영 등

국가와 지방자치단체는 다문화가족지원센터를 설치・운영할 수 있으며, 국가 또는 지방자치단체는 지원센터의 설치・운영을 대통령령으로 정하는 법인이나 단체에 위탁할 수 있다. 국가 또는 지방자치단체 아닌 자가 지원센터를 설치・운영하고자 할 때에는 미리 시・도지사 또는 시장・군수・구청장의 지정을 받아야 한다.

지원센터는 다음의 업무를 수행한다.

- 다문화가족을 위한 교육・상담 등 지원사업의 실시
- 결혼이민자등에 대한 한국어교육
- 다문화가족 지원서비스 정보제공 및 홍보
- 다문화가족 지원 관련 기관・단체와의 서비스 연계
- 일자리에 관한 정보제공 및 일자리의 알선
- 다문화가족을 위한 통역・번역 지원사업
- 그 밖에 다문화가족 지원을 위하여 필요한 사업

지원센터에는 다문화가족에 대한 교육・상담 등의 업무를 수행하기 위하여 관련 분야에 대한 학식과 경험을 가진 전문인력을 두어야 한다.(제12조)

이 법에 따른 지원센터가 아니면 다문화가족지원센터 또는 이와 유사한 명칭을 사용하지 못한다.(제12조의3)

제16장 결혼중개업의 관리에 관한 법률(약칭 : 결혼중개업법)

1. 입법 배경 및 목적

「결혼중개업의 관리에 관한 법률」은 현대 사회에서 만남의 기회가 한정된 성인남녀에게 결혼을 위한 상담 및 알선 등 관련 서비스를 제공하는 결혼중개업과 관련하여 최근에 특히 국제결혼이 급격히 증가하면서 사회문제가 발생하고 있으므로, 이에 대한 법적 규율을 마련함으로써 건전한 결혼문화의 형성에 기여하려는 취지로 2007년 제정되었다. 결혼중개업을 건전하게 지도·관리하고 결혼중개업 이용자의 피해를 예방하여 그 이용자를 보호함으로써 건전한 결혼문화 형성에 이바지함을 목적으로 한다.(제1조)

「결혼중개업의 관리에 관한 법률」의 개정 연혁 중 국제결혼과 관련된 주요 내용을 보면, 2010년 개정에서는 국제결혼중개업자에게 결혼중개 계약 이용자와 그 상대방에게 신상정보를 제공하도록 하고, 통역·번역 서비스의 제공을 의무화하는 등 결혼중개 관행을 개선하고, 예치금 제도를 폐지하고 신고 및 등록 업무를 시·군·구로 일원화하는 등 결혼중개업의 관리 과정에서 나타난 문제점을 보완하였다.

2012년 개정에서는 국제결혼중개의 상대방을 만 18세 이상인 자로 하고 단체맞선 및 집단기숙을 금지하며, 이용자 및 상대방의 신상정보 제공 범위에 '정신질환 여부, 성매매 알선·강요 및 최근 10년간 금고 이상의 형에 해당하는 범죄경력'을 추가하고 신상정보에 대한 공증절차를 도입하며, 국제결혼중개업체의 등록기준으로 1억 원 이상의 자본금 요건을 신설함으로써 국제결혼중개업체의 건전한 영업을 유도하는 한편, 결혼중개업자에게 기록물 보존의무를 부여하고, 인권침해의 우려가 있는 내용을 표시·광고하지 못하도록 하는 등 표시·광고에 관한 규제를 강화하며, 벌칙 상한을 상향조정하는 등 기존 제도의 운영상 나타난 일부 미비점을 개선·보완하였다.

2013년 개정에서는 기존의 외국 현지 법령을 위반한 국제결혼중개업소에 대해서만 행정처분을 하고 외국 현지 법령을 위반한 사람에 대해서는 제재 규정이 없어 그 실효성이 떨어지는 문제점에 대해 국제결혼 중개행위와 관련하여 외국 현지 형사법령 등을 위반하여 처분을 받은 사람은 결혼중개업을 운영하거나 그 업무에 종사할 수 없도록 하고, 외교통상부장관으로 하여금 국제결혼중개업자가 외국 현지에서 외국 현지의 법령을 위반한 경우 외에 「결혼중개업의 관리에 관한 법률」을 위반한 경우에도 여성가족부장관에게 통보하도록 하며, 하나의 법령 위반 행위에 대하여 과태료와 행정처분을 모두 부과하던 것을 하나의 제재만을 하도록 하는 등 국제결혼 중개과정에서 발생할 수 있는 부작용을 방지하고 결혼중개업자의 과도한 부담을 완화하려고 하였다.

2016년 개정에서는 결혼중개업자가 결혼중개를 함에 있어서 이 법을 위반하여 이용자에게 손해를 발생하게 한 때에는 그 손해를 배상하도록 하되, 사회적·경제적으로 열악한 지위에 있는 국제결혼중개업체 이용자가 국제결혼중개업체의 손해배상책임을 입증하는 것이 어려워 피해 구제가 쉽지 않은 상황이므로 국제결혼중개업자의 경우 고의 또는 과실이 없음을 입증한 경우에 그 책임을 면하도록 하여 입증책임을 전환하도록 하였다.

2. 주요 내용

1) 용어 정의

이 법에서 사용하는 용어의 정의는 다음과 같다.(제2조)

- "결혼중개"란 결혼을 위한 상담 및 알선 등의 행위를 말한다.
- "결혼중개업"이란 수수료・회비, 그 밖의 금품을 받고 결혼중개를 업으로 행하는 것을 말한다.
- "국내결혼중개업"이란 대한민국의 국적을 가진 사람을 대상으로 하는 결혼중개업을 말한다.
- "국제결혼중개업"이란 대한민국의 국적을 가진 사람과 외국인을 대상으로 하는 결혼중개업을 말한다.
- "결혼중개업자"란 결혼중개업의 신고를 하거나 제4조 제1항에 따라 결혼중개업의 등록을 한 자를 말한다.

2) 국제결혼중개업의 등록

국제결혼중개업을 하고자 하는 자는 규정에 따른 교육을 받고 자본금 요건 및 보증보험금, 중개사무소 등 대통령령으로 정하는 기준을 갖추어 중개사무소를 두고자 하는 지역을 관할하는 특별자치시장・시장・군수・구청장에게 등록하여야 한다. 등록한 사항 중 여성가족부령으로 정하는 중요사항을 변경하고자 할 때에도 또한 같다.

특별자치시장・시장・군수・구청장은 국제결혼중개업을 등록한 자에 대하여 등록증을 내주어야 한다. 등록사항・등록절차, 등록증의 교부 등 등록에 관하여 필요한 사항은 여성가족부령으로 정한다.(제4조)

3) 지도점검

등록된 국제결혼중개업의 경우 특별자치시장・시장・군수・구청장은 자본금 요건 등 등록사항과 신상정보 제공 등 업무에 관한 사항에 대하여 매년 1회 이상 지도점검을 실시하여야 한다. 지도점검과 관련된 절차와 방법에 관한 사항은 여성가족부령으로 정한다.(제4조의3)

4) 결혼중개계약서의 작성 등

결혼중개업자는 결혼중개를 목적으로 수수료·회비, 그 밖의 금품을 이용자에게 받고자 할 때에는 다음의 방법으로 계약을 체결하여야 한다. 이 경우 이용자가 계약서 내용을 이해할 수 있도록 충분하게 설명하여야 한다.

- 국내결혼중개업자 : 서면 또는 「전자문서 및 전자거래 기본법」 제2조 제1호에 따른 전자문서
- 국제결혼중개업자 : 서면

계약을 체결하는 때에는 다음의 사항을 기재한 계약서(약관을 정하여 사용하는 경우로서 약관의 내용이 계약서에 기재되어 있지 아니한 경우 그 약관을 기재한 서면을 포함한다)를 이용자에게 내주어야 한다.

- 수수료·회비 등에 관한 사항
- 해약 또는 해지할 경우 수수료·회비 등의 반환에 관한 사항
- 결혼중개업자의 배상책임에 관한 사항
- 결혼중개업자가 제공하는 서비스의 내용, 제공방법, 기간 및 시기 등에 관한 사항
- 그 밖에 결혼중개업자가 준수하여야 할 사항

결혼중개업자는 계약서를 여성가족부령으로 정하는 기간 동안 보존하여야 한다. 결혼중개업자는 계약서를 작성하는 때에는 기재사항을 거짓으로 기재하거나 서로 다른 2 이상의 계약서를 작성하여서는 아니 된다. 여성가족부장관은 결혼중개업의 공정한 거래질서를 구축하기 위하여 결혼중개업에 관한 표준 계약서를 마련하고 결혼중개업자에게 이를 사용하도록 권장하여야 한다.(제10조)

5) 신상정보 제공

국제결혼중개업자는 계약을 체결한 이용자와 결혼중개의 상대방(이하 "상대방"이라 한다)으로부터 다음 각 호의 신상정보를 받아 각각 해당 국가 공증인의 인증을 받은 다음의 신상정보(증빙서류를 포함한다)를 상대방과 이용자에게 서면으로 제공하여야 한다. 다만, 이용자 또는 상대방이 외국에서 공증인의 인증을 받은 경우 「재외공관 공증법」 제30조 제1항에 따라 공증담당영사로부터 확인을 받거나 「외국공문서에 대한 인증의 요구를 폐지하는 협약」에서 정하는 바에 따른 확인을 받아야 한다.

- 혼인경력
- 건강상태(후천성면역결핍증, 성병 감염 및 정신질환 여부를 포함한다)
- 직업
- 성폭력, 가정폭력, 아동학대, 성매매 알선 및 강요 관련 범죄경력과 최근 10년 이내의 금고 이상의 형에 해당하는 범죄경력
- 그 밖에 상대국의 법령에서 정하고 있는 사항

건강상태에 관한 서류는 건강검진기본법 제14조에 따라 검진기관으로 지정된 병원급 의료기관이 발행한 건강진단서(정신건강의학과가 설치되지 아니한 의료기관의 경우 정신계통의 검사는 정신건강의학과 의사의 협조를 얻어 실시하여야 한다)를 말한다. 신상정보는 그 정보를 제공받는 이용자와 상대방이 이해할 수 있는 언어로 작성하여야 한다. 신상정보의 제공 시기 및 절차, 입증방법 등에 필요한 사항은 대통령령으로 정한다.(제10조의2)

6) 통역 · 번역서비스의 제공

국제결혼중개업자는 이용자와 상대방 간의 원활한 의사소통을 지원하기 위하여 통역 · 번역서비스를 제공하여야 한다. 통역 · 번역서비스의 제공 등에 필요한 사항은 여성가족부령으로 정한다.(제10조의3)

7) 기록보존

결혼중개업자는 다음의 사항에 관한 기록을 여성가족부령으로 정하는 바에 따라 작성·보존하여야 한다.

- 결혼중개계약서
- 국제결혼 개인신상정보 확인서(상대방 언어 번역본 포함) 및 관련 증빙서류
- 그 밖의 혼인 관련 서류

결혼중개업자는 이용자나 상대방이 기록의 열람·사본교부 등 그 내용확인을 요구한 때에는 이에 응하여야 한다.(제10조의4)

8) 부정한 방법의 모집·알선 등의 금지

국제결혼중개업자는 다음 각 호의 어느 하나에 해당하는 행위를 하여서는 아니 된다.(제10조의5)

- 속임수나 부정한 방법으로 국제결혼 대상자를 모집하거나 알선하는 행위
- 부당한 수수료·회비, 그 밖의 금품을 징수하는 행위

9) 외국 현지법령 준수 등

국제결혼중개업자는 외국 현지에서 국제결혼중개를 하는 경우 이 법, 외국 현지 형사법령 및 행정법령을 준수하여야 한다. 외교부장관은 외국 현지에서 국제결혼중개업자가 이 법, 외국 현지 형사법령 또는 행정법령을 위반한 경우 관련 내용을 여성가족부장관에게 통보하여야 하고, 여성가족부장관은 이를 시·도지사에게 통보하여야 한다. 이 경우 통보절차에 관하여 필요한 사항은 대통령령으로 정한다.(제11조)

10) 홍보영상의 제작 · 배포 · 송출

여성가족부장관은 국제결혼의 신중한 결정 및 국제결혼중개업자로부터의 피해예방 등에 관한 홍보영상을 제작하여 방송법 제2조 제3호의 방송사업자에게 배포하여야 한다. 여성가족부장관은 방송법 제2조 제3호 가목의 지상파방송사업자(이하 "방송사업자"라 한다)에게 같은 법 제73조 제4항에 따라 대통령령으로 정하는 비상업적 공익광고 편성비율의 범위에서 제1항의 홍보영상을 채널별로 송출하도록 요청할 수 있다. 방송사업자는 홍보영상 외에 독자적으로 홍보영상을 제작하여 송출할 수 있다. 이 경우 여성가족부장관에게 필요한 협조 및 지원을 요청할 수 있다.(제11조의2)

11) 거짓 · 과장된 표시 · 광고의 금지 등

결혼중개업자는 거짓 · 과장되거나 국가 · 인종 · 성별 · 연령 · 직업 등을 이유로 차별하거나 편견을 조장할 우려가 있는 내용 또는 인신매매나 인권침해의 우려가 있는 내용의 표시 · 광고를 하여서는 아니 된다. 결혼중개업자는 결혼중개를 함에 있어서 이용자에게 거짓된 정보를 제공하여서는 아니 된다. 결혼중개업자가 표시 · 광고를 하는 경우 국내결혼중개업자는 국내결혼중개업의 신고번호를, 국제결혼중개업자는 국제결혼중개업의 등록번호를 포함하여야 한다. 결혼중개업자가 아니면 결혼중개에 관한 광고를 하여서는 아니 된다. 거짓 · 과장된 표시 · 광고의 범위 등에 관하여 필요한 사항은 여성가족부령으로 정한다.(제12조)

12) 미성년자 소개 금지 등

국제결혼중개업자는 결혼중개를 하는 경우에 다음 각 호의 어느 하나에 해당하는 행위를 하여서는 아니 된다.(제12조의2)

- 18세 미만인 사람을 소개하는 행위
- 이용자에게 같은 시간에 2명 이상의 상대방을 소개하는 행위
- 같은 날, 같은 장소에서 2명 이상의 이용자에게 2명 이상의 상대방을 동시 또는 순차적으로 소개하는 행위
- 결혼중개를 목적으로 2명 이상의 외국인을 같은 장소에 기숙(寄宿)시키는 행위

13) 개인정보의 보호

결혼중개업에 종사하거나 종사하였던 자는 그 업무를 통하여 알게 된 개인정보를 이용자의 의사에 반하여 다른 사람에게 제공 또는 누설하거나 결혼중개 외의 용도로 사용하여서는 아니 된다.(제13조)

14) 장부 등의 비치

결혼중개업자는 여성가족부령으로 정하는 바에 따라 장부·대장, 그 밖에 필요한 자료를 비치하여야 한다. 이 경우 여성가족부령으로 정하는 장부·대장, 그 밖에 필요한 자료는 「전자문서 및 전자거래 기본법」 제2조 제1호에 따른 전자문서로 작성·보존할 수 있다.(제14조)

15) 국제결혼중개업자의 업무제휴

국제결혼중개업자가 결혼중개를 하면서 결혼당사자의 모집 등과 관련하여 외국 현지에서 활동하는 업체 등과 업무제휴를 할 때에는 서면으로 계약을 체결하여야 한다. 국제결혼중개업자가 제1항에 따라 업무제휴 계약을 체결하는 때에는 업무제휴를 하는 업체 등이 다음의 사항을 준수하도록 하는 내용을 포함하여야 한다.

- 제10조에 따른 결혼중개계약서의 작성 등
- 제11조 제1항에 따른 외국 현지 법령의 준수
- 제12조 제1항에 따른 거짓·과장된 표시·광고의 금지
- 제13조에 따른 개인정보의 보호

국제결혼중개업자는 업무제휴를 결격사유와 겸업금지 조항에 해당하는 자와 할 수 없다.(제14조의2)

16) 보고 및 검사 등

특별자치시장·시장·군수·구청장은 결혼중개업자로 하여금 이 법의 시행에 관하여 필요한 자료제출과 보고를 하게 할 수 있으며, 소속 공무원으로 하여금 해당 중개사무소에 출입하여 운영상황을 조사하게 하거나 장부·대장, 그 밖의 서류를 검사하게 할 수 있다. 국제결혼중개업자는 여성가족부령으로 정하는 바에 따라 매년 정기적으로 특별자치시장·시장·군수·구청장에게 결혼중개 실적 등을 보고하여야 한다. 제1항에 따라 소속 공무원이 그 직무를 수행하는 때에는 그 권한을 표시하는 증표를 지니고 이를 관계인에게 내보여야 한다.(제15조)

17) 영업정지 등

특별자치시장·시장·군수·구청장은 결혼중개업자가 다음 각 호의 어느 하나에 해당하는 경우 등록을 취소하거나 영업소 폐쇄 또는 1년 이내의 기간을 정하여 영업의 정지를 명할 수 있다. 다만, 국내결혼중개업자가 제1호 또는 제2호에 해당하거나 1년 이내에 3회 이상 제24호에 해당하는 경우 영업소의 폐쇄를 명하여야 하며, 국제결혼중개업자가 제1호·제2호·제23호 또는 제24호에 해당하는 경우 등록을 취소하여야 한다.(제18조)

- 거짓이나 그 밖의 부정한 방법으로 결혼중개업을 신고하거나 등록한 경우
- 결격사유에 해당하게 된 경우. 다만, 법인의 경우 1개월 이내에 결격사유가 있는 임원을 개임한 때는 그러하지 아니하다.
- 직업소개사업, 근로자파견사업 또는 해외이주알선업을 겸업한 경우
- 다른 사람에게 자기 명의 또는 상호를 사용하여 결혼중개업을 하게 하거나 신고필증 또는 등록증을 빌려준 경우
- 서면 또는 전자문서의 방법으로 계약을 체결하지 아니한 경우
- 계약서의 기재사항을 누락하거나 계약서를 내주지 아니한 경우
- 계약서를 보존하지 아니한 경우
- 위반하여 계약서를 거짓으로 기재하거나 서로 다른 둘 이상의 계약서를 작성한 경우
- 신상정보(증빙서류를 포함한다)를 이용자와 상대방에게 제공하지 아니한 경우
- 신상정보가 거짓임을 알면서도 이를 제공하여 중개한 경우
- 과장된 개인신상정보를 제공하거나 중요 사항을 누락한 경우
- 국제결혼중개업자가 통역·번역서비스를 제공하지 아니한 경우
- 기록물을 보존하지 아니한 경우
- 부정한 방법의 모집·알선 행위나 부당한 금품 징수행위를 한 경우
- 외국 현지 형사법령 또는 행정법령을 위반하여 여성가족부장관에게 통보된 경우(제2호에 해당하여 등록을 취소하는 경우는 제외한다)
- 거짓 또는 과장되거나 국가·인종·성별·연령·직업 등을 이유로 차별하거나 편견을 조장할 우려가 있는 내용 또는 인신매매나 인권 침해의 우려가 있는 내용을 표시·광고한 경우
- 이용자에게 거짓된 정보를 제공한 경우
- 미성년자 소개 금지 조항을 위반하여 결혼중개 행위를 한 경우

- 개인정보를 다른 사람에게 제공 또는 누설하거나 결혼중개 외의 용도로 사용한 경우
- 자료제출 · 보고를 하지 아니하거나 거짓으로 보고한 경우
- 소속 공무원의 조사나 검사를 기피하거나 방해한 경우
- 시정 명령을 위반한 경우
- 등록기준에 못 미치게 된 경우
- 보증보험에 가입하지 아니한 경우

18) 폐쇄조치 등

특별자치시장 · 시장 · 군수 · 구청장은 신고 또는 등록을 하지 아니하고 결혼중개업을 하거나 등록취소, 영업소의 폐쇄명령 또는 영업정지명령을 받고 계속하여 영업을 하는 자에 대하여 관계 공무원으로 하여금 해당 영업소를 폐쇄하기 위한 다음 각 호의 조치를 하게 할 수 있다.(제19조)

- 해당 영업소의 간판이나 그 밖의 영업표시물의 제거 · 삭제
- 해당 영업소가 위법한 것임을 알리는 게시물 등의 부착
- 영업을 위하여 꼭 필요한 시설물 또는 기구 등을 사용할 수 없게 하는 봉인

봉인을 한 후 봉인을 계속할 필요가 없다고 인정하거나 결혼중개업자 또는 그 대리인이 정당한 사유로 봉인의 해제를 요청하는 때에는 그 봉인을 해제할 수 있다. 게시물 등의 부착을 제거하는 경우에도 또한 같다.

폐쇄조치를 함에 있어서는 미리 해당 결혼중개업자나 그 대리인에게 서면으로 이를 알려주어야 한다. 다만, 공공의 안전 또는 복리를 위하여 긴급히 폐쇄하여야 할 필요가 있는 경우 등 급박한 사유가 있는 경우에는 그러하지 아니하다. 폐쇄조치는 영업을 할 수 없게 함에 필요한 최소한의 범위

에 그쳐야 한다. 공무원은 그 권한을 표시하는 증표를 지니고 이를 관계인에게 내보여야 한다.

19) 교 육

여성가족부장관 또는 특별자치시장·시장·군수·구청장은 결혼중개업자 및 종사자의 전문지식, 윤리의식 및 자질을 향상시키기 위하여 교육을 실시하거나 법인 또는 단체에 위탁하여 실시할 수 있다. 국제결혼중개업의 등록을 하고자 하는 자는 미리 제1항에 따른 교육을 받아야 한다. 교육을 받아야 하는 자 중 2 이상의 장소에서 국제결혼중개업을 하고자 하는 자 또는 여성가족부령으로 정하는 사유로 교육을 받을 수 없는 자에 대하여는 그 종사자 중 책임자를 지정하여 교육을 받게 하여야 한다. 규정에 따른 교육내용·교육방법 등 교육에 관하여 필요한 사항은 여성가족부령으로 정한다. (제24조)

20) 결혼중개업 이용자의 피해 예방을 위한 교육

여성가족부장관 또는 특별자치시장·시장·군수·구청장은 국제결혼중개업 이용자의 피해를 예방하기 위하여 교육을 실시하거나 법인 또는 단체에 위탁하여 실시할 수 있다. 교육 내용·방법 및 신청절차 등에 필요한 사항은 여성가족부령으로 정한다.(제24조의2)

21) 자본금

국제결혼중개업을 등록하려는 자는 중개사무소별로 1억 원 이상의 자본금(법인이 아닌 경우에는 자산평가액을 말한다)을 보유하여야 한다. 국제결혼중개업자는 등록 이후에도 자본금을 계속해서 보유하여야 한다.(제24조의3)

22) 손해배상책임의 보장

국내결혼중개업자는 결혼중개를 함에 있어서 고의 또는 과실로 인하여 이용자에게 손해를 발생하게 한 때에는 그 손해를 배상할 책임이 있다. 국제결혼중개업자는 결혼중개를 함에 있어서 이 법을 위반하여 이용자에게 손해를 발생하게 한 때에는 그 손해를 배상할 책임이 있다. 다만, 국제결혼중개업자가 고의 또는 과실이 없음을 입증한 경우에는 그러하지 아니하다. 결혼중개업자는 손해배상책임을 보장하기 위하여 대통령령으로 정하는 바에 따라 보증보험에 가입하여야 한다. 보증보험금의 청구절차 등에 관하여 필요한 사항은 대통령령으로 정한다.(제25조)

23) 벌 칙

다음의 어느 하나에 해당하는 자는 5년 이하의 징역 또는 5천만 원 이하의 벌금에 처한다.(제26조)

- 거짓이나 그 밖의 부정한 방법으로 등록을 한 자
- 등록을 하지 아니하고 국제결혼중개업을 수행한 자
- 폐쇄조치에도 불구하고 영업을 계속한 자

다음의 어느 하나에 해당하는 자는 3년 이하의 징역 또는 3천만 원 이하의 벌금에 처한다.

- 거짓이나 그 밖의 부정한 방법으로 신고를 한 자
- 신고를 하지 아니하고 국내결혼중개업을 수행한 자
- 다른 사람에게 자기 명의 또는 상호를 사용하여 결혼중개업을 하게 하거나 신고필증 또는 등록증을 빌려준 자
- 신상정보를 제공하지 아니하거나 중요사항을 누락한 자 및 고의로 거짓된 신상정보를 제공한 자

- 금지행위를 위반하여 국제결혼중개업을 한 자
- 거짓·과장되거나 국가·인종·성별·연령·직업 등을 이유로 차별하거나 편견을 조장할 우려가 있는 내용 또는 인신매매나 인권 침해의 우려가 있는 내용을 표시·광고한 자
- 이용자에게 거짓된 정보를 제공한 자
- 결혼중개업의 신고 또는 등록을 하지 아니하고 결혼중개에 관한 광고를 한 자
- 결혼중개를 한 자
- 다른 사람에게 개인정보를 제공 또는 누설하거나 결혼중개 외의 용도로 사용한 자

제 17 장 난민법

1. 입법 배경 및 목적

대한민국은 1992년 12월 「난민의 지위에 관한 협약」 및 동 협약 의정서에 가입한 이래 출입국관리법에서 난민에 관한 인정절차를 규율하고 있으나, 다른 선진국에 비해 난민을 충분히 받아들이고 있지 아니하여 국제사회에서 그 책임을 다하고 있지 못하고, 난민인정 절차의 신속성, 투명성, 공정성에 대하여 국내외적으로 지속적인 문제제기가 있어 왔으며, 난민신청자가 최소한의 생계를 유지할 수 있는 수단이 봉쇄되어 있고, 난민인정을 받은 자의 경우에도 난민의 지위에 관한 협약이 보장하는 권리조차도 누리지 못하는 등 난민 등의 처우에 있어서도 많은 문제점이 노정되고 있는바, 난민인정절차 및 난민 등의 처우에 관하여 구체적으로 규정함으로써 「난민의 지위에 관한 협약」 등 국제법과 국내법의 조화를 꾀하고, 인권선진국으로 나아가는 초석을 다지기 위해 2012년 제정되었다. 따라서 난민법은 「난민의 지위에 관한 1951년 협약」(이하 "난민협약"이라 한다) 및 「난민의 지위에 관한 1967년 의정서」(이하 "난민의정서"라 한다) 등에 따라 난민의 지위와 처우 등에 관한 사항을 정함을 목적으로 한다.

난민법은 2012년 제정되어 2013년 7월부터 시행되었는데 2019년 현재 두 차례에 걸친 개정이 있었다. 첫 번째 개정은 2014년 출입국관리법의 개정과 관련 있는 사항이었고, 두 번째 개정인 2016년 개정에서는 난민위원회 위원의 직무수행의 책임성을 강화하고 공공성을 확보하기 위하여 난민위원회의 위원 중 공무원이 아닌 민간위원에 대하여 공무상 비밀누설죄 및 뇌물죄를 적용할 필요가 있을 경우 이들을 공무원으로 의제하는 내용이 명시되었다.

2. 주요 내용

1) 용어 정의

이 법에서 사용하는 용어의 뜻은 다음과 같다.

- "난민"이란 인종, 종교, 국적, 특정 사회집단의 구성원인 신분 또는 정치적 견해를 이유로 박해를 받을 수 있다고 인정할 충분한 근거가 있는 공포로 인하여 국적국의 보호를 받을 수 없거나 보호받기를 원하지 아니하는 외국인 또는 그러한 공포로 인하여 대한민국에 입국하기 전에 거주한 국가(이하 "상주국"이라 한다)로 돌아갈 수 없거나 돌아가기를 원하지 아니하는 무국적자인 외국인을 말한다.
- "난민으로 인정된 사람"(이하 "난민인정자"라 한다)이란 이 법에 따라 난민으로 인정을 받은 외국인을 말한다.
- "인도적 체류 허가를 받은 사람"(이하 "인도적체류자"라 한다)이란 제1호에는 해당하지 아니하지만 고문 등의 비인도적인 처우나 처벌 또는 그 밖의 상황으로 인하여 생명이나 신체의 자유 등을 현저히 침해당할 수 있다고 인정할 만한 합리적인 근거가 있는 사람으로서 대통령령으로 정하는 바에 따라 법무부장관으로부터 체류허가를 받은 외국인을 말한다.
- "난민인정을 신청한 사람"(이하 "난민신청자"라 한다)이란 대한민국에 난민인정을 신청한 외국인으로서 다음의 어느 하나에 해당하는 사람을 말한다.
  - 난민인정 신청에 대한 심사가 진행 중인 사람
  - 난민불인정결정이나 난민불인정결정에 대한 이의신청의 기각결정을 받고 이의신청의 제기기간이나 행정심판 또는 행정소송의 제기기간이 지나지 아니한 사람
  - 난민불인정결정에 대한 행정심판 또는 행정소송이 진행 중인 사람

- "재정착희망난민"이란 대한민국 밖에 있는 난민 중 대한민국에서 정착을 희망하는 외국인을 말한다.
- "외국인"이란 대한민국의 국적을 가지지 아니한 사람을 말한다.

2) 강제송환의 금지

난민인정자와 인도적체류자 및 난민신청자는 난민협약 제33조 및 「고문 및 그 밖의 잔혹하거나 비인도적 또는 굴욕적인 대우나 처벌의 방지에 관한 협약」 제3조에 따라 본인의 의사에 반하여 강제로 송환되지 아니한다.(제3조)

3) 다른 법률의 적용

난민인정자와 인도적체류자 및 난민신청자의 지위와 처우에 관하여 이 법에서 정하지 아니한 사항은 출입국관리법을 적용한다.(제4조)

4) 난민인정 신청과 심사 등

(1) 난민인정 신청

대한민국 안에 있는 외국인으로서 난민인정을 받으려는 사람은 법무부장관에게 난민인정 신청을 할 수 있다. 이 경우 외국인은 난민인정신청서를 지방출입국·외국인관서의 장에게 제출하여야 한다. 신청을 하는 때에는 다음에 해당하는 서류를 제시하여야 한다.

- 여권 또는 외국인등록증. 다만, 이를 제시할 수 없는 경우에는 그 사유서
- 난민인정 심사에 참고할 문서 등 자료가 있는 경우 그 자료

난민인정 신청은 서면으로 하여야 한다. 다만, 신청자가 글을 쓸 줄 모르거나 장애 등의 사유로 인하여 신청서를 작성할 수 없는 경우에는 접수하는

공무원이 신청서를 작성하고 신청자와 함께 서명 또는 기명날인하여야 한다. 출입국관리공무원은 난민인정 신청에 관하여 문의하거나 신청 의사를 밝히는 외국인이 있으면 적극적으로 도와야 한다. 법무부장관은 난민인정 신청을 받은 때에는 즉시 신청자에게 접수증을 교부하여야 한다. 난민신청자는 난민인정 여부에 관한 결정이 확정될 때까지(난민불인정결정에 대한 행정심판이나 행정소송이 진행 중인 경우에는 그 절차가 종결될 때까지) 대한민국에 체류할 수 있다. 정한 사항 외에 난민인정 신청의 구체적인 방법과 절차 등 필요한 사항은 법무부령으로 정한다.(제5조)

(2) 출입국항에서 하는 신청

외국인이 입국심사를 받는 때에 난민인정 신청을 하려면 출입국관리법에 따른 출입국항을 관할하는 지방출입국·외국인관서의 장에게 난민인정신청서를 제출하여야 한다. 지방출입국·외국인관서의 장은 출입국항에서 난민인정신청서를 제출한 사람에 대하여 7일의 범위에서 출입국항에 있는 일정한 장소에 머무르게 할 수 있다. 법무부장관은 난민인정신청서를 제출한 사람에 대하여는 그 신청서가 제출된 날부터 7일 이내에 난민인정 심사에 회부할 것인지를 결정하여야 하며, 그 기간 안에 결정하지 못하면 그 신청자의 입국을 허가하여야 한다. 출입국항에서의 난민신청자에 대하여는 대통령령으로 정하는 바에 따라 제2항의 기간 동안 기본적인 의식주를 제공하여야 한다. 정한 사항 외에 출입국항에서 하는 난민인정 신청의 절차 등 필요한 사항은 대통령령으로 정한다.(제6조)

(3) 난민인정 신청에 필요한 사항의 게시

지방출입국·외국인관서의 장은 지방출입국·외국인관서 및 관할 출입국항에 난민인정 신청에 필요한 서류를 비치하고 이 법에 따른 접수방법 및 난민신청자의 권리 등 필요한 사항을 게시(인터넷 등 전자적 방법을 통한 게시를 포함한다)하여 누구나 열람할 수 있도록 하여야 한다. 서류의 비치 및 게시의 구체적인 방법은 법무부령으로 정한다.(제7조)

(4) 난민인정 심사

난민인정신청서를 제출받은 지방출입국·외국인관서의 장은 지체 없이 난민신청자에 대하여 면접을 실시하고 사실조사를 한 다음 그 결과를 난민인정신청서에 첨부하여 법무부장관에게 보고하여야 한다. 난민신청자의 요청이 있는 경우 같은 성(性)의 공무원이 면접을 하여야 한다. 지방출입국·외국인관서의 장은 필요하다고 인정하는 경우 면접과정을 녹음 또는 녹화할 수 있다. 다만, 난민신청자의 요청이 있는 경우에는 녹음 또는 녹화를 거부하여서는 아니 된다. 법무부장관은 지방출입국·외국인관서에 면접과 사실조사 등을 전담하는 난민심사관을 둔다. 난민심사관의 자격과 업무수행에 관한 사항은 대통령령으로 정한다. 법무부장관은 다음의 어느 하나에 해당하는 난민신청자에 대하여는 제1항에 따른 심사절차의 일부를 생략할 수 있다.

- 거짓 서류의 제출이나 거짓 진술을 하는 등 사실을 은폐하여 난민인정 신청을 한 경우
- 난민인정을 받지 못한 사람 또는 난민인정이 취소된 사람이 중대한 사정의 변경 없이 다시 난민인정을 신청한 경우
- 대한민국에서 1년 이상 체류하고 있는 외국인이 체류기간 만료일에 임박하여 난민인정 신청을 하거나 강제퇴거 대상 외국인이 그 집행을 지연시킬 목적으로 난민인정 신청을 한 경우

난민신청자는 난민심사에 성실하게 응하여야 한다. 법무부장관은 난민신청자가 면접 등을 위한 출석요구에도 불구하고 3회 이상 연속하여 출석하지 아니하는 경우에는 난민인정 심사를 종료할 수 있다.(제8조)

(5) 난민신청자에게 유리한 자료의 수집

법무부장관은 난민신청자에게 유리한 자료도 적극적으로 수집하여 심사 자료로 활용하여야 한다.(제9조)

(6) 사실조사

법무부장관은 난민의 인정 또는 난민인정의 취소·철회 여부를 결정하기 위하여 필요하면 법무부 내 난민전담공무원 또는 지방출입국·외국인관서의 난민심사관으로 하여금 그 사실을 조사하게 할 수 있다. 조사를 하기 위하여 필요한 경우 난민신청자, 그 밖에 관계인을 출석하게 하여 질문을 하거나 문서 등 자료의 제출을 요구할 수 있다. 법무부 내 난민전담부서의 장 또는 지방출입국·외국인관서의 장은 난민전담공무원 또는 난민심사관이 난민의 인정 또는 난민인정의 취소나 철회 등에 관한 사실조사를 마친 때에는 지체 없이 그 내용을 법무부장관에게 보고하여야 한다.(제10조)

(7) 관계 행정기관 등의 협조

법무부장관은 난민인정 심사에 필요한 경우 관계 행정기관의 장이나 지방자치단체의 장(이하 "관계 기관의 장"이라 한다) 또는 관련 단체의 장에게 자료 제출 또는 사실조사 등의 협조를 요청할 수 있다. 협조를 요청받은 관계 기관의 장이나 관련 단체의 장은 정당한 사유 없이 이를 거부하여서는 아니 된다.(제11조)

(8) 변호사의 조력을 받을 권리

난민신청자는 변호사의 조력을 받을 권리를 가진다.(제12조)

(9) 신뢰관계 있는 사람의 동석

난민심사관은 난민신청자의 신청이 있는 때에는 면접의 공정성에 지장을 초래하지 아니하는 범위에서 신뢰관계 있는 사람의 동석을 허용할 수 있다.(제13조)

(10) 통역 및 난민면접조서의 확인

법무부장관은 난민신청자가 한국어로 충분한 의사표현을 할 수 없는 경우에는 면접 과정에서 대통령령으로 정하는 일정한 자격을 갖춘 통역인으로 하여금 통역하게 하여야 한다.(제14조)

난민심사관은 난민신청자가 난민면접조서에 기재된 내용을 이해하지 못하는 경우 난민면접을 종료한 후 난민신청자가 이해할 수 있는 언어로 통역 또는 번역을 하여 그 내용을 확인할 수 있도록 하여야 한다.(제15조)

(11) 자료 등의 열람 · 복사

난민신청자는 본인이 제출한 자료, 난민면접조서의 열람이나 복사를 요청할 수 있다. 출입국관리공무원은 열람이나 복사의 요청이 있는 경우 지체 없이 이에 응하여야 한다. 다만, 심사의 공정성에 현저한 지장을 초래한다고 인정할 만한 명백한 이유가 있는 경우에는 열람이나 복사를 제한할 수 있다. 열람과 복사의 구체적인 방법과 절차는 대통령령으로 정한다.(제16조)

(12) 인적사항 등의 공개 금지

누구든지 난민신청자와 제13조에 따라 면접에 동석하는 사람의 주소 · 성명 · 연령 · 직업 · 용모, 그 밖에 그 난민신청자 등을 특정하여 파악할 수 있게 하는 인적사항과 사진 등을 공개하거나 타인에게 누설하여서는 아니 된다. 다만, 본인의 동의가 있는 경우는 예외로 한다. 누구든지 난민신청자 등의 인적사항과 사진 등을 난민신청자 등의 동의를 받지 아니하고 출판물에게재하거나 방송매체 또는 정보통신망을 이용하여 공개하여서는 아니 된다. 난민인정 신청에 대한 어떠한 정보도 출신국에 제공되어서는 아니 된다.(제17조)

(13) 난민의 인정 등

법무부장관은 난민인정 신청이 이유 있다고 인정할 때에는 난민임을 인정하는 결정을 하고 난민인정증명서를 난민신청자에게 교부한다. 법무부장관은 난민인정 신청에 대하여 난민에 해당하지 아니한다고 결정하는 경우에는 난민신청자에게 그 사유와 30일 이내에 이의신청을 제기할 수 있다는 뜻을 적은 난민불인정결정통지서를 교부한다. 난민불인정결정통지서에는 결정의 이유(난민신청자의 사실 주장 및 법적 주장에 대한 판단을 포함한다)와 이의신청의 기한 및 방법 등을 명시하여야 한다.

난민인정 등의 결정은 난민인정신청서를 접수한 날부터 6개월 안에 하여야 한다. 다만, 부득이한 경우에는 6개월의 범위에서 기간을 정하여 연장할 수 있다. 기간을 연장한 때에는 종전의 기간이 만료되기 7일 전까지 난민신청자에게 통지하여야 한다. 난민인정증명서 및 제2항에 따른 난민불인정결정통지서는 지방출입국·외국인관서의 장을 거쳐 난민신청자나 그 대리인에게 교부하거나 행정절차법 제14조에 따라 송달한다.(제18조)

(14) 난민인정의 제한

법무부장관은 난민신청자가 난민에 해당한다고 인정하는 경우에도 다음의 어느 하나에 해당된다고 인정할 만한 상당한 이유가 있는 경우에는 제18조 제1항에도 불구하고 난민불인정결정을 할 수 있다.(제19조)

- 유엔난민기구 외에 유엔의 다른 기구 또는 기관으로부터 보호 또는 원조를 현재 받고 있는 경우. 다만, 그러한 보호 또는 원조를 현재 받고

있는 사람의 지위가 국제연합총회에 의하여 채택된 관련 결의문에 따라 최종적으로 해결됨이 없이 그러한 보호 또는 원조의 부여가 어떠한 이유로 중지되는 경우는 제외한다.

- 국제조약 또는 일반적으로 승인된 국제법규에서 정하는 세계평화에 반하는 범죄, 전쟁범죄 또는 인도주의에 반하는 범죄를 저지른 경우
- 대한민국에 입국하기 전에 대한민국 밖에서 중대한 비정치적 범죄를 저지른 경우
- 국제연합의 목적과 원칙에 반하는 행위를 한 경우

(15) 신원확인을 위한 보호

출입국관리공무원은 난민신청자가 자신의 신원을 은폐하여 난민의 인정을 받을 목적으로 여권 등 신분증을 고의로 파기하였거나 거짓의 신분증을 행사하였음이 명백한 경우 그 신원을 확인하기 위하여 출입국관리법 제51조에 따라 지방출입국·외국인관서의 장으로부터 보호명령서를 발급받아 보호할 수 있다. 이에 따라 보호된 사람에 대하여는 그 신원이 확인되거나 10일 이내에 신원을 확인할 수 없는 경우 즉시 보호를 해제하여야 한다. 다만, 부득이한 사정으로 신원 확인이 지체되는 경우 지방출입국·외국인관서의 장은 10일의 범위에서 보호를 연장할 수 있다.(제20조)

(16) 이의신청

난민불인정결정을 받은 사람 또는 난민인정이 취소 또는 철회된 사람은 그 통지를 받은 날부터 30일 이내에 법무부장관에게 이의신청을 할 수 있다. 이 경우 이의신청서에 이의의 사유를 소명하는 자료를 첨부하여 지방출입국·외국인관서의 장에게 제출하여야 한다. 이의신청을 한 경우에는 행정심판법에 따른 행정심판을 청구할 수 없다. 법무부장관은 이의신청서를 접수하면 지체 없이 난민위원회에 회부하여야 한다.

난민위원회는 직접 또는 난민조사관을 통하여 사실조사를 할 수 있다. 그 밖에 난민위원회의 심의절차에 대한 구체적인 사항은 대통령령으로 정한다. 법무부장관은 난민위원회의 심의를 거쳐 난민인정 여부를 결정한다. 법무부장관은 이의신청서를 접수한 날부터 6개월 이내에 이의신청에 대한 결정을 하여야 한다. 다만, 부득이한 사정으로 그 기간 안에 이의신청에 대한 결정을 할 수 없는 경우에는 6개월의 범위에서 기간을 정하여 연장할 수 있다. 이의신청의 심사기간을 연장한 때에는 그 기간이 만료되기 7일 전까지 난민신청자에게 이를 통지하여야 한다.(제21조)

(17) 난민인정결정의 취소 등

법무부장관은 난민인정결정이 거짓 서류의 제출이나 거짓 진술 또는 사실의 은폐에 따른 것으로 밝혀진 경우에는 난민인정을 취소할 수 있다. 법무부장관은 난민인정자가 다음의 어느 하나에 해당하는 경우에는 난민인정결정을 철회할 수 있다.

- 자발적으로 국적국의 보호를 다시 받고 있는 경우
- 국적을 상실한 후 자발적으로 국적을 회복한 경우
- 새로운 국적을 취득하여 그 국적국의 보호를 받고 있는 경우
- 박해를 받을 것이라는 우려 때문에 거주하고 있는 국가를 떠나거나 또는 그 국가 밖에서 체류하고 있다가 자유로운 의사로 그 국가에 재정착한 경우
- 난민인정결정의 주된 근거가 된 사유가 소멸하여 더 이상 국적국의 보호를 받는 것을 거부할 수 없게 된 경우
- 무국적자로서 난민으로 인정된 사유가 소멸되어 종전의 상주국으로 돌아갈 수 있는 경우

법무부장관은 난민인정결정을 취소 또는 철회한 때에는 그 사유와 30일 이내에 이의신청을 할 수 있다는 뜻을 기재한 난민인정취소통지서 또는 난민인정철회통지서로 그 사실을 통지하여야 한다.(제22조)

(18) 심리의 비공개

난민위원회나 법원은 난민신청자나 그 가족 등의 안전을 위하여 필요하다고 인정하면 난민신청자의 신청에 따라 또는 직권으로 심의 또는 심리를 공개하지 아니하는 결정을 할 수 있다.(제23조)

(19) 재정착희망난민의 수용

법무부장관은 재정착희망난민의 수용 여부와 규모 및 출신지역 등 주요 사항에 관하여 「재한외국인 처우 기본법」 제8조에 따른 외국인정책위원회의 심의를 거쳐 재정착희망난민의 국내 정착을 허가할 수 있다. 이 경우 정착허가는 난민인정으로 본다. 국내정착 허가의 요건과 절차 등 구체적인 사항은 대통령령으로 정한다.(제24조)

5) 난민위원회 등

(1) 난민위원회의 설치 및 구성

이의신청에 대한 심의를 하기 위하여 법무부에 난민위원회(이하 "위원회"라 한다)를 둔다. 위원회는 위원장 1명을 포함한 15명 이하의 위원으로 구성한다. 위원회에 분과위원회를 둘 수 있다.(제25조)

(2) 위원의 임명

위원은 다음의 어느 하나에 해당하는 사람 중에서 법무부장관이 임명 또는 위촉한다.(제26조)

- 변호사의 자격이 있는 사람
- 고등교육법 제2조 제1호 또는 제3호에 따른 학교에서 법률학 등을 가르치는 부교수 이상의 직에 있거나 있었던 사람
- 난민 관련 업무를 담당하는 4급 이상 공무원이거나 이었던 사람
- 그 밖에 난민에 관하여 전문적인 지식과 경험이 있는 사람

위원장은 위원 중에서 법무부장관이 임명한다. 위원의 임기는 3년으로 하고, 연임할 수 있다.

(3) 난민조사관

위원회에 난민조사관을 둔다. 난민조사관은 위원장의 명을 받아 이의신청에 대한 조사 및 그 밖에 위원회의 사무를 처리한다.(제27조)

(4) 난민위원회의 운영

규정한 사항 외에 위원회의 운영 등에 필요한 사항은 법무부령으로 정한다.(제28조)

(5) 유엔난민기구와의 교류 · 협력

법무부장관은 유엔난민기구가 다음 각 호의 사항에 대하여 통계 등의 자료를 요청하는 경우 협력하여야 한다.

- 난민인정자 및 난민신청자의 상황
- 난민협약 및 난민의정서의 이행 상황
- 난민 관계 법령(입법예고를 한 경우를 포함한다)

법무부장관은 유엔난민기구나 난민신청자의 요청이 있는 경우 유엔난민기구가 다음의 행위를 할 수 있도록 협력하여야 한다.

- 난민신청자 면담
- 난민신청자에 대한 면접 참여
- 난민인정 신청 또는 이의신청에 대한 심사에 관한 의견 제시

법무부장관 및 난민위원회는 유엔난민기구가 난민협약 및 난민의정서의 이행상황을 점검하는 임무를 원활하게 수행할 수 있도록 편의를 제공하여야 한다.(제29조)

6) 난민인정자 등의 처우

(1) 난민인정자의 처우

따른 처우를 받는다. 국가와 지방자치단체는 난민의 처우에 관한 정책의 수립·시행, 관계 법령의 정비, 관계 부처 등에 대한 지원, 그 밖에 필요한 조치를 하여야 한다.(제30조)

(2) 사회보장

난민으로 인정되어 국내에 체류하는 외국인은 사회보장기본법 제8조 등에도 불구하고 대한민국 국민과 같은 수준의 사회보장을 받는다.(제31조)

(3) 기초생활보장

난민으로 인정되어 국내에 체류하는 외국인은 「국민기초생활 보장법」 제5조의2에도 불구하고 본인의 신청에 따라 같은 법 제7조부터 제15조까지에 따른 보호를 받는다.(제32조)

(4) 교육의 보장

난민인정자나 그 자녀가 민법에 따라 미성년자인 경우에는 국민과 동일하게 초등교육과 중등교육을 받는다. 법무부장관은 난민인정자에 대하여 대

통령령으로 정하는 바에 따라 그의 연령과 수학능력 및 교육여건 등을 고려하여 필요한 교육을 받을 수 있도록 지원할 수 있다.(제33조)

(5) 사회적응교육 등

법무부장관은 난민인정자에 대하여 대통령령으로 정하는 바에 따라 한국어 교육 등 사회적응교육을 실시할 수 있다. 법무부장관은 난민인정자가 원하는 경우 대통령령으로 정하는 바에 따라 직업훈련을 받을 수 있도록 지원할 수 있다.(제34조)

(6) 학력인정 및 자격인정

난민인정자는 대통령령으로 정하는 바에 따라 외국에서 이수한 학교교육의 정도에 상응하는 학력을 인정받을 수 있다.(제35조)

난민인정자는 관계 법령에서 정하는 바에 따라 외국에서 취득한 자격에 상응하는 자격 또는 그 자격의 일부를 인정받을 수 있다.(제36조)

(7) 배우자 등의 입국허가

법무부장관은 난민인정자의 배우자 또는 미성년자인 자녀가 입국을 신청하는 경우 출입국관리법 제11조에 해당하는 경우가 아니면 입국을 허가하여야 한다. 배우자 및 미성년자의 범위는 민법에 따른다.(제37조)

(8) 난민인정자에 대한 상호주의 적용의 배제

난민인정자에 대하여는 다른 법률에도 불구하고 상호주의를 적용하지 아니한다.(제38조)

7) 인도적체류자의 처우

법무부장관은 인도적체류자에 대하여 취업활동 허가를 할 수 있다.(제39조)

8) 난민신청자의 처우

(1) 생계비 등 지원

법무부장관은 대통령령으로 정하는 바에 따라 난민신청자에게 생계비 등을 지원할 수 있다. 법무부장관은 난민인정 신청일부터 6개월이 지난 경우에는 대통령령으로 정하는 바에 따라 난민신청자에게 취업을 허가할 수 있다.(제40조)

(2) 주거시설의 지원

법무부장관은 대통령령으로 정하는 바에 따라 난민신청자가 거주할 주거시설을 설치하여 운영할 수 있다. 주거시설의 운영 등에 필요한 사항은 대통령령으로 정한다.(제41조)

(3) 의료지원

법무부장관은 대통령령으로 정하는 바에 따라 난민신청자에게 의료지원을 할 수 있다.(제42조)

(4) 교육의 보장

난민신청자 및 그 가족 중 미성년자인 외국인은 국민과 같은 수준의 초등교육 및 중등교육을 받을 수 있다.(제43조)

(5) 특정 난민신청자의 처우 제한

특정 사항에 해당하는 난민신청자의 경우에는 대통령령으로 정하는 바에 따라 정한 처우를 일부 제한할 수 있다.(제44조)

부록

관련 법

부록 1

세계인권선언

1948년 12월 10일
유엔총회 제정

- 전문 -

인류가족 모두의 존엄성과 양도할 수 없는 권리를 인정하는 것이 세계의 자유, 정의, 평화의 기초다. 인권을 무시하고 경멸하는 만행이 과연 어떤 결과를 초래했던가를 기억해보라. 인류의 양심을 분노케 했던 야만적인 일들이 일어나지 않았던가?

그러므로 오늘날 보통사람들이 바라는 지고지순의 염원은 '이제 제발 모든 인간이 언론의 자유, 신념의 자유, 공포와 결핍으로부터의 자유를 누릴 수 있는 세상이 왔으면 좋겠다'는 것이리라.

유엔헌장은 이미 기본적 인권, 인간의 존엄과 가치, 남녀의 동등한 권리에 대한 신념을 재확인했고, 보다 폭넓은 자유 속에서 사회진보를 촉진하고 생활수준을 향상시키자고 다짐했었다. 그런데 이러한 약속을 제대로 실천하려면 도대체 인권이 무엇이고 자유가 무엇인지에 대해 모든 사람이 이해할 수 있도록 하는 것이 가장 중요하지 않겠는가?

유엔총회는 이제 모든 개인과 조직이 이 선언을 항상 마음속 깊이 간직하면서, 지속적인 국내적 국제적 조치를 통해 회원국 국민들의 보편적 자유와 권리신장을 위해 노력하도록, 모든 인류가 '다 함께 달성해야 할 하나의 공통기준'으로서 '세계인권선언'을 선포한다.

제1조 모든 사람은 태어날 때부터 자유롭고, 존엄하며, 평등하다. 모든 사람은 이성과 양심을 가지고 있으므로 서로에게 형제애의 정신으로 대해야 한다.

제2조 모든 사람은 인종, 피부색, 성, 언어, 종교 등 어떤 이유로도 차별받지 않으며, 이 선언에 나와 있는 모든 권리와 자유를 누릴 자격이 있다.

제3조 모든 사람은 자기 생명을 지킬 권리, 자유를 누릴 권리, 그리고 자신의 안전을 지킬 권리가 있다.

제4조 어느 누구도 노예가 되거나 타인에게 예속된 상태에 놓여서는 안 된다. 노예제도와 노예매매는 어떤 형태로든 일절 금지한다.

제5조 어느 누구도 고문이나 잔인하고 비인도적인 모욕, 형벌을 받아서는 안 된다.

제6조 모든 사람은 법 앞에서 '한 사람의 인간'으로 인정받을 권리가 있다.

제7조 모든 사람은 법 앞에 평등하며, 차별 없이 법의 보호를 받을 수 있다.

제8조 모든 사람은 헌법과 법률이 보장하는 기본권을 침해당했을 때, 해당 국가 법원에 의해 효과적으로 구제받을 권리가 있다.

제9조 어느 누구도 자의적으로 체포, 구금, 추방을 당하지 않는다.

제10조 모든 사람은 자신의 행위가 범죄인지 아닌지를 판별받을 때, 독립적이고 공평한 법정에서 공평하고 공개적인 심문을 받을 권리가 있다.

제11조 범죄의 소추를 받은 사람은 자신을 변호하는 데 필요한 모든 것을 보장받아야 하고, 누구든지 공개재판을 통해 유죄가 입증될 때까지 무죄로 추정될 권리가 있다.

제12조 개인의 프라이버시, 가족, 주택, 통신에 대해 타인이 함부로 간섭해서는 안 되며, 어느 누구의 명예와 평판에 대해서도 타인이 침해해서는 안 된다.

제13조 모든 사람은 자기 나라 영토 안에서 어디든 갈 수 있고, 어디서든 살 수 있다. 또한 그 나라를 떠날 권리가 있고, 다시 돌아올 권리도 있다.

제14조 모든 사람은 박해를 피해, 타국에 피난처를 구하고 그곳에 망명할 권리가 있다.

제15조 누구나 국적을 가질 권리가 있다. 누구든지 정당한 근거 없이 국적을 빼앗기지 않으며, 자기 국적을 바꾸거나 다른 국적을 취득할 권리가 있다.

제16조 성년이 된 남녀는 인종, 국적, 종교의 제한을 받지 않고 결혼할 수 있으며, 가정을 이룰 권리가 있다. 결혼에 관한 모든 문제에 있어서 남녀는 똑같은 권리를 갖는다.

제17조 모든 사람은 단독으로 또는 타인과 공동하여 재산을 소유할 권리를 가진다. 누구나 자의적으로 자신의 재산을 빼앗기지 않는다.

제18조 모든 사람은 사상, 양심, 종교의 자유를 누릴 권리가 있다.

제19조 모든 사람은 의사표현의 자유를 누릴 권리가 있다.

제20조 모든 사람은 평화적인 집회 및 결사의 자유를 누릴 권리가 있다.

제21조 모든 사람은 직접 또는 자유롭게 선출된 대표자를 통해, 자국의 정치에 참여할 권리가 있다. 모든 사람은 자기 나라의 공직을 맡을 권리가 있다.

제22조 모든 사람은 사회의 일원으로서 사회보장을 받을 권리가 있다.

제23조 모든 사람은 일할 권리, 자유롭게 직업을 선택할 권리, 공정하고 유리한 조건으로 일할 권리, 실업상태에서 보호받을 권리가 있다. 모든 사람은 차별 없이 동일한 노동에 대해 동일한 보수를 받을 권리가 있다.

제24조 모든 사람은 노동시간의 합리적인 제한과 정기적 유급휴가를 포함하여, 휴식할 권리와 여가를 즐길 권리가 있다.

제25조 모든 사람은 먹을거리, 입을 옷, 주택, 의료, 사회서비스 등을 포함해 가족의 건강과 행복에 적합한 생활수준을 누릴 권리가 있다.

제26조 모든 사람은 교육받을 권리가 있다. 초등교육과 기초교육은 무상이어야 하며, 특히 초등교육은 의무적으로 실시해야 한다. 부모는 자기 자녀가 어떤 교육을 받을지 '우선적으로 선택할 권리'가 있다.

제27조 모든 사람은 자기가 속한 사회의 문화생활에 자유롭게 참여하고, 예술을 즐기며, 학문적 진보와 혜택을 공유할 권리가 있다.

제28조 모든 사람은 이 선언의 권리와 자유가 온전히 실현될 수 있는 체제에서 살아갈 자격이 있다.

제29조 모든 사람은 자신이 속한 공동체에 대해 한 인간으로서 의무를 진다.

제30조 이 선언에서 말한 어떤 권리와 자유도 다른 사람의 권리와 자유를 짓밟기 위해 사용될 수 없다. 어느 누구에게도 남의 권리를 파괴할 목적으로 자기 권리를 사용할 권리는 없다.

출처 : 국가인권위원회 인권교육센터(http://edu.humanrights.go.kr).

부록 2

유네스코 문화다양성 선언
Universal Declaration on Cultural Diversity

2001년 11월 2일
프랑스 파리 제31차 유네스코 총회에서 채택

유네스코 총회는 세계인권선언 및 시민권과 정치권 그리고 경제·사회·문화 권리와 관련해 1966년의 두 국제 규약처럼 인권과 기본 자유의 충실한 이행을 촉구하는, 국제 사회가 승인한 다른 국제 규약들을 **유념하고,**

유네스코 헌장 서문에서 "문화의 광범위한 전파와 정의·자유·평화를 위한 인류 교육은 인간의 존엄에 꼭 필요하며, 또 모든 국가가 상호 지원과 상호 관심의 정신으로 완수해야 할 신성한 의무이다."고 명시한 바를 **상기하며,**

다른 여러 목적보다 특히, 유네스코는 문자와 이미지에 의한 아이디어의 자유로운 흐름을 촉진하는 데 필요한 국제 협정을 권고하는 유네스코 헌장 제1조도 **상기하고,**

유네스코가 제정한 국제 규약 중 문화권 실천과 문화 다양성에 관련된 규정을 **참조하며,**

문화는 사회와 사회 구성원의 특유한 정신적·물질적·지적·감성적 특성의 총체로 간주해야 하며, 예술 및 문학 형식뿐 아니라 생활양식, 함께 사는 방식, 가치 체계, 전통과 신념을 포함한다는 것을 **재확인하고,**

문화는 정체성, 사회 단결 및 지식기반경제의 발전에 대한 현행 논의의 핵심을 이루고 있음을 **인식하고,**

서로 믿고 이해하며 문화 다양성, 관용, 대화 및 협력을 존중하는 것이 국제 평화와 안전을 가장 확실하게 보장하는 것임을 **확인하며,**

문화 다양성의 인식, 인류 화합에 대한 자각 및 문화 간 교류의 발전을 기반으로 한 연대를 **소망하며,**

새로운 정보통신기술의 급속한 발전에 힘입은 세계화 과정이 문화 다양성에 대한 도전이기는 하지만, 문화와 문명 간의 새로운 대화를 위한 조건을 형성한다는 것을 **고려하고,**

유엔체제 중에서 유네스코에 부여된, 문화 다양성을 알차게 하고 진흥하며 보조할 특별한 임무를 인식해,

다음 원칙들을 공포하고, 이 선언문을 채택한다.

정체성, 다양성 그리고 다원주의

제1조 문화 다양성 : 인류의 공동 유산

문화는 시공간에 여러 형태로 나타난다. 이 다양성은 인류를 구성하는 집단과 사회의 정체성과 독창성을 구현한다. 생태 다양성이 자연에 필요한 것처럼 교류・혁신・창조성의 근원으로서 문화 다양성은 인류에게 필요한 것이다. 이러한 의미에서, 문화다양성은 인류의 공동 유산이며 현재와 미래 세대를 위한 혜택으로서 인식하고 확인해야 한다.

제2조 문화 다양성에서 문화 다원주의로

점점 다양해지는 우리 사회에서는, 함께 살려는 의지와 더불어 다원적이고 다양하며, 역동적인 문화 정체성을 지닌 사람들과 집단의 조화로운 상호작용을 반드시 보장해야 한다. 모든 시민을 포용하고 모든 시민이 참여할 수 있게 하는 정책은 사회적 단결, 시민 사회의 역동성과 평화를 보장한다. 그러므로 문화 다원주의는 문화 다양성을 실현하려는 명백한 정책 표현이다. 민주 체계에서 분리할 수 없는 문화 다원주의는 문화 교류와 공공의 삶을 지탱해주는 창조적인 역량을 풍성하게 하는 데 이바지할 수 있다.

제3조 발전을 위한 요소로서의 문화 다양성

문화 다양성은 모든 이에게 열려 있는 선택의 범위를 넓혀준다. 발전을 위한 근간 중에 하나인 문화 다양성을, 단지 경제 성장의 관점이 아니라 좀 더 충분한 지적・감성적・윤리적・정신적 존재를 위한 수단으로 이해해야 한다.

문화 다양성과 인권

제4조 문화 다양성을 보장하는 인권

문화 다양성을 지키는 것은 윤리적으로 의무이며, 인간 존엄성을 존중하는 것과 뗄 수 없는 것이다. 인권과 기본적인 자유의 실천은, 특히 소수 민족과 원주민들의 권리를 포함한다. 누구도 국제법으로 보장하는 인권을 침해하거나 제한하는 데 문화다양성을 이용해서는 안 된다.

제5조 문화 다양성을 위한 환경으로서의 문화권

문화권은 인권을 구성하는 데 뺄 수 없으며, 보편적이고 개인적이며 상호 의존적인 요소이다. 창의적 다양성이 번성하려면 세계인권선언 제27조와 경제·사회·문화 권리에 대한 국제 협약 제13조 및 제15조에 명시된 문화권을 완전하게 실천해야 한다. 모든 이는 자신이 선택한 언어로, 특히 모국어로 자기 작품을 창조하고 배포할 자유를 누릴 수 있어야 하고, 문화 다양성을 전적으로 존중하게끔 질 좋은 교육과 훈련을 받아야 한다. 또 인권과 기본 자유를 존중하면서 그 바탕 위에 자신이 선택한 문화적 생활에 참여하고, 문화적 실천을 행할 수 있어야 한다.

제6조 모든 이를 위한 문화 다양성

문자와 이미지로 된 아이디어의 자유로운 흐름을 보장하는 동시에, 모든 문화가 자신을 표현하고 알릴 수 있게 하는 조치를 마련해야 한다. 표현의 자유; 매체 다원주의; 다언어주의; 디지털 형식을 포함한 예술과 과학적, 기술적 지식에 대한 동등한 접근; 표현과 배포를 위한 수단에 접근할 수 있는 모든 문화의 가능성은 문화 다양성을 위한 보장이다.

문화 다양성과 창의성

제7조 창의성의 원천으로서의 문화 유산

창조는 문화적 전통에 의존하는 동시에, 다른 문화와 접촉하면서 풍성해진다. 이 이유로 모든 유형의 유산을 보존하고 고양하며 인간의 경험과 염원의 기록으로서 미래 세대에게 반드시 전달해야 한다. 이렇게 함으로써 창의성을 진작하고 진정한 문화 간 대화를 고무할 수 있을 것이다.

제8조 특정한 유형으로써의 문화 상품과 서비스의 특수성

오늘날 창조와 혁신의 거대한 가능성을 연 경제와 기술의 변화 시기를 맞아; 작가와 예술가의 권리에 대한 적절한 인식; 정체성, 가치, 의미의 척도로서, 단순한 상품이나 소비재로 취급되어서는 안 되는 문화 상품과 서비스의 특수성에 비춰 창작품 공급의 다양성에 특별한 관심을 기울여야 한다.

제9조 창의성의 촉매로서의 문화정책

사상과 작품의 자유로운 흐름을 보장하는 동시에, 문화 정책은 지역과 세계 차원에서 강력한 수단인 문화 산업을 통해서 다양한 상품과 서비스의 생산과 배포에 기여할 수 있는 조건을 마련해 주어야 한다. 각 국가는 국제적인 의무를 지키며, 운영적 지원이든 적절한 규제든 적합한 수단을 통해 문화 다양성을 규정하고 실천해야 한다.

문화 다양성과 국제연대

제10조 세계적 창조와 배포를 위한 역량 강화

현재 세계 차원에서 문화 상품과 서비스의 교역과 유통의 불균형에 직면해, 모든 국가, 특히 발전도상국과 전환기에 있는 국가들을 대상으로 국제 협력과 연대를 강화해 국내·외적으로 생존력 있고, 경쟁력 있는 문화 산업을 육성할 필요가 있다.

제11조 공공 분야, 민간 분야, 시민 사회와의 협력 강화

지속 가능한 인간 개발에 핵심인 문화 다양성의 증진과 보호를 시장 기능만으로는 보장할 수 없다. 이러한 의미에서, 민간 분야와 시민 사회와 협력을 통한 공공 정책을 강조해야 한다.

제12조 유네스코의 역할

유네스코는 회원국에게서 받은 위임과 기능으로 다음과 같은 책임 있는 역할을 한다.

(a) 여러 정부 간 기구의 발전 전략에 이 선언문이 표명한 기본 원칙을 적용하도록 촉진한다.

(b) 문화 다양성을 위한 개념과 목표, 정책을 마무리하기 위해 정부·국제 정부 간·비정부 간 기구·시민 사회·민간 단체가 함께 참여할 수 있게끔 판단 기준과 토론장을 제공한다.

(c) 능력이 닿는 한, 이 다양성 선언과 관련된 분야에서 기준 설정·인식 제고·역량 강화를 위한 활동을 추구한다.

(d) 이 선언문에 첨부된 주요 행동 계획의 실천을 촉진한다.

〈첨부〉

유네스코 문화 다양성 선언의 실천을 위한 실행 계획

유네스코 회원국들은 유네스코 "문화 다양성 선언"을 광범위하게 전파하고, 특히 아래 목적을 성취할 수 있도록 적절한 조치를 취해야 한다.

1. 문화 다양성에 대한 국제법적 기회를 명백히 고려하고, 특히 국가 그리고 국제 차원에서 발전과 정책 수립의 효과에 대한 연관성을 존중하는 맥락에서 문화 다양성 문제에 대한 국제적 논의를 심화시키며,
2. 문화 다양성 증진과 보호에 상당히 기여하는 인식 증진 모델 및 협력 방식을 실천하기 위한 개념과 아울러 국가 및 국제 차원에서의 기본 원칙, 기준, 실천의 개념을 향상하며,
3. 다양한 문화적 배경을 가진 사람들과 집단의 참여와 포용을 증진하기 위해 문화 다원주의적 관점에서 지식과 실천의 교류를 강화하며,

4. 인권의 핵심 부분으로서 문화권 내용을 이해하고 명확히 하기 위해서 더욱 노력하며,
5. 인류의 언어 유산을 보호하고, 가능한 다양한 언어의 표현・창조・배포를 지원하며,
6. 가능한 모든 단계의 교육에서 – 모국어를 존중하고 – 언어 다양성을 촉진하고, 유년기부터 여러 언어를 학습하도록 장려하며,
7. 교육을 통해 문화 다양성의 긍정적 가치 인식을 증진하고, 이런 목적에서 교과 과정 구성과 교사교육을 향상하며,
8. 지식의 소통과 전달을 위해 문화적으로 적합한 방법을 보호하고, 충분히 활용하는 관점에서 적정한 전통적 교육 방법을 교육과정에 통합하도록 하며,
9. 교육 훈련으로서 그리고 동시에 교육 서비스의 효율성을 확대할 수 있는 교육 도구로서 컴퓨터 사용법(digital literacy)을 알도록 장려하고, 새로운 정보 통신 기술을 습득할 수 있도록 하며,
10. 사이버스페이스에서 언어 다양성을 증진하고, 개방된 모든 정보를 모든 사람이 이용할 수 있도록 장려하며,
11. 관련 유엔 체제와 긴밀히 협조해 발전도상국가가 새로운 정보기술에 접근하도록 장려하고, 그들이 정보 기술을 습득하도록 도우며, 자생적 문화 상품을 사이버스페이스에서 보급하고 발전도상국이 전 세계 교육・문화・과학 정보 자원에 접근하는 것을 가능하게 함으로써 정보 격차를 해소하며,
12. 매체와 지구적 정보 네트워크에서 다양한 콘텐츠를 생산・보호・보급하도록 장려하고, 이를 위해 공영 라디오와 텔레비전 서비스가 양질의 시청각 상품 개발에 기여하도록, 특히 이러한 상품을 배포하기 위한 협력 체계를 수립하도록 육성하며,
13. 특히 구전 문화유산과 무형 문화유산을 포함한 문화적, 자연적 유산의 보존과 확대를 위한 정책과 전략을 수립하고, 문화 상품과 서비스의 불법 유통을 퇴치하며,
14. 전통 지식, 특히 원주민들의 전통 지식을 보호하고 존중하며, 또 환경 보호와 자연자원의 관리와 관련한 전통 지식의 공헌을 인정하고, 현대 과학과 지역 지식의 상승 작용을 촉진하며,
15. 창작자・예술가・연구자・과학자・지식인들의 활동성과 국제 연구 프로그램 및 협력관계 개발을 촉진하는 한편 발전도상국과 전환기에 있는 국가들의 창의적 역량을 보존, 확장하도록 노력하며,
16. 현대적 창의성의 개발과 창의적 작업에 대한 공평한 보상을 위한 저작권 및 관련 권리의 보호를 확보하고, 동시에 세계인권선언 제27조에 따라 문화를 누릴 공공의 권리를 지지하며,

17. 발전도상국과 전환기에 있는 국가들의 문화 산업의 출현 혹은 강화를 지원하고, 이를 위해 필요한 기간 설비와 기술 개발에 협력하며, 생존력 있는 지역 시장의 출현을 육성하고, 이러한 국가들의 문화 상품이 세계 시장과 국제 유통 네트워크에 배포되도록 도우며,

18. 이 선언문에 담겨진 원리를 증진하기 위해 고안된 운영 지원 협정 그리고/ 혹은 적절한 규정 체제를 각 국가에 부과된 국제적 의무에 합당하도록 개발하며,

19. 문화 다양성을 보호하고 증진하기 위한 공공 정책을 수립하는 데 시민 사회를 적극 참여케 하며,

20. 민간 부문이 문화 다양성을 확대하는 데 기여할 수 있다는 것을 인지하고 촉진하며, 이를 위해 공공 부문과 민간 부문 간의 대화 창구를 수립한다.

회원국은 이 행동 계획에 설정된 목적을, 유네스코가 프로그램을 수행하는 데 고려할 것과 문화 다양성을 위한 상승효과를 확대하려는 시각을 갖고 유엔 기구, 기타 다른 정부 간 단체, 비정부단체와 협조할 것을 유네스코 사무총장에게 권고한다.

부록 3

모든 이주노동자와 그 가족의 권리보호에 관한 국제협약

International Convention on the Protection of the Rights of All Migrant Workers and Members of Their Families(MWC)

이 협약의 당사국은

인권에 관한 국제연합의 기본적인 문서, 특히 세계인권선언, 경제적, 사회적 및 문화적 권리에 관한 국제규약, 시민적 및 정치적 권리에 관한 국제규약, 모든 형태의 인종차별 철폐에 관한 국제협약, 여성에 대한 모든 형태의 차별 철폐에 관한 협약, 아동의 권리에 관한 협약 등에 담긴 원칙들을 고려하고,

국제노동기구 체재 내에서 만들어진 관련 문서, 특히 취업목적의 이주에 관한 협약(제97호), 학대 상황의 이주와 이주노동자의 기회 및 처우의 균등증진에 관한 협약(제143호), 취업목적 이주에 관한 권고(제86호), 이주노동자에 관한 권고(제151호), 강제적 또는 의무적 노동에 관한 협약(제29호), 강제노동의 폐지에 관한 협약(제105호) 등에 규정된 원칙과 기준을 고려하고,

국제연합 교육과학문화기구의 교육상의 차별금지 협약에 내포된 원칙의 중요성을 재확인하고,

고문 및 그 밖의 잔혹한, 비인도적인 또는 굴욕적인 대우나 처벌의 방지에 관한 협약, 범죄의 예방 및 범죄자의 처우에 관한 제4회 국제연합회의의 선언, 법집행관을 위한 행위준칙, 노예제도에 관한 각종 협약을 상기하고,

국제노동기구의 목적 중의 하나가 그 헌장에 규정된 바와 같이 자국 이외의 나라에서 고용된 노동자의 이익보호인 점을 상기하고, 이주노동자와 그 가족에 관한 문제에 있어서는 이 기구가 전문지식과 경험을 갖고 있음을 유념하고,

국제연합의 각종기관, 특히 인권위원회, 사회개발위원회 및 국제연합 식량농업기구, 국제연합 교육과학문화기구, 세계보건기구 및 기타의 국제기구가 이주노동자와 그 가족에 관하여 달성한 업적의 중요성을 인정하고,

지역적 내지 양자간 단위를 기초로 하여 이주노동자와 그 가족의 권리보호에 대하여 일부 국가들에 의하여 달성된 성과는 물론, 이 분야에서의 양자 및 다자협정의 중요성과 유용성을 인정하고,

수백만 명의 사람들이 관련되어 국제사회에서 많은 나라에 영향을 미치고 있는 이주현상의 중요성과 정도를 실감하고,

이주노동자의 유입이 관계국과 그 국민에 미치는 충격을 인식하며, 이주노동자와 그 가족의 처우에 관한 기본원칙을 수용함으로써 각국의 태도 조화에 기여할 수 있는 규범의 수립을 희구하고,

무엇보다도 출신국에 없다는 점과 취업국에 체재함에 따라 직면하는 어려움으로 인하여 이주노동자와 그 가족은 종종 취약한 상황에 처하게 됨을 고려하고,

이주노동자와 그 가족의 권리가 충분히 인식되어 있지 않으며, 따라서 적절한 국제적 보호가 필요함을 확신하고,

특히 가족 이산으로 인하여 이주는 이주노동자 본인은 물론 그 가족에게도 종종 심각한 문제를 야기함을 고려하고,

이주와 관련된 문제들은 비정규 이주의 경우에 한층 심각하다는 점에 유의하여, 그들의 기본적 인권의 보호를 보장함과 동시에 이주노동자의 은밀한 이동과 불법거래를 방지하고 제거하기 위하여는 적절한 조치가 취하여져야 함을 확신하고,

미신고 또는 비정규적 상황하의 이주노동자는 종종 다른 노동자보다도 불리한 근로조건하에 고용되어 있으며, 일부 고용주는 불공정한 경쟁으로 이익을 얻기 위하여 이에 현혹되어 그 같은 노동력을 찾는 점을 고려하고,

모든 이주노동자의 기본적인 인권이 보다 광범위하게 승인된다면 비정규적 상황의 이주노동자의 고용에 의지하기가 단념될 것이며, 나아가 정규적 상황의 이주노동자와 그 가족에 일정한 권리를 추가로 인정한다면, 모든 이주노동자와 고용주가 당사국의 법률과 절차를 존중하고 준수하는 것이 촉진될 것임을 고려하고,

그러므로 범세계적으로 적용될 포괄적인 협약에서 기본규범을 재확인하고 확립하여 이주노동자와 그 가족의 권리에 대한 국제적 보호를 달성할 필요성을 확신하여,

다음과 같이 합의하였다.

제1부 적용 범위와 정의

제1조 1. 이 협약은 별도로 언급되지 않는 한 성, 인종, 피부색, 언어, 종교 또는 신념, 정치적 또는 기타의 의견, 민족적, 종족적 또는 사회적 출신, 국적, 연령, 경제적 지위, 재산, 혼인상의 지위, 출생 또는 다른 신분 등 어떠한 종류의 구별도 없이 모든 이주노동자와 그 가족에 대하여 적용된다.

2. 이 협약은 이주의 준비, 출국, 통과, 취업국에 체류하여 유급활동을 하는 전 기간은 물론 출신국 또는 상거소국으로의 귀환을 포함하는 이주노동자와 그 가족의 전 이주과정에 적용된다.

제2조 이 협약의 적용상 :

1. "이주노동자"란 그 사람이 국적국이 아닌 나라에서 유급활동에 종사할 예정이거나, 이에 종사하고 있거나, 또는 종사하여 온 사람을 말한다.

2. (a) "월경노동자"란 그 상거소를 인접국에 두고 통상 매일 또는 적어도 매주 한 번은 귀가하는 이주노동자를 말한다.

(b) "계절노동자"란 그의 작업이 성질상 계절조건에 의존하며, 일 년 중 일정 기간 동안만 수행되는 이주노동자를 말한다.

(c) "선원"이란 어부를 포함하여 국적국이 아닌 국가에 등록된 선박에 고용된 이주노동자를 말한다.
(d) "해상시설노동자"란 국적국이 아닌 나라의 관할에 속하는 해상시설에 고용된 이주노동자를 말한다.
(e) "순회노동자"란 어느 한 나라에 상거소를 갖고 직업의 성격상 단기간 다른 나라들을 돌아다닐 필요가 있는 이주노동자를 말한다.
(f) "특정사업노동자"란 고용주에 의하여 정해진 기간 동안 그 나라에서 수행되는 특정사업에만 근무하도록 취업국에 입국이 허가된 이주노동자를 말한다.
(g) "특별취업노동자"란 다음과 같은 이주노동자를 말한다.
 (i) 한정된 일정 기간 동안 특정한 업무 또는 임무를 수행하도록 고용주에 의하여 취업국에 파견된 자
 (ii) 전문적, 상업적, 기술적 또는 기타 고도의 특수기능을 필요로 하는 작업에 한정된 일정 기간 동안 종사하는 자
 (iii) 취업국의 고용주의 요청에 의하여 한정된 일정 기간 동안 임시적 또는 단기적 성격의 업무를 수행하는 자; 체류 허가기간이 만료되거나 또는 그 이전이라도 더 이상 특수한 업무 또는 임무를 수행하지 않는다거나 그 작업에 종사하지 않으면 취업국을 출국하여야 할 자
(h) "자영노동자"란 고용계약에 의하지 않고 유급활동에 종사하며, 통상 혼자 또는 자신의 가족과 함께 일하여 생계를 얻는 이주노동자 및 취업국의 법률이나 양자 또는 다자협정에 의하여 자영취업을 인정받은 여타의 이주노동자를 말한다.

제3조 이 협약은 다음 사람에게는 적용되지 아니한다.
(a) 국제기구나 기관에 의하여 파견되었거나 고용된 자 또는 공무 수행을 위하여 국가에 의하여 자국 영토 외로 파견되었거나 고용된 자로서 그의 입국과 지위가 일반 국제법 또는 특정한 국제협정이나 협약에 의하여 규율되는 자
(b) 개발계획 및 기타 협력계획에 참가하도록 국가 또는 그 대리인에 의하여 그 영역 외에서 고용되거나 파견된 자로서 그의 입국과 지위가 취업국과의 협정에 의하여 규율되며, 그 협정에 따라 이주노동자로 간주되지 않는 자
(c) 출신국 이외의 국가에 투자가로 거주하는 자
(d) 난민 및 무국적자. 단, 관련 당사국의 해당 국내법 또는 발효 중인 국제협약에 의하여 적용이 정해져 있는 경우는 제외한다.
(e) 학생 및 연수생
(f) 취업국에 주거를 정하여 유급활동에 종사할 것을 허가받지 못한 선원 및 해상시설 노동자

제4조 이 협약의 적용상 "가족"은 이주노동자와 혼인한 자 또는 해당 법률에 따르면 혼인과 같은 효력을 갖는 관계에 있는 자는 물론 피부양 자녀 및 해당 법률 또는 관계국 간의 양자 또는 다자협정에 의하여 가족으로 인정되는 여타의 피부양자를 말한다.

제5조 이 협약의 적용상 이주노동자와 그 가족은;

(a) 취업국의 법률 및 그 국가가 당사국인 국제협정에 따라 그 국가로의 입국, 체류, 유급활동에의 종사가 허용되면, 신고되거나 정규적 상황에 있는 것으로 간주된다.

(b) 이 조 (a)의 조건을 만족시키지 못할 때는, 미신고 또는 비정규적 상황에 있는 것으로 간주된다.

제6조 이 협약의 적용상;

(a) "출신국"이란 해당자의 국적국을 의미한다.

(b) "취업국"이란 이주노동자가 유급활동에 종사할 예정이거나, 종사하고 있거나, 종사하여 온 국가 중 해당하는 경우를 의미한다.

(c) "통과국"이란 해당자가 취업국으로 이동하거나, 또는 취업국에서 출신국이나 상거소국으로 이동할 때 통과하는 국가를 의미한다.

제2부 권리의 비차별

제7조 당사국은 자국의 영토 내에 있거나 관할권하에 있는 모든 이주노동자와 그 가족에 대하여 성, 인종, 피부색, 언어, 종교 또는 신념, 정치적 또는 기타의 의견, 민족적, 종족적 또는 사회적 출신, 국적, 연령, 경제적 지위, 재산, 혼인상의 지위, 출생 또는 기타의 신분 등에 의한 어떠한 구별도 없이 인권에 관한 국제문서에 따라 이 협약에서 인정되는 권리를 존중하고 보장할 것을 약속한다.

제3부 모든 이주노동자와 그 가족의 인권

제8조 1. 이주노동자와 그 가족은 출신국을 포함한 어느 국가로부터도 자유롭게 출국할 수 있다. 이 권리는 법률에 의하여 규정되고 국가안보, 공공질서, 공중보건이나 도덕 또는 다른 사람의 권리 및 자유를 보호하는 데 필요하고, 또한 이 협약 제3부에서 인정되는 기타의 다른 권리와 양립되는 경우를 제외하고는 어떠한 제한도 받지 아니한다.

2. 이주노동자와 그 가족은 언제라도 출신국으로 입국하여 체류할 권리를 가진다.

제9조 이주노동자와 그 가족의 생명권은 법률에 의하여 보호된다.

제10조 어떠한 이주노동자와 그 가족도 고문 또는 잔혹한, 비인도적인 또는 굴욕적인 처우나 형벌을 받지 아니한다.

제11조 1. 어떠한 이주노동자와 그 가족도 노예상태나 예속상태에 놓여지지 아니한다.

2. 어떠한 이주노동자와 그 가족도 강제적 또는 의무적 노동을 하도록 요구받지 아니한다.

3. 이 조 제2항은 범죄에 대한 형벌로서 중노동을 수반한 구금형을 부과할 수 있는 국가에서 권한 있는 법원에 의하여 그러한 형의 선고에 따라 중노동을 시키는 것을 금지하는 것으로 해석되지 아니한다.

4. 이 조의 적용상 "강제노동"이란 용어는 다음 사항을 포함하지 아니한다.

(a) 이 조 제3항에 지적되지 아니한 작업 또는 역무로서 법원의 합법적 명령에 의하여 억류되어 있는 자 또는 그러한 억류로부터 조건부로 석방되어 있는 자에게 통상적으로 요구되는 것

(b) 공동사회의 존립이나 복지를 위협하는 긴급사태 또는 재난 시에 요구되는 역무

(c) 시민으로서의 통상적인 의무를 구성하는 작업 또는 역무로서 그 나라의 시민에게도 부과되는 것

제12조 1. 이주노동자와 그 가족은 사상, 양심 및 종교의 자유에 대한 권리를 가진다. 이 권리에는 스스로 선택하는 종교 또는 신념을 가지거나 받아들일 자유와 단독으로 또는 다른 사람과 공동으로, 공적 또는 사적으로 예배, 의식, 행사 및 선교에 의하여 그 종교 또는 신념을 표명하는 자유를 포함한다.

2. 이주노동자와 그 가족은 스스로 선택한 종교 또는 신념을 가지거나 받아들일 자유를 침해하게 될 강제를 받지 아니한다.

3. 종교 또는 신념을 표명할 자유는 법률로 규정되고 공공의 안전, 공공질서, 공중보건이나 도덕 또는 다른 사람의 기본적인 권리 및 자유를 보호하기 위하여 필요한 경우에만 제한받을 수 있다.

4. 이 협약의 당사국은 적어도 일방이 이주노동자인 부모 또는 경우에 따라 법정후견인이 그들의 신념에 따라 자녀의 종교적, 도덕적 교육을 확보할 자유를 존중할 것을 약속한다.

제13조 1. 이주노동자와 그 가족은 간섭받지 아니하고 의견을 가질 권리를 가진다.

2. 이주노동자와 그 가족은 표현의 자유에 대한 권리를 가진다. 이 권리에는 구두, 서면, 인쇄, 예술의 형태 또는 스스로 선택하는 기타의 방법을 통하여 국경에 관계없이 모든 종류의 정보와 사상을 추구하고 접수하며 전달하는 자유를 포함한다.

3. 이 조 제2항에 규정된 권리의 행사에는 특별한 의무와 책임이 따른다. 따라서 이러한 권리의 행사는 일정한 제한을 받을 수 있다. 다만, 그 제한은 법률에 의하여 규정되고 또한 다음의 사항을 위하여 필요한 경우에만 한정된다.
   (a) 다른 사람의 권리 또는 신용의 존중
   (b) 관계국의 국가안보, 공공질서, 공중보건 또는 도덕의 보호
   (c) 전쟁선전의 금지
   (d) 차별, 적의, 폭력을 선동하는 민족적, 인종적 또는 종교적 증오의 고취 금지

제14조 이주노동자와 그 가족은 사생활, 가정, 주거, 서신 또는 기타 통신에 대하여 자의적이거나 불법적인 간섭을 받거나 또는 그의 명예와 신용에 대한 불법적인 비난을 받지 아니한다. 이주노동자와 그 가족은 그러한 간섭 또는 비난에 대하여 법률의 보호를 받을 권리를 가진다.

제15조 이주노동자와 그 가족은 단독으로 또는 다른 사람과 공동으로 소유하는 재산을 자의적으로 박탈당하지 아니한다. 취업국의 국내법에 의하여 이주노동자와 그 가족의 재산 전부 또는 일부가 수용당할 경우, 이들은 공정하고 적절한 보상을 받을 권리를 가진다.

제16조 1. 이주노동자와 그 가족은 신체의 자유와 안전에 대한 권리를 가진다.

2. 이주노동자와 그 가족은 공무원, 개인, 사인집단 또는 기관 등 그 누구에 의한 폭력, 상해, 협박 및 위협에 대하여도 국가의 효과적인 보호를 받을 권리를 가진다.

3. 법집행 공무원에 의한 이주노동자와 그 가족의 신원 확인은 법률에 의하여 규정된 절차에 따라 실시되어야 한다.

4. 이주노동자와 그 가족은 단독으로든 집단적으로든 자의적으로 체포되거나 억류되지 아니한다. 그들은 법률에 규정된 이유 및 절차에 따르지 아니하고는 그들의 자유를 박탈당하지 아니한다.

5. 체포당하는 이주노동자와 그 가족은 체포 시에 가능한 한 그들이 이해할 수 있는 언어로 체포이유를 통고받으며, 그들에 대한 피의사실을 그들이 이해할 수 있는 언어로 신속히 통고받는다.

6. 형사상의 죄의 혐의로 체포되거나 억류된 이주노동자와 그 가족은 법관 또는 법률에 의하여 사법권을 행사할 권한을 부여받은 기타 관헌에게 신속히 회부되어야 하며, 또한 합리적인 기간 내에 재판을 받거나 또는 석방될 권리를 가진다. 재판에 회부된 사람을 억류하는 것이 일반적인 원칙이 되어서는 아니 되며, 석방은 재판, 기타 사법적 절차의 모든 단계에서의 출두 및 필요한 경우 판결의 집행을 위하여 출두할 것이라는 보증을 조건으로 할 수 있다.

7. 이주노동자나 그 가족이 체포되거나, 재판에 회부되어 교도소 또는 구치시설에 수용되거나, 기타 어떤 형태로든 억류되어 있을 때,
   (a) 본인의 요구가 있으면 체포 또는 억류 사실과 그 이유가 출신국 또는 이익대표국의 영사 또는 외교당국에 지체 없이 통고되어야 한다.
   (b) 해당자는 위의 당국자와 통신할 권리를 가진다. 위의 당국자에 대한 해당자의 통신은 지체 없이 전달되어야 하며, 또한 그도 위의 당국자로부터의 통신을 지체 없이 받을 권리를 가진다.
   (c) 해당자는 이상의 권리와 관련국가 간에 적용 가능한 해당 조약에서 비롯되는 위의 당국자와 연락하고, 면회하고, 법률적 변호를 위하여 그들과 함께 조치를 취할 권리 등을 지체 없이 고지받아야 한다.
8. 체포 또는 억류에 의하여 자유를 박탈당한 이주노동자와 그 가족은 법원이 그 억류의 합법성을 지체 없이 결정하고 억류가 합법적이 아닌 경우에는 석방을 명령할 수 있도록 하기 위하여 법원에 절차를 취할 권리를 가진다. 그들이 절차에 참가할 때, 사용되는 언어를 이해하지 못하거나 말할 수 없는 경우에는 통역인의 조력을 받으며, 필요하다면 비용은 무상으로 한다.
9. 위법하게 체포되거나 억류된 이주노동자와 그 가족은 집행 가능한 보상을 받을 권리를 가진다.

제17조 1. 자유를 박탈당한 이주노동자와 그 가족은 인도적으로 그리고 인간 고유의 존엄성과 그들의 문화적 독자성을 존중받으며 처우되어야 한다.

2. 기소된 이주노동자와 그 가족은 예외적인 사정이 있는 경우를 제외하고는 기결수와 분리되어야 하며, 유죄의 판결을 받고 있지 아니한 자로서의 지위에 상응하는 별도의 취급을 받는다. 미성년 피고인은 성인과 분리되어야 하며, 또한 가능한 한 신속히 재판에 회부된다.
3. 이주에 관한 규정을 위반하여 통과국 또는 취업국에서 억류된 이주노동자와 그 가족은 가능한 한 기결수 또는 재판계류 중인 피억류자와는 분리되어 취급되어야 한다.
4. 법원이 과한 형벌로서 구금이 집행 중일 때 이주노동자와 그 가족의 대우의 기본적인 목적은 그들의 교정 및 사회복귀에 두어야 한다. 소년범은 성인과는 분리되어야 하며, 그 연령과 법적 지위에 상응하는 대우가 부여된다.
5. 억류 또는 구금기간 중 이주노동자와 그 가족은 가족의 면회에 관하여 그 나라의 국민과 동등한 권리를 향유한다.
6. 이주노동자가 자유를 박탈당할 때마다 해당국의 권한 있는 당국은 그의 가족, 특히 배우자 및 미성년의 자녀에게 초래될 수 있는 문제에 유의하여야 한다.

7. 취업국 또는 통과국의 현행 법률에 따라 억류 또는 구금된 이주노동자와 그 가족은 같은 상황의 당해국의 국민과 동등한 권리를 향유한다.

8. 이주노동자 또는 그 가족이 이주에 관한 법률 위반을 확인하기 위하여 억류된 경우 그는 그에 따른 비용을 부담하지 아니한다.

제18조 1. 이주노동자와 그 가족은 법원에서 그 나라의 국민과 평등한 권리를 가지다. 그 사람은 형사상의 죄 또는 소송상의 권리, 의무의 결정 시에 법률에 의하여 설립된 권한 있고 독립적인 공평한 법원에 의하여 공정한 공개심리를 받을 권리를 가진다.

2. 형사상의 범죄로 기소된 이주노동자와 그 가족은 법률에 따라 유죄가 입증될 때까지 무죄로 추정받을 권리를 가진다.

3. 이주노동자와 그 가족은 그에 대한 형사상의 죄를 결정함에 있어서 적어도 다음과 같은 보장을 받을 권리를 가진다.

(a) 그에 대한 기소의 성질과 이유에 대하여 그가 이해하는 언어로 신속하고 상세하게 통고받을 것

(b) 방어 준비를 위하여 충분한 시간과 편의를 가질 것과 본인이 선임한 변호인과 연락을 취할 수 있을 것

(c) 부당하게 지체됨이 없이 재판을 받을 것

(d) 본인의 출석하에 재판을 받으며, 직접 또는 본인이 선임한 자의 법적 조력을 통하여 변호할 것. 만약 법적 조력을 받지 못하는 경우 변호인의 조력을 받을 권리에 대하여 통지받을 것. 사법상의 이익을 위하여 필요한 경우 법적 조력이 그에게 주어지도록 할 것이며, 충분한 지불수단을 가지고 있지 못한 경우 무료로 제공될 것

(e) 자기에게 불리한 증인을 심문하거나 또는 심문받도록 할 것과 자기에게 불리한 증인과 동일한 조건으로 자기를 위한 증인을 출석시키도록 하고, 또한 심문받도록 할 것

(f) 법정에서 사용되는 언어를 이해하지 못하거나 또는 말할 수 없는 경우에는 무료로 통역의 조력을 받을 것

(g) 자기에게 불리한 진술 또는 유죄의 자백을 강요당하지 아니할 것

4. 미성년자의 경우에는 그 절차가 그들의 연령과 그들의 갱생을 촉진하고자 하는 요망을 고려한 것이어야 한다.

5. 유죄판결을 받은 이주노동자와 그 가족은 법률에 따라 그 판결 및 형벌에 대하여 상급법원에서 재심을 받을 권리를 가진다.

6. 이주노동자와 그 가족이 확정판결에 의하여 유죄판결을 받았으나, 그 후 새로운 사실 또는 새로 발견된 사실에 의하여 오심이 있었음이 결정적으로 입증됨으로써

그에 대한 유죄판결이 파기되었거나 또는 사면을 받았을 경우에는 유죄판결의 결과 형벌을 받은 자는 법률에 따라 보상을 받는다. 단, 그 알지 못한 사실이 적시에 밝혀지지 않은 것이 전체적 또는 부분적으로 그에게 책임이 있었다는 것이 증명된 경우에는 그러하지 아니하다.

7. 어떠한 이주노동자나 그 가족도 각국의 법률 및 형사절차에 따라 이미 확정적으로 유죄 또는 무죄선고를 받은 행위에 관하여는 재차 재판 또는 처벌을 받지 아니한다.

제19조 1. 이주노동자와 그 가족은 행위시에 국내법 또는 국제법에 의하여 범죄를 구성하지 아니하는 작위 또는 부작위를 이유로 유죄로 되지 아니하며, 범죄가 행하여진 때에 적용될 수 있는 형벌보다도 중한 형벌을 받지 아니한다. 범죄인은 범죄가 행하여진 후에 보다 가벼운 형을 부과하도록 하는 규정이 법률에 정하여진 경우에는 그 혜택을 받는다.

2. 이주노동자 또는 그 가족이 범한 범죄에 형벌을 부과할 때에는 이주노동자의 지위, 특히 체류와 취업의 권리에 대한 인도적인 배려가 주어져야 한다.

제20조 1. 어떠한 이주노동자나 그 가족도 계약상의 의무의 불이행만을 이유로 구금되지 아니한다.

2. 어떠한 이주노동자나 그 가족도 근로계약에 따른 의무를 이행하지 못하였다는 것만을 이유로 체류허가 또는 취업자격을 박탈당하지 아니하며, 퇴거강제 당하지 아니한다. 단, 당해 의무 이행이 체류허가나 취업자격의 요건인 경우에는 그러하지 아니하다.

제21조 법률에 의하여 정식으로 권한을 부여받은 공무원 이외의 자가 신분증명서, 입국, 체류, 거주 또는 정착을 허가하는 서류 또는 취업허가증을 압수, 파기 또는 파기하려 함은 위법이다. 그 같은 서류의 합법적 압수 시에는 상세한 수령증의 교부가 있어야 한다. 어떠한 경우에도 이주노동자나 그 가족의 여권 또는 그에 상응하는 서류를 파기하는 것은 허용되지 아니한다.

제22조 1. 이주노동자와 그 가족에 대한 집단적 추방 조치는 금지된다. 각 추방사건은 개별적으로 심리되고 결정되어야 한다.

2. 이주노동자와 그 가족은 권한 있는 당국에 의하여 법률에 따른 결정에 의하여만 당사국의 영역으로부터 추방될 수 있다.

3. 추방의 결정은 그가 이해하는 언어로 통고되어야 한다. 본인의 요구가 없으면 의무적이 아닌 경우라도 만약 요구를 하면 결정은 문서로 통보되어야 하며, 국가안보에 의한 예외적인 경우를 제외하고는 결정의 이유가 진술되어야 한다. 이러한 권리는 결정 이전 또는 늦어도 결정 시에는 당사자에게 고지되어야 한다.

4. 사법당국에 의한 최종 판결이 발표되는 경우를 제외하고 당사자는 자기가 추방되지 말아야 할 이유를 제출할 권리가 있으며, 권한 있는 기관에 의하여 그 사건이 심사받을 수 있어야 한다. 단, 국가안보상의 긴요한 사유가 있는 경우에는 그러하지 아니하다. 심사 기간 중 당사자는 추방결정의 집행정지를 요청할 권리를 가진다.
5. 이미 집행된 추방결정이 나중에 무효로 되었을 때, 당사자는 법률에 따른 보상을 청구할 권리를 가지며, 이전의 결정은 그가 당해 국가로 재입국하는 것에 방해사유가 될 수 없다.
6. 추방의 경우 당사자에게는 출국 전 또는 후에 임금청구권, 그에게 귀속될 다른 권리 또는 현행 채무를 해결하기 위한 합리적인 기회가 주어져야 한다.
7. 추방 결정의 집행을 해하지 않는 범위에서 그 결정의 대상인 이주노동자 또는 그 가족은 출신국 이외의 국가로의 입국을 모색할 수 있다.
8. 이주노동자 또는 그 가족이 추방되는 경우 추방 비용을 당사자에게 부담시켜서는 아니 된다. 당사자는 자신의 여행경비의 지불을 요구받을 수 있다.
9. 취업국으로부터의 추방 그 자체로는 임금수령권과 그에게 귀속될 다른 권리를 포함하여 이주노동자 또는 그 가족이 그 국가의 법률에 따라 획득한 어떠한 권리도 손상시키지 아니한다.

제23조 이주노동자와 그 가족은 이 협약상의 권리를 침해받았을 때, 출신국 또는 그 나라의 이익대표국의 영사 또는 외교당국의 보호와 지원을 요청할 권리를 가진다. 특히 추방의 경우 당사자는 이 권리에 대하여 지체 없이 고지받으며, 추방국 당국은 이 권리의 행사를 용이하게 하여야 한다.

제24조 모든 이주노동자와 그 가족은 어디에서나 법 앞에 인간으로 인정받을 권리를 가진다.

제25조 1. 이주노동자는 보수 및 다음 사항에 있어서 취업국 국민보다도 불리한 취급을 받지 아니한다.

(a) 다른 근무조건, 즉 초과근무, 노동시간, 주간휴가, 유급휴가, 안전, 보건, 고용관계의 종료, 기타 그 나라의 법률과 관행상 근무조건에 포함되는 사항.
(b) 다른 고용조건, 즉 고용의 최저연령, 가사노동의 제한, 기타 그 나라의 법률과 관행상 고용조건으로 간주되는 사항

2. 사적 고용계약이 이 조 제1항에 지적된 평등대우의 원칙을 위배함은 위법하다.
3. 당사국은 이주노동자의 체류 또는 취업이 비정규적이라는 이유로 인하여 이 원칙으로부터 파생되는 어떠한 권리도 박탈당하지 않을 것을 보장하기 위하여 모든 적절한 조치를 취하여야 한다. 특히 그러한 비정규성을 이유로 고용주는 법률상

또는 계약상의 의무를 면제받을 수 없으며, 그들의 의무가 어떠한 방법으로든 제한되지 아니한다.

제26조 1. 당사국은 이주노동자와 그 가족의 다음과 같은 권리를 인정한다.

(a) 관련 조직의 규정만을 조건으로 하여 노동조합 및 자신들의 경제적, 사회적, 문화적 및 기타의 이익을 보호하기 위하여 법률에 따라 설립된 기타의 조직의 집회와 활동에 참가할 권리

(b) 관련 조직의 규정만을 조건으로 하여 노동조합 및 위에 지적된 조직에 자유로이 가입할 권리

(c) 노동조합 및 위에 지적된 조직의 원조 및 지원을 추구할 권리

2. 이러한 권리의 행사에 대하여는 법률에 규정되고 국가안보, 공공질서, 타인의 권리 및 자유를 보호하기 위하여 민주사회에서 필요한 제한 이외에는 어떠한 제한도 부과될 수 없다.

제27조 1. 사회보장에 있어서 이주노동자와 그 가족이 취업국의 해당 법률과 양자 및 다자조약에 규정된 요건을 충족하면, 취업국에서 국민과 동등한 대우를 받아야 한다. 출신국과 취업국의 당국은 이의 적용방식을 결정하기 위하여 언제든지 필요한 조치를 마련할 수 있다.

2. 해당 법률이 이주노동자와 그 가족에 대한 급부를 인정하지 않는 경우, 해당국은 유사한 상황의 국민에게 부여되는 대우를 기초로 하여 그 급부와 관련된 해당자의 출연금액을 본인에게 상환하는 가능성을 검토하여야 한다.

제28조 이주노동자와 그 가족은 해당국 국민과의 평등한 대우를 기초로 하여 생명의 유지와 회복 불가능한 건강상의 피해를 방지하기 위하여 긴급하게 요구되는 진료를 받을 권리를 가진다. 응급진료는 그의 체류나 취업이 비정규적임을 이유로 거절되어서는 아니 된다.

제29조 이주노동자의 자녀는 성명, 출생등록 및 국적에 대한 권리를 가진다.

제30조 이주노동자의 자녀는 해당국의 국민과의 평등한 대우를 기초로 하여 교육을 받을 기본권을 가진다. 어느 부모의 체류 또는 취업이 비정규적이라거나 취업국에서의 자녀의 체류가 비정규적임을 이유로 공립의 취학전 교육기관이나 학교의 입학이 거부되거나 제한되어서는 아니 된다.

제31조 1. 당사국은 이주노동자와 그 가족의 문화적 독자성에 대한 존중을 보장하여야 하며, 그의 출신국과의 문화적 유대의 유지를 방해하여서는 아니 된다.

2. 당사국은 이에 관한 노력을 지원하고 조장시키는 적절한 조치를 취할 수 있다.

제32조 이주노동자와 그 가족은 취업국에서의 체류가 종료되었을 때 그들의 소득과 저축을 이전시키고, 관련국의 해당 법률에 따라 가재 및 소지품을 이전시킬 권리를 가진다.

제33조 1. 이주노동자와 그 가족은 출신국, 취업국, 통과국으로부터 각각 해당하는 경우에 따라 다음 사항에 관하여 통지받을 권리를 가진다.

(a) 이 협약에 의하여 발생하는 권리

(b) 입국 조건, 해당국의 법률과 관행에 따른 그의 권리와 의무 및 해당국의 행정 절차 또는 기타 절차를 준수할 수 있도록 하는 기타의 사항

2. 당사국은 위의 정보의 보급 또는 고용주, 노동조합 및 기타 적절한 단체나 기관에 의한 정보제공을 보장하는 데 적절하다고 생각하는 모든 조치를 취하여야 한다. 적절한 경우에는 다른 관계국과 협력하여야 한다.

3. 이주노동자와 그 가족이 요구하면 그러한 적절한 정보는 무료로 제공되어야 하며, 가능한 한 그가 이해할 수 있는 언어로 제공되어야 한다.

제34조 이 협약 제3부의 어떠한 규정도 이주노동자와 그 가족이 통과국과 취업국의 법률과 규정을 준수할 의무나 그 국가 주민의 문화적 독자성을 존중할 의무를 면제시켜 주는 효과를 가지지 아니한다.

제35조 이 협약 제3부의 어떠한 규정도 미신고 또는 비정규적 상황의 이주노동자 또는 그 가족의 상황을 정규화한다거나 또는 그들의 상황을 정규화할 권리를 의미하는 것으로 해석되지 아니하며, 이 협약의 제6부에 규정된 건전하고 공평한 국제적 이주 조건을 보장하기 위한 조치를 해하지도 아니한다.

제4부 신고된 또는 정규적 상황의 이주노동자와 그 가족들의 기타의 권리

제36조 취업국에 신고된 또는 정규적 상황의 이주노동자와 그 가족은 이 협약 제3부에 규정된 권리에 추가하여 제4부에 규정된 권리도 향유한다.

제37조 이주노동자와 그 가족은 출국 전 또는 늦어도 취업국에 입국할 때에 그들의 입국과 특히 체류와 그가 종사할 유급활동에 관한 모든 조건은 물론 취업국에서 충족시켜야 할 요건과 이들 조건의 변경을 위하여 접촉할 당국에 관한 정보에 대하여 출신국 또는 취업국으로부터 충분하게 고지받을 권리를 가진다.

제38조 1. 취업국은 사정에 따라 이주노동자와 그 가족에게 체류나 취업허가에 대한 영향이 없이 일시출국이 허용될 수 있도록 모든 노력을 다하여야 한다. 이때 취업국은 특히 출신국에서의 이주노동자와 그 가족의 특별한 필요와 의무를 고려하여야 한다.

2. 이주노동자와 그 가족은 이러한 일시출국이 허용되는 조건에 대하여 충분하게 고지받을 권리를 가진다.

제39조 1. 이주노동자와 그 가족은 취업국의 영역 내에서 이전의 자유와 거주지 선택의 자유에 대한 권리를 가진다.

2. 이 조 제1항의 권리는 법률에 의하여 규정되고, 국가안보, 공공질서, 공중보건 또는 도덕 또는 타인의 권리 및 자유를 보호하기 위하여 필요하고, 또한 이 협약에서 인정되는 기타 권리와 양립되는 것을 제외하고는 어떠한 제한도 받지 아니한다.

제40조 1. 이주노동자와 그 가족은 그들의 경제적, 사회적, 문화적 및 기타의 이익을 증진시키고 보호하기 위하여 취업국에서 단체와 노동조합을 결성할 권리를 가진다.

2. 이 권리의 행사에 대하여는 법률에 의하여 규정되고, 국가안보, 공공질서 또는 타인의 권리 및 자유를 보호하기 위하여 민주사회에서 필요한 것 이외의 어떠한 제한도 과하여져서는 아니 된다.

제41조 1. 이주노동자와 그 가족은 출신국의 법률에 따라 자국의 공무에 참여할 권리를 가지며, 그 나라의 선거 시 선거권과 피선거권을 가진다.

2. 관계국은 적절한 경우 법률에 따라 이러한 권리의 행사를 지원하여야 한다.

제42조 1. 당사국은 출신국과 취업국 양쪽에 이주노동자와 그 가족의 특별한 필요, 희망 및 의무가 이를 통하여 고려될 수 있는 절차 또는 기관의 수립을 검토하여야 하며, 적절한 경우 이주노동자와 그 가족이 이 기관에 자유롭게 선출된 대표자를 둘 수 있는 가능성을 상정하여야 한다.

2. 취업국은 지역사회의 생활과 운영에 관한 결정을 할 때 국내법에 따라 이주노동자와 그 가족과의 협의와 참여를 조장하여야 한다.

3. 취업국이 주권의 행사로서 이주노동자에게 정치적 권리를 부여하면, 그는 취업국에서 정치적 권리를 향유할 수 있다.

제43조 1. 이주노동자는 다음 사항의 이용에 관하여 취업국의 국민과 평등한 대우를 향유한다.

(a) 당해 기관과 사업상의 입학요건 및 기타 규정을 따른다는 조건하에 교육기관 및 교육사업의 이용
(b) 직업안내 및 취업소개의 이용
(c) 직업훈련 및 재훈련시설과 기관의 이용
(d) 주택의 이용. 이에는 사회주택계획과 임차료의 착취로부터의 보호를 포함한다.
(e) 당해 사업의 참가자격을 충족하는 경우 사회 및 보건사업의 이용
(f) 협동조합 및 자주관리사업에의 참여, 단 이것이 그들의 이주상의 지위 변경을 의미하지 아니하며, 당해 단체의 규정과 규칙을 따라야 한다.
(g) 문화생활의 이용과 참여

2. 취업국에 의하여 허용된 체류조건이 각각의 요건을 충족시킨다면, 당사국은 이주노동자가 이 조 제1항에 규정된 권리를 향유할 수 있도록 실질적으로 평등한 대우를 보장할 수 있는 조건을 신장시켜야 한다.

3. 취업국은 이주노동자의 고용주가 그들을 위하여 주택이나 사회, 문화적 시설을 설치하는 것을 방해하여서는 아니 된다. 이 협약 제70조의 규정의 적용을 전제로 하여 취업국은 그러한 시설의 설치는 그 설비에 관하여 해당국에서 일반적으로 적용되는 조건을 따르게 할 수 있다.

제44조 1. 당사국은 가정이 사회의 자연적이며 기초적인 단위이고, 사회와 국가의 보호를 받을 권리를 가짐을 인정하며, 이주노동자 가족들의 결합의 보호를 보장하기 위하여 적절한 조치를 취하여야 한다.

2. 당사국은 이주노동자가 그의 배우자나 해당 법률에 따르면 혼인과 동등한 취급을 받는 관계에 있는 자 및 미혼의 피부양 미성년 자녀와 재결합하는 것을 촉진하기 위하여 자신의 권한 내에서 적절한 조치를 취하여야 한다.

3. 취업국은 이주노동자의 다른 가족에 대하여도 인도적 견지에서 이 조 제2항에 규정된 것과 동등한 대우를 부여함을 호의적으로 고려하여야 한다.

제45조 1. 이주노동자의 가족은 취업국에서 다음 사항의 이용에 관하여 취업국의 국민과 평등한 대우를 향유한다.

(a) 당해 기관과 사업상의 입학요건 및 기타 규정을 따른다는 조건하에 교육기관 및 교육사업의 이용

(b) 참가 자격을 충족하는 경우, 직업훈련 및 재훈련시설과 기관의 이용

(c) 각각의 사업의 참가자격을 충족하는 경우 사회 및 보건사업의 이용

(d) 문화생활의 이용과 참여

2. 취업국은 적절한 경우에는 출신국과 협력하여 이주노동자의 자녀에게 특히 현지 언어를 가르치는 것과 관련하여 그들이 현지의 학교제도에 용이하게 적응하도록 하는 정책을 추구하여야 한다.

3. 취업국은 이주노동자의 자녀에 대한 모국어 및 출신국의 문화 교육을 촉진하도록 노력하여야 하며, 출신국은 적절한 경우 언제든지 이에 협력하여야 한다.

4. 취업국은 필요하다면 출신국의 협력을 받아 이주노동자의 자녀의 모국어 교육을 위한 특별과정을 설치할 수 있다.

제46조 이주노동자와 그 가족은 관계국의 적용 법률은 물론 관련 국제협정 및 관세동맹에의 참여로 인한 의무를 따를 것을 전제로 하여, 취업국이 인정한 유급활동을 수행하는 데 필요한 장비와 개인 소지품 및 가재에 대하여 다음의 경우 출입국 관세와 세금이 면제된다.

(a) 출신국 또는 상거소국으로부터의 출국 시

(b) 취업국으로의 최초 입국 시

(c) 취업국으로부터의 최종 출국 시

(d) 출신국 또는 상거소국으로의 최종 귀국 시

제47조 1. 이주노동자는 그의 수입과 저축, 특히 가족 부양에 필요한 금액을 취업국으로부터 출신국 또는 기타 국가로 송금할 권리를 가진다. 그러한 송금은 관계국의 적용 법률에 따른 절차와 관련 국제협정에 따라 시행된다.

2. 관계국은 송금을 용이하게 하도록 적절한 조치를 취하여야 한다.

제48조 1. 이주노동자와 그 가족은 관련 이중과세협정을 해하지 않는 범위에서 취업국에서의 수입에 관하여 다음과 같이 처우된다.

(a) 유사한 상황의 그 나라의 국민에게 부과되는 것 이상으로 고액이거나 부담이 되는 조세, 관세 또는 어떠한 명칭의 부과금도 부과되지 아니한다.

(b) 부양가족 공제를 포함하여 유사한 상황의 그 나라의 국민에게 적용되는 어떠한 명칭의 조세감면이나 조세공제도 받을 권리를 가진다.

2. 당사국은 이주노동자와 그 가족의 수입 및 저축에 대한 이중과세를 방지하기 위한 적절한 조치를 채택하기 위하여 노력한다.

제49조 1. 국내법에 따라 체류와 취업에 별개의 허가를 요하는 취업국은 이주노동자의 유급활동 종사 허가기간과 최소한 동일한 기간의 체류허가를 발급하여야 한다.

2. 취업국에서 자유롭게 유급활동을 선택하는 것이 허용되는 이주노동자는 취업허가 또는 유사한 허가의 기간 만료 이전에 유급활동이 종료되었다는 사실만으로는 비정규적 상황에 있는 것으로 간주되거나 체류허가를 상실하지 아니한다.

3. 이 조 제2항에 규정된 이주노동자에게 다른 유급활동을 구하는 데 충분한 시간을 주기 위하여, 적어도 그가 실업수당을 받을 수 있는 기간 동안은 체류허가가 철회되어서는 아니 된다.

제50조 1. 이주노동자가 사망하거나 혼인의 해소시 취업국은 가족의 재결합에 근거하여 그 국가에 체류하고 있는 이주노동자 가족에 대한 체류허가 부여에 대하여 호의적인 고려를 하여야 한다. 취업국은 그들이 그 국가에 이미 체류한 기간을 고려하여야 한다.

2. 그러한 허가를 받지 못한 가족에게는 출국 전에 취업국에서의 용무를 처리하는데 필요한 합리적인 기간이 허용되어야 한다.

3. 이 조 제1항과 제2항의 규정은 취업국의 입법 또는 그 국가에 적용되는 양자 및 다자조약에 의하여 그러한 가족에게 부여되는 체류 및 취업의 권리를 해하는 것으로 해석되지 아니한다.

제51조 취업국에서 자유롭게 유급활동을 선택하는 것이 허용되지 않는 이주노동자는 그의 체류허가가 입국이 허용된 특정의 유급활동에 종속되어 있음이 명시된 경우 이외에는, 취업 허가기간의 만료 전에 유급활동이 종료되었다는 사실만으로는 비정규적 상황에 있는 것으로 간주된다거나, 체류자격을 상실하지 아니한다. 그러한 이주

노동자는 취업허가서에 규정된 조건과 제한을 전제로 하여, 남은 취업허가기간 동안 대체취업, 공공근로계획에의 참여 및 재훈련 등을 요청할 권리가 있다.

제52조 1. 이주노동자는 취업국에서 다음의 제한과 조건하에서 자유롭게 유급활동을 선택할 권리를 가진다.

2. 취업국은 어떠한 이주노동자에 대하여도;
   (a) 국가이익을 위하여 필요하고 국내법으로 규정된 경우 제한적 범주의 취업, 직능, 역무, 활동으로의 진출을 제한할 수 있다.
   (b) 그 국가 외에서 취득한 직업상의 자격증의 인정에 관한 법률에 따라 유급활동의 자유선택을 제한할 수 있다. 그러나 관련 당사국은 그러한 자격증을 인정하기 위한 노력을 하여야 한다.

3. 취업허가가 기한부인 이주노동자에 대하여 취업국은 또한;
   (a) 2년 이하로 국내법에 규정된 기간 동안 이주노동자가 유급활동을 수행할 목적으로 합법적으로 국내에 체재한 경우, 자유롭게 유급활동을 선택할 권리를 인정할 수 있다.
   (b) 자국민 또는 국내법이나 양자 또는 다자협정에 따라 이 목적상 자국민으로 취급되는 자에게 우선권을 주는 정책을 수행하기 위하여 유급활동에 대한 이주노동자의 진출을 제한할 수 있다. 5년 이하로 국내법에 규정된 기간 동안 유급활동을 목적으로 합법적으로 국내에 체재한 이주노동자에게는 이러한 제한이 적용되지 아니한다.

4. 취업국은 취업을 위하여 입국이 허용된 이주노동자의 자영업 종사가 허가되는 조건을 설정하여야 한다. 그 노동자가 취업국에서 합법적으로 체류한 기간이 고려되어야 한다.

제53조 1. 무기한 또는 자동연장이 가능한 체류허가 또는 입국허가를 얻은 이주노동자의 가족은 이 협약 제52조에 따라 이주노동자에게 적용되는 것과 같은 조건으로 자유롭게 유급활동을 선택하는 것이 허용되어야 한다.

2. 관련 양자 또는 다자협정의 적용을 전제로 하여 당사국은 유급활동의 자유로운 선택권이 허용되지 않는 이주노동자의 가족에 대하여 유급활동 종사 허가의 취득에 있어서 취업국 입국을 신청하는 다른 노동자보다는 유급활동 종사 허가취득에 있어 우선권의 부여를 긍정적으로 고려하여야 한다.

제54조 1. 체류허가 또는 취업허가의 조건과 이 협약 제25조와 제27조에 규정된 권리를 해하지 아니하고, 이주노동자는 다음 사항에 있어서 취업국의 국민과 평등한 처우를 향유한다.
   (a) 해고로부터의 보호

(b) 실업수당
(c) 실업대책으로서의 공공근로계획에의 참가
(d) 이 협약 제52조의 적용을 전제로 하여 실업 또는 다른 유급활동 종료 시 대체취업의 기회

2. 이주노동자가 자신의 근로계약 조건이 고용주에 의하여 위반되었다고 주장하는 경우, 그는 이 협약 제18조 제1항에 규정된 바에 따라 그 사건을 취업국의 권한 있는 당국에 제기할 권리가 있다.

제55조 유급활동에 종사를 허가받은 이주노동자는 그 허가에 부가된 조건하에서는 그 유급활동의 수행에 있어서 취업국의 국민과 평등한 처우를 받을 권리를 가진다.

제56조 1. 협약 제4부에서 지적된 이주노동자와 그 가족은 협약 제3부에 규정된 보호조항의 적용을 전제로 하여 그 국가의 국내법에 규정된 이유에 해당하는 경우 이외에는 취업국으로부터 추방당하지 아니한다.

2. 이주노동자 또는 그 가족의 체류허가 및 취업허가로부터 발생하는 권리를 박탈하기 위한 목적에서 추방이 이용되어서는 아니 된다.

3. 이주노동자 또는 그 가족의 추방 여부를 검토할 때에는 인도적 고려사항과 그가 취업국에서 이미 체재한 기간이 고려되어야 한다.

제5부 특별한 유형의 이주노동자와 그 가족에 관한 규정

제57조 협약 제5부에 규정된 신고되거나 정규적 상황에 있는 특별한 유형의 이주노동자와 그 가족은 제3부에 규정된 권리와 아래에서 수정된 경우를 제외한 제4부에 규정된 권리를 향유한다.

제58조 1. 이 협약 제2조 제2항 (a)에 정의된 월경노동자는 그가 취업국에 상거소를 가지고 있지 아니하다는 점을 고려하여 취업국에서의 체재와 노동으로 인하여 그에게 적용될 수 있는 협약의 제4부에 규정된 권리를 가진다.

2. 취업국은 일정 기간 이후에는 월경노동자에게 자유롭게 유급활동을 선택할 권리를 부여하는 것을 긍정적으로 고려한다. 이 권리의 부여는 그의 월경노동자로서의 지위에 영향을 미치지 아니한다.

제59조 1. 이 협약 제2조 제2항 (b)에 정의된 계절노동자는 그가 취업국에서 연중 일부만 거주한다는 점을 고려하여 협약 제4부에 규정된 권리 중 그의 취업국 영역에서의 체재와 노동으로 인하여 그에게 적용될 수 있는 것으로서 계절노동자라는 그 국가에서의 그의 지위와 양립할 수 있는 권리를 가진다.

2. 이 조 제1항의 적용을 전제로 하여 취업국은 상당 기간 자국 영역 내에서 취업하였던 계절노동자가 관련 양자 및 다자협정에 따를 것을 조건으로 하여 다른 유급활동에 종사할 가능성과 그 국가로 입국신청을 하는 다른 노동자에 비하여 우선권을 줄 가능성을 검토한다.

제60조 이 협약 제2조 제2항 (e)에 정의된 순회노동자는 협약의 제4부에 규정된 권리 중 취업국에서의 체재와 노동으로 인하여 그에게 부여될 수 있는 것으로서 그 국가에서 순회노동자로서의 그의 지위와 양립할 수 있는 권리를 가진다.

제61조 1. 이 협약 제2조 제2항 (f)에 정의된 특정사업노동자와 그 가족은 제43조 제1항 (b) 및 (c), 제43조 제1항 (d) 중 사회주택계획에 관한 부분, 제45조 제1항 (b) 및 제52조 내지 제55조의 권리를 제외한 협약의 제4부에 규정된 권리를 가진다.

2. 특정사업노동자가 그의 근로계약 조건이 고용주에 의하여 위반되었다고 주장하는 경우, 그는 이 협약 제18조 제1항에 규정된 바에 따라 그 사건을 당해 고용주에 대하여 관할권을 갖는 국가의 권한 있는 당국에 제기할 권리를 가진다.

3. 당사국은 시행 중인 양자 또는 다자협정의 적용을 전제로 하여 특정사업노동자가 그 사업에 근무하고 있는 동안 출신국 또는 상거소국의 사회보장제도에 의한 보호를 적절하게 계속 받을 수 있도록 노력하여야 한다. 관련 당사국은 이 점에서 권리의 부정이나 지급의 중복을 회피할 수 있도록 적절한 조치를 취하여야 한다.

4. 이 협약 제47조의 규정 및 관련 양자 또는 다자협정을 해하지 아니하며, 관련 당사국은 특정사업노동자의 임금을 출신국 또는 상거소국에서 지불할 것을 허용하여야 한다.

제62조 1. 이 협약 제2조 제2항 (g)에 정의된 특별취업노동자는 협약 제43조 제1항 (b) 및 (c), 제43조 제1항 (d) 중 사회주택계획에 관한 부분, 제52조, 제54조 제1항 (d)를 제외하고 협약 제4부에 규정된 권리를 가진다.

2. 특별취업노동자의 가족은 제53조의 규정을 제외하고 협약 제4부에 규정된 이주노동자의 가족에 관한 권리를 가진다.

제63조 1. 이 협약 제2조 제2항 (h)에 정의된 자영노동자는 근로계약을 체결하는 노동자에게만 배타적으로 적용되는 권리를 제외하고 협약 제4부에 규정된 권리를 가진다.

2. 이 협약 제52조와 제57조의 규정을 해하지 아니하고, 자영노동자의 경제활동 종료는 그의 체류허가가 입국이 허용된 특정의 유급활동에 종속되어 있음이 명시된 경우 이외에는 그 자체로 그와 그 가족에 대한 취업국에서의 체재 또는 유급활동의 종사에 대한 허가철회를 의미하지 아니한다.

제6부 노동자와 그 가족의 국제이주에 관한 건전하고 공평하며 인도적이며 합법적인 조건의 증진

제64조 1. 당사국은 이 협약 제79조의 규정을 해하지 아니하고 노동자와 그 가족의 국제이주에 관한 건전하고 공평하며 인도적인 조건을 촉진하기 위하여 적절하게 협의하고 협력하여야 한다.

2. 그 점에 관하여는 노동력의 수요와 공급만이 아니라 이주노동자와 그 관련 가족의 사회적, 경제적, 문화적 및 기타의 필요는 물론 관련 공동체에 대한 이주의 영향에 대하여도 적절한 고려가 있어야 한다.

제65조 1. 당사국은 노동자와 그 가족의 국제이주에 관한 문제에 대처하기 위하여 적절한 기구를 유지한다. 그 기능에는 특히 다음이 포함되어야 한다.

(a) 그 같은 이주에 관한 정책의 수립과 집행

(b) 그 같은 이주와 관련된 다른 당사국의 권한 있는 당국과의 정보교환, 협의 및 협력

(c) 특히 고용주, 노동자 및 그들의 조직에 대하여 이주 및 취업에 관한 정책, 법률, 규정과 이주에 관한 타국과의 협정, 기타 관련된 사항에 대한 적절한 정보의 제공

(d) 이주노동자와 그 가족에게 출발, 이동, 도착, 체류, 유급활동, 일시출국과 재입국을 할 때 필요로 하는 허가, 절차, 준비 및 취업국에서의 근로조건과 생활조건, 관세, 통화, 세금, 기타 관계 법령에 관한 정보의 제공과 적절한 지원

2. 당사국은 이주노동자와 그 가족의 사회적, 문화적 및 기타의 필요를 충족하는 데 소요되는 적절한 영사업무 및 다른 용역의 제공을 적절히 촉진하여야 한다.

제66조 1. 이 조 제2항에 따를 것을 조건으로, 외국에서 취업할 노동자를 모집하기 위한 업무를 담당할 권리는 아래의 경우에 한정되어 인정된다.

(a) 그러한 업무가 진행되는 국가의 공공기관이나 기구

(b) 관계국간의 협정에 근거한 취업국의 공공기관이나 기구

(c) 양자 또는 다자협정에 의하여 설립된 기구

2. 관련 당사국의 법률과 관행에 따라 설립되어 당사국의 공공당국에 의한 허가, 승인, 감독에 따를 것을 조건으로 대리상, 예정 고용주 또는 그들의 대리인에게도 그러한 업무수행이 허용될 수 있다.

제67조 1. 관련 당사국은 이주노동자와 그 가족이 귀국하기로 결정하였거나, 체류 또는 취업허가가 만료되었거나, 또는 취업국에서 비정규적 상황에 있을 때, 그들의 출신국으로의 질서 있는 귀환에 관한 조치를 채택함에 있어서 적절히 협력하여야 한다.

2. 관련 당사국은 정규적 상황의 이주노동자와 그 가족과 관련하여 출신국에서의 그들의 재정착을 위한 적절한 경제환경을 조장하고 그들의 항구적인 사회적, 문화적 재통합을 용이하게 하기 위하여 당사국 간에 합의된 조건에 따라 적절히 협력하여야 한다.

제68조 1. 통과국을 포함하여 당사국들은 비정규적 상황에 있는 이주노동자의 불법 내지 비밀 이동과 취업을 방지하고 근절하기 위하여 협력하여야 한다. 이 목적을 위하여 각국이 그 관할권 내에서 취할 조치에는 다음 사항이 포함된다.

(a) 이민을 오고 가는 것에 관한 잘못된 정보의 유포행위에 대한 적절한 조치

(b) 이주노동자와 그 가족의 불법 내지 비밀 이동을 적발하고 근절하는 조치와 이와 같은 이동을 조직하거나, 수행하거나, 이를 지원하는 개인, 집단 또는 단체를 효과적으로 제재하기 위한 조치

(c) 비정규적 상황에 있는 이주노동자와 그 가족에게 폭력, 협박, 위협을 가하는 개인, 집단 또는 단체를 효과적으로 제재하기 위한 조치

2. 취업국은 적절한 경우 고용주에 대한 제재를 포함하여 자국 영역 내에서 비정규적 상황의 이주노동자의 취업을 근절하는 데 적합하고 효과적인 모든 조치를 취하여야 한다. 이주노동자가 취업에 따라 고용주에 대하여 갖는 권리는 이러한 조치에 의하여 침해되지 아니한다.

제69조 1. 당사국은 자국 영역 내에 비정규적 상황의 이주노동자와 그 가족이 있는 경우 그러한 상황이 지속되지 않도록 적절한 조치를 취하여야 한다.

2. 관계당사국이 관련 국내법 및 양자 또는 다자협정에 따라 그들의 지위를 정규화시킬 가능성을 검토할 때에는, 그들의 입국 관련 사정, 취업국에서의 체류기간, 특히 그의 가족상황에 관한 것 등 기타 관련사항에 적절한 주의가 기울여져야 한다.

제70조 당사국은 정규적 상황의 이주노동자와 그 가족의 근로조건과 생활조건이 적절성, 안전성, 위생적 기준과 인간의 존엄성의 원칙에 상응할 것을 보장하기 위하여 자국민에게 적용되는 정도의 조치를 취하여야 한다.

제71조 1. 당사국은 필요할 경우에는 언제든지 사망한 이주노동자 또는 그 가족의 사체가 출신국으로 용이하게 송환되도록 한다.

2. 이주노동자 또는 그 가족의 사망에 대한 보상문제에 관하여 당사국은 문제의 조속한 해결을 위하여 적절한 경우 관계자에게 지원을 제공하여야 한다. 이 문제의 해결은 이 협약규정과 합치되는 관련 국내법과 양자 또는 다자협정에 기하여 이루어져야 한다.

제7부 협약의 적용

제72조 1. (a) 이 협약의 적용을 심사하기 위하여 모든 이주노동자와 그 가족의 권리보호위원회(이하 "위원회"라고 칭한다)를 설치한다.

(b) 위원회는 이 협약의 발효 시에는 10명, 그리고 41개 당사국에 대하여 발효한 이후에는 14명의 고매한 인격을 가지며, 공정하고, 협약이 대상으로 하는 분야에서 능력을 인정받은 전문가로 구성한다.

2. (a) 위원회의 위원은 당사국에 의하여 지명된 명단으로부터 당사국에 의한 비밀투표에 의하여 선출되는데, 출신국과 취업국을 포함하는 공평한 지리적 배분과 주요한 법체계의 대표에 관하여 적절한 고려가 베풀어져야 한다. 각 당사국은 자국민으로는 1명을 지명할 수 있다.

(b) 위원은 개인자격으로 선출되어, 직무를 수행한다.

3. 최초의 선거는 이 협약의 발효일로부터 6개월 이내에 실시하여야 하며, 이후 선거는 매 2년마다 실시한다. 국제연합 사무총장은 적어도 각 선거일 4개월 전에 모든 당사국에 대하여 2개월 내에 그 지명을 제출하도록 요청하는 서한을 보낸다. 사무총장은 지명한 당사국을 적시하여 알파벳 순으로 피지명자의 명부를 작성하고, 이를 늦어도 각 선거일 1개월 전에 피지명자의 경력을 첨부하여 당사국에게 송부한다.

4. 위원회 위원의 선거는 국제연합 본부에서 사무총장이 소집한 당사국회의에서 실시된다. 당사국의 3분의 2를 의사정족수로 하는 회의에서, 출석하여 투표한 당사국의 최대다수표 및 절대과반수를 획득한 후보가 선출된다.

5. (a) 위원회의 위원은 4년 임기를 근무한다. 단, 최초의 선거에서 선출된 위원 중 5인의 임기는 2년으로 종료된다. 이들 5인 위원의 명단은 최초 선거 직후 당사국회의 의장에 의하여 추첨으로 선정된다.

(b) 위원회의 4인의 추가위원의 선거는 협약이 41개국에 대하여 발효한 후 이 조 제2항, 제3항 및 제4항의 규정에 따라서 실시한다. 이때 선출된 추가위원 중 2인의 임기는 2년으로 종료하고, 이들 위원의 명단은 당사국회의 의장에 의하여 추첨으로 선정된다.

(c) 위원회 위원은 재지명되면 재선될 수 있다.

6. 위원회의 위원이 사망 또는 사임하거나 다른 이유로 위원회의 직무를 더 이상 수행할 수 없다고 선언하는 경우, 그 전문가를 추천한 당사국은 잔여 임기 동안 자국민 중에서 다른 전문가를 임명한다. 이 신규임명은 위원회에 의하여 승인을 받아야 한다.

7. 국제연합 사무총장은 위원회의 효과적인 기능수행을 위하여 필요한 직원과 편의를 제공하여야 한다.

8. 위원회의 위원은 국제연합의 재원에 의하여 총회가 결정하는 액수와 조건의 보수를 받는다.

9. 위원회의 위원은 국제연합의 특권과 면제에 관한 협약의 관계 조항에 규정된 바에 따라 국제연합을 위한 직무를 행하는 전문가로서의 편의, 특권 및 면제를 향유할 권리를 가진다.

第73조 1. 당사국은 이 협약 규정의 이행을 위하여 취한 입법, 사법, 행정 및 기타 조치에 관한 보고서를 위원회의 검토를 받기 위하여 국제연합 사무총장에게 다음과 같이 제출할 것을 약속한다.

(a) 당사국에 대하여 이 협약이 발효한 후 1년 이내

(b) 그 이후에는 5년마다 및 위원회가 요청할 때

2. 이 조에 의하여 작성되는 보고서에는 이 협약의 이행에 영향을 미치는 요소와 장애가 있을 경우 이를 기재하여야 하며, 당사국이 관련된 이주의 흐름상의 특징에 관한 정보를 포함하여야 한다.

3. 위원회는 보고서의 내용에 관하여 적용될 추가지침을 작성하여야 한다.

4. 당사국은 자국 내에서 그 보고서를 일반에게 널리 보급하여야 한다.

第74조 1. 위원회는 각 당사국이 제출하는 보고서를 심사하고, 적절하다고 판단하는 논평을 해당 당사국에게 송부한다. 당사국은 이 조에 따라 위원회가 제시한 논평에 대한 견해를 위원회로 제출할 수 있다. 위원회는 이 보고서를 검토할 때 당사국으로부터의 보충정보를 요청할 수 있다.

2. 국제연합 사무총장은 위원회의 각 정기회의가 개최되기 이전 적절한 시기에 당사국이 제출한 보고서의 사본과 보고서의 검토에 관련된 정보를 국제노동사무소 사무총장에게 송부하여, 이 협약에 의하여 취급되고 있는 국제노동기구의 권한 영역에 속하는 사항에 대하여 사무소가 전문지식을 제공함으로써 위원회를 원조할 수 있도록 한다. 위원회는 그 심사에 있어 사무소가 제공하는 논평과 자료를 고려하여야 한다.

3. 국제연합 사무총장은 위원회와의 협의 후, 다른 전문기구나 정부 간 국제기구에 그들의 권한 범위에 해당하는 보고서 일부의 사본을 송부할 수 있다.

4. 위원회는 국제연합의 전문기구, 기관은 물론 정부간 국제기구 및 기타 관련기관에 대하여 위원회에서의 검토를 위하여 그 기관의 활동 분야에 속하는 것으로서 이 협약이 취급하고 있는 사항에 관하여 정보를 제출하도록 요청할 수 있다.

5. 위원회는 국제노동사무소에 대하여 위원회 회의에 자문역으로 참가할 대표를 임명하도록 요청하여야 한다.

6. 위원회는 국제연합의 다른 전문기구, 기관은 물론 정부 간 국제기구의 권한 범위 내의 문제가 검토되는 경우에는 언제든지 대표자가 회의에 출석하여 청문에 응하도록 초청할 수 있다.
7. 위원회는 특히 보고서의 심사와 당사국에 의하여 제출된 견해에 근거한 그 자신의 고려사항과 권고를 포함하는 이 협약의 이행에 관한 연례보고서를 국제연합 총회에 제출한다.
8. 국제연합 사무총장은 위원회의 연례보고서를 이 협약의 당사국, 경제사회이사회 및 국제연합 인권위원회, 국제노동사무소 사무총장 및 기타 관련 기관으로 송부한다.

第75条 1. 위원회는 자체의 절차 규칙을 채택한다.
2. 위원회는 2년 임기의 임원을 선출한다.
3. 위원회는 통상 매년 회합한다.
4. 위원회의 회의는 통상 국제연합 본부에서 개최된다.

第76条 1. 협약의 당사국은 이 조에 따라 타당사국이 협약상의 의무를 이행하지 않고 있다고 주장하는 당사국의 통보를 접수하여 검토할 위원회의 권한을 인정한다고 언제든지 선언할 수 있다. 이 조에 의한 통보는 자국에 대한 위원회의 권한의 인정을 선언한 당사국에 의하여 제출된 경우에만 접수, 검토될 수 있다. 그러한 선언을 행하지 아니한 당사국에 관한 통보는 위원회에 의하여 접수되지 아니한다. 이 조에 따라 접수된 통보는 다음의 절차에 따라 처리된다.

(a) 이 협약의 당사국은 타 당사국이 이 협약상의 의무를 이행하지 않고 있다고 생각하는 경우, 서면통보에 의하여 이 문제에 관한 그 당사국의 주의를 환기시킬 수 있다. 당사국은 위원회에도 이를 통지한다. 통보를 접수한 후 3개월 이내에 접수국은 당해 문제를 해명하는 설명 또는 기타 진술을 서면으로 통보국에 전달하며, 이에는 가능하고 적절한 범위 내에서, 당해 문제와 관련하여 이미 취하여졌든가, 현재 진행 중이든가 또는 이용 가능한 국내절차와 구제수단에 관한 언급이 포함되어야 한다.

(b) 접수국이 최초의 통보를 접수한 후 6개월 이내에 당해 문제가 양당사국에게 만족스럽게 조정되지 아니할 경우, 어느 일방 당사국은 위원회와 타당사국에 대한 통고로써 당해 문제를 위원회로 회부할 권리를 가진다.

(c) 위원회는 일반적으로 승인된 국제법의 원칙에 따라 그 문제에 관하여 가능한 모든 국내적 구제절차가 원용되고 완료되었음을 확인한 다음에만 회부된 문제를 처리하여야 한다. 다만, 위원회의 견해에 의하면 구제절차의 적용이 비합리적으로 지연되고 있을 경우에는 그러하지 아니한다.

(d) 이 항 (c)의 규정을 따를 것을 전제로 하여 위원회는 이 협약에 규정된 의무에 대한 존중의 기초 위에서 문제를 우호적으로 해결하기 위하여 관계당사국에게 주선을 제공한다.

(e) 위원회가 이 조에 의한 통보를 심사할 경우에는 비공개회의를 한다.

(f) 위원회는 이 항 (b)에 따라 회부된 어떠한 문제에 관하여도 (b)에 지적된 관계 당사국들에게 모든 관련정보를 제출할 것을 요청할 수 있다.

(g) 이 항 (b)에 지적된 관계당사국은 위원회에 의하여 당해 문제가 검토되고 있는 동안 출석하여 구두 또는 서면으로 의견을 제출할 권리를 가진다.

(h) 위원회는 이 항 (b)에 의한 통보의 접수일로부터 12개월 이내에 다음과 같은 보고서를 제출한다.

(i) 이 항 (d)의 규정에 따른 해결에 도달한 경우, 위원회는 보고서를 사실과 도달된 해결에 관한 간략한 설명에만 국한시킨다.

(ii) (d)의 규정에 따른 해결에 도달하지 못한 경우, 위원회는 보고서에 관계 당사국 간의 쟁점에 관한 관련사실을 진술한다. 관계당사국이 제출한 서면진술과 구두진술의 기록은 이 보고서에 첨부시킨다. 위원회는 관계 당사국 간의 쟁점과 관련된다고 생각하는 견해를 관계 당사국에게만 통보할 수 있다.

모든 경우 보고서는 관계 당사국에게 통보된다.

2. 이 조의 규정은 이 협약의 10개 당사국이 이 조 제1항에 따른 선언을 하였을 때 발효된다. 당사국에 의한 선언문은 국제연합 사무총장에게 기탁되며, 그는 선언문의 사본을 타 당사국에게 송부한다. 이 선언은 사무총장에 대한 통고로써 언제든지 철회될 수 있다. 이 철회는 이 조에 의하여 이미 송부된 통보의 대상인 어떠한 문제의 검토도 방해하지 아니한다. 선언 철회의 통고가 사무총장에 의하여 접수된 이후에는 관계 당사국이 새로운 선언을 하지 아니하는 한 이 조에 따른 어떠한 당사국에 의한 추후의 통보도 접수되지 아니한다.

제77조 1. 협약의 당사국은 이 조에 따라 그 관할권에 속하는 자로서 이 협약에 의하여 규정된 개인적 권리가 그 당사국에 의하여 침해되었다고 주장하는 개인 또는 그의 대리인의 통보를 접수하고 검토할 위원회의 권한을 인정한다고 언제든지 선언할 수 있다. 그러한 선언을 행하지 아니한 당사국에 대한 통보는 위원회에 의하여 접수되지 아니한다.

2. 위원회는 이 조에 따른 통보가 익명이거나 통보제출권의 남용 또는 규약 규정과 양립할 수 없는 것으로 판단하는 경우, 그러한 통보는 심리적격이 없는 것으로 간주하여야 한다.

3. 위원회는 다음 사항이 확인되지 아니하면 개인으로부터의 어떠한 통보도 검토하지 아니한다.
   (a) 동일한 문제가 다른 국제적 조사 또는 해결 절차에 따라 심사된 바 있었거나, 심사되고 있지 않을 것
   (b) 개인이 이용 가능한 모든 국내적 구제조치를 완료하였을 것. 단, 위원회의 견해에 의하면 구제조치의 적용이 불합리하게 지연되거나, 개인에게 실효적인 구제를 부여할 것으로 보이지 않는 경우에는 그러하지 아니한다.
4. 이 조 제2항의 규정을 따를 것을 전제로 하여 위원회는 이 조에 의하여 제출된 모든 통보에 대하여 이 조 제1항의 선언을 하였고 이 협약의 어느 규정을 위반하고 있다고 주장되는 당사국의 주의를 환기시킨다. 이 접수국은 사건과 취하여진 구제조치가 있는 경우 이를 명확히 하는 서면의 설명서 또는 진술서를 6개월 이내에 위원회에 제출한다.
5. 위원회는 개인 또는 그 대리인과 관계 당사국으로부터 제출된 모든 정보를 참고로 하여 이 조에 의하여 접수된 통보를 검토한다.
6. 위원회가 이 조에 의한 통보를 심사할 때에는 비공개회의를 한다.
7. 위원회는 관계 당사국과 개인에게 자신의 견해를 송부한다.
8. 이 조의 규정은 이 협약의 10개 당사국이 제1항상의 선언을 하였을 때에 발효된다. 이 선언은 당사국에 의하여 국제연합 사무총장에게 기탁되고, 그는 그 사본을 다른 당사국에 송부한다. 이 선언은 사무총장에 대한 통고로써 언제든지 철회될 수 있다. 이 철회는 이 조의 규정에 의하여 이미 송부된 통보의 대상인 어떠한 문제의 검토도 방해하지 아니한다. 사무총장에 의하여 선언철회의 통고가 접수된 후에는 당사국이 새로운 선언을 하지 아니하는 한, 이 조에 따른 개인이나 그의 대리인에 의한 추후의 통보는 접수되지 아니한다.

제78조 이 협약 제76조의 규정은 이 협약의 대상 분야에 있어서의 국제연합 및 그 전문기구의 설립문서나 이들 기관에 의하여 채택된 협약에 규정되어 있는 분쟁 또는 청원을 해결하기 위한 다른 절차를 방해하지 아니하는 가운데 적용되며, 당사국들이 그들간에 시행 중인 국제협정에 따라 분쟁해결을 위한 다른 절차에 호소하는 것도 방해하지 아니한다.

제8부 일반 조항

제79조 이 협약의 어떠한 규정도 당사국이 이주노동자와 그 가족의 입국을 규율하는 기준을 설정하는 권리에 영향을 미치지 아니한다. 이주노동자와 그 가족의 법적 지위와 처우에 관한 기타 문제에 대하여 당사국은 이 협약에 규정된 제한에 복종하여야 한다.

제80조 이 협약의 어떠한 규정도 이 협약에서 취급되는 문제에 관하여 국제연합의 각 기관과 전문기구의 책임을 각각 명시하고 있는 국제연합 헌장 및 전문기구 헌장의 규정을 침해하는 것으로 해석되지 아니한다.

제81조 1. 이 협약의 어떠한 규정도 다음에 의하여 이주노동자와 그 가족에게 부여된 좀 더 호의적인 권리와 자유에 영향을 주어서는 아니 된다.

(a) 당사국의 법률 또는 관행

(b) 관계 당사국에 대하여 시행 중인 모든 양자 또는 다자조약

2. 이 협약의 어떠한 규정도 어느 국가, 집단 또는 개인이 협약에 규정된 권리와 자유를 해하는 행위에 관여하거나, 이를 수행할 수 있는 권리를 부여하는 것으로 해석되지 아니한다.

제82조 이 협약에 규정된 이주노동자와 그 가족의 권리는 포기될 수 없다. 그 권리 중 일부를 포기시키거나 단념시킬 목적으로 이주노동자와 그 가족에게 여하한 형태의 압력을 가하는 것도 허용되지 아니한다. 계약을 통하여 이 협약상 인정된 권리로부터 일탈할 수 없다. 당사국은 이 원칙에 대한 존중이 보장되도록 적절한 조치를 취하여야 한다.

제83조 이 협약의 각 당사국은 다음의 조치를 취할 것을 약속한다.

(a) 이 협약에서 인정되는 권리 또는 자유를 침해당한 자에 대하여, 그러한 침해가 공무집행자에 의하여 진행된 것이라고 할지라도 효과적인 구제조치를 받을 수 있도록 보장한다.

(b) 그러한 구제조치를 청구하는 개인에 대하여, 권한 있는 사법, 행정 또는 입법 당국이나 당해 국가의 법제도에 따라 설치된 여타의 권한 있는 당국에 의하여 그의 청구가 심사되고 결정될 것임을 보장하고, 또한 사법적 구제조치의 가능성을 확대시킨다.

(c) 그러한 구제조치가 허용되는 경우, 권한 있는 당국이 이를 집행할 것을 보장할 것.

제84조 각 당사국은 이 협약 규정의 이행에 필요한 입법 및 기타 조치를 채택할 것을 약속한다.

제9부 최종 조항

제85조 국제연합 사무총장이 이 협약의 수탁자로 지명된다.

제86조 1. 이 협약은 모든 국가들의 서명을 위하여 개방된다. 이 협약은 비준을 받아야 한다.

2. 이 협약은 어떠한 국가의 가입에도 개방된다.

3. 비준서 또는 가입서는 국제연합 사무총장에게 기탁된다.

제87조 1. 이 협약은 20번째의 비준서 또는 가입서의 기탁일로부터 3개월 이후 다음달의 첫째 날부터 발효한다.

2. 협약 발효 후 협약을 비준하거나 가입한 국가에 대하여는 그 비준서 또는 가입서가 기탁된 날로부터 3개월 이후 다음달의 첫째 날부터 발효한다.

제88조 이 협약을 비준 또는 가입하는 국가는 협약의 일정 부분의 적용을 배제시키거나, 제3조의 경우 이외에는 특정 범주의 이주노동자를 적용에서 배제시킬 수 없다.

제89조 1. 모든 당사국은 자국에 대하여 협약이 발효한 날로부터 5년 이후에는 국제연합 사무총장에게 보내는 서면통지에 의하여 이 협약을 폐기시킬 수 있다.

2. 폐기는 국제연합 사무총장이 통지를 수령한 날로부터 12개월 이후 다음 달의 첫째 날부터 발효한다.

3. 그러한 폐기는 이의 효력 발생일 이전에 발생한 어떠한 작위 또는 부작위에 관하여도 당사국을 이 협약상의 의무로부터 면제시켜 주는 효과를 가지지 아니하며, 또한 폐기의 효력 발생일 이전에 이미 위원회에 의하여 검토되고 있는 문제에 대하여도 그 검토의 계속을 어떠한 형태로도 방해하지 아니한다.

4. 위원회는 당사국의 폐기의 효력 발생일 이후에는 그 국가에 관한 어떠한 새로운 문제의 검토도 시작할 수 없다.

제90조 1. 이 협약 발효로부터 5년 이후에는 국제연합 사무총장에 대한 서면통지에 의하여 어느 당사국에 의하여도 언제든지 이 협약의 개정이 요청될 수 있다. 사무총장은 바로 각 당사국에게 이 제안을 검토하고 표결할 당사국회의의 개최에 찬성하는지에 관한 의견을 자신에게 통보하여 달라는 요청과 함께, 개정안을 당사국에게 통보한다. 통보일로부터 4개월 내에 당사국 중 3분의 1 이상이 회의 개최에 찬성하는 경우, 사무총장은 국제연합의 후원하에 회의를 소집한다. 이 회의에 출석하고 표결한 당사국의 과반수에 의하여 채택된 개정안은 승인을 받기 위하여 총회에 제출된다.

2. 개정은 국제연합 총회의 승인을 얻고, 각국의 헌법 절차에 따라 당사국의 3분의 2가 수락할 때 발효한다.

3. 개정은 발효 시 이를 수락한 당사국을 구속하고, 여타 당사국은 이 규약의 규정과 이미 수락한 그 이전의 개정에 계속 구속된다.

제91조 1. 국제연합 사무총장은 서명, 비준, 가입 시 각국이 행하는 유보를 접수하고, 이를 모든 국가로 송부한다.

2. 이 협약의 대상 및 목적과 양립하지 않는 유보는 허용되지 아니한다.

3. 유보는 국제연합 사무총장에게 보낸 통고에 의하여 언제든지 철회될 수 있으며, 그는 이를 모든 국가로 통고한다. 이 통고는 접수된 날에 발효한다.

제92조 1. 이 협약의 해석 또는 적용에 관한 두 개 이상의 당사국 간의 분쟁으로 협상에 의하여 해결되지 않는 것은 그중 어느 당사국의 요청이 있으면 중재에 회부된다. 중재 요청일로부터 6개월 이내에 중재의 구성에 대하여 당사국이 합의하지 못한 경우, 그중 어느 당사국도 국제사법재판소 규정에 따른 요청을 통하여 분쟁을 국제사법재판소로 회부할 수 있다.

2. 각 당사국은 이 협약의 서명, 비준 또는 가입할시 이 조 제1항에 구속되지 않겠다는 선언을 할 수 있다. 그러한 선언을 한 당사국에 대하여는 다른 당사국도 같은 항에 구속되지 아니한다.

3. 제2항에 따른 선언을 한 당사국은 국제연합 사무총장 앞으로 보낸 통지로써 언제든지 그 선언을 철회할 수 있다.

제93조 1. 이 협약은 아라비아어, 중국어, 영어, 불어, 러시아어 및 스페인어본이 동등한 정본이며, 국제연합 사무총장에게 기탁된다.

2. 국제연합 사무총장은 모든 국가들에게 이 협약의 인증등본을 송부한다.

이상의 증거로 아래에 서명한 전권대사들은 각 정부에 의하여 정당하게 권한을 부여받아 이 협약에 서명하였다.

부록 4

체류자격 일람표

단기체류자격(출입국관리법 시행령 제12조 관련, 개정 2019. 6. 11)

체류자격 (기호)	체류자격에 해당하는 사람 또는 활동범위
1. 사증면제 (B-1)	대한민국과 사증면제협정을 체결한 국가의 국민으로서 그 협정에 따른 활동을 하려는 사람
2. 관광·통과 (B-2)	관광·통과 등의 목적으로 대한민국에 사증 없이 입국하려는 사람
3. 일시취재 (C-1)	일시적인 취재 또는 보도활동을 하려는 사람
4. 단기방문 (C-3)	시장조사, 업무 연락, 상담, 계약 등의 상용(商用)활동과 관광, 통과, 요양, 친지 방문, 친선경기, 각종 행사나 회의 참가 또는 참관, 문화예술, 일반연수, 강습, 종교의식 참석, 학술자료 수집, 그 밖에 이와 유사한 목적으로 90일을 넘지 않는 기간 동안 체류하려는 사람(영리를 목적으로 하는 사람은 제외한다)
5. 단기취업 (C-4)	가. 일시 흥행, 광고·패션 모델, 강의·강연, 연구, 기술지도 등 별표 1의2 중 14. 교수(E-1)부터 20. 특정활동(E-7)까지의 체류자격에 해당하는 분야에 수익을 목적으로 단기간 취업활동을 하려는 사람 나. 각종 용역계약 등에 의하여 기계류 등의 설치·유지·보수, 조선 및 산업설비 제작·감독 등을 목적으로 국내 공공기관·민간단체에 파견되어 단기간 영리활동을 하려는 사람 다. 법무부장관이 관계 중앙행정기관의 장과 협의하여 정하는 농작물 재배·수확(재배·수확과 연계된 원시가공 분야를 포함한다) 및 수산물 원시가공 분야에서 단기간 취업 활동을 하려는 사람으로서 법무부장관이 인정하는 사람

장기체류자격(출입국관리법 시행령 제12조 관련, 개정 2019. 6. 11)

체류자격 (기호)	체류자격에 해당하는 사람 또는 활동범위
1. 외교 (A-1)	대한민국정부가 접수한 외국정부의 외교사절단이나 영사기관의 구성원, 조약 또는 국제관행에 따라 외교사절과 동등한 특권과 면제를 받는 사람과 그 가족
2. 공무 (A-2)	대한민국정부가 승인한 외국정부 또는 국제기구의 공무를 수행하는 사람과 그 가족
3. 협정 (A-3)	대한민국정부와의 협정에 따라 외국인등록이 면제되거나 면제할 필요가 있다고 인정되는 사람과 그 가족
4. 문화예술 (D-1)	수익을 목적으로 하지 않는 문화 또는 예술 관련 활동을 하려는 사람(대한민국의 전통문화 또는 예술에 대하여 전문적인 연구를 하거나 전문가의 지도를 받으려는 사람을 포함한다)
5. 유학 (D-2)	전문대학 이상의 교육기관 또는 학술연구기관에서 정규과정의 교육을 받거나 특정 연구를 하려는 사람
6. 기술연수 (D-3)	법무부장관이 정하는 연수조건을 갖춘 사람으로서 국내의 산업체에서 연수를 받으려는 사람
7. 일반연수 (D-4)	법무부장관이 정하는 요건을 갖춘 교육기관이나 기업체, 단체 등에서 교육 또는 연수를 받거나 연구활동에 종사하려는 사람[연수기관으로부터 체재비를 초과하는 보수(報酬)를 받거나 유학(D-2)·기술연수(D-3) 체류자격에 해당하는 사람은 제외한다]
8. 취재 (D-5)	외국의 신문사, 방송사, 잡지사 또는 그 밖의 보도기관으로부터 파견되거나 외국 보도기관과의 계약에 따라 국내에 주재하면서 취재 또는 보도활동을 하려는 사람
9. 종교 (D-6)	가. 외국의 종교단체 또는 사회복지단체로부터 파견되어 대한민국에 있는 지부 또는 유관 종교단체에서 종교활동을 하려는 사람 나. 대한민국 내의 종교단체 또는 사회복지단체의 초청을 받아 사회복지활동을 하려는 사람 다. 그 밖에 법무부장관이 인정하는 종교활동 또는 사회복지활동에 종사하려는 사람
10. 주재 (D-7)	가. 외국의 공공기관·단체 또는 회사의 본사, 지사, 그 밖의 사업소 등에서 1년 이상 근무한 사람으로서 대한민국에 있는 그 계열회사, 자회사, 지점 또는 사무소 등에 필수 전문인력으로 파견되어 근무하려는 사람[기업투자(D-8) 체류자격에 해당하는 사람은 제외하며, 국가기간산업 또는 국책사업에 종사하려는 경우나 그 밖에 법무부장관이 필요하다고 인정하는 경우에는 1년 이상의 근무요건을 적용하지 않는다]

	나. 「자본시장과 금융투자업에 관한 법률」 제9조 제15항 제1호에 따른 상장법인 또는 「공공기관의 운영에 관한 법률」 제4조 제1항에 따른 공공기관이 설립한 해외 현지법인이나 해외지점에서 1년 이상 근무한 사람으로서 대한민국에 있는 그 본사나 본점에 파견되어 전문적인 지식·기술 또는 기능을 제공하거나 전수받으려는 사람(상장법인의 해외 현지법인이나 해외지점 중 본사의 투자금액이 미화 50만 달러 미만인 경우는 제외한다)
11. 기업투자 (D-8)	가. 「외국인투자 촉진법」에 따른 외국인투자기업의 경영·관리 또는 생산·기술 분야에 종사하려는 필수전문인력으로서 법무부장관이 인정하는 사람(국내에서 채용하는 사람은 제외한다) 나. 지식재산권을 보유하는 등 우수한 기술력으로 「벤처기업육성에 관한 특별조치법」 제2조의2 제1항 제2호 다목에 따른 벤처기업을 설립한 사람 중 같은 법 제25조에 따라 벤처기업 확인을 받은 사람 또는 이에 준하는 사람으로서 법무부장관이 인정하는 사람 다. 다음의 어느 하나에 해당하는 사람으로서 지식재산권을 보유하거나 이에 준하는 기술력 등을 가진 사람 중 법무부장관이 인정한 법인 창업자 1) 국내에서 전문학사 이상의 학위를 취득한 사람 2) 외국에서 학사 이상의 학위를 취득한 사람 3) 관계 중앙행정기관의 장이 지식재산권 보유 등 우수한 기술력을 보유한 사람으로 인정하여 추천한 사람
12. 무역경영 (D-9)	대한민국에 회사를 설립하여 경영하거나 무역, 그 밖의 영리사업을 위한 활동을 하려는 사람으로서 필수 전문인력에 해당하는 사람[수입기계 등의 설치, 보수, 조선 및 산업설비 제작·감독 등을 위하여 대한민국 내의 공공기관·민간단체에 파견되어 근무하려는 사람을 포함하되, 국내에서 채용하는 사람과 기업투자(D-8) 체류자격에 해당하는 사람은 제외한다]
13. 구직 (D-10)	가. 교수(E-1)부터 특정활동(E-7)까지의 체류자격[예술흥행(E-6) 체류자격 중 법무부장관이 정하는 공연업소의 종사자는 제외한다]에 해당하는 분야에 취업하기 위하여 연수나 구직활동 등을 하려는 사람으로서 법무부장관이 인정하는 사람 나. 기업투자(D-8) 다목에 해당하는 법인의 창업 준비 등을 하려는 사람으로서 법무부장관이 인정하는 사람
14. 교수 (E-1)	「고등교육법」 제14조 제1항·제2항 또는 제17조에 따른 자격요건을 갖춘 외국인으로서 전문대학 이상의 교육기관이나 이에 준하는 기관에서 전문 분야의 교육 또는 연구·지도 활동에 종사하려는 사람
15. 회화지도 (E-2)	법무부장관이 정하는 자격요건을 갖춘 외국인으로서 외국어전문학원, 초등학교 이상의 교육기관 및 부설어학연구소, 방송사 및 기업체 부설 어학연수원, 그 밖에 이에 준하는 기관 또는 단체에서 외국어 회화지도에 종사하려는 사람
16. 연구 (E-3)	대한민국 내 공공기관·민간단체으로부터 초청을 받아 각종 연구소에서 자연과학 분야의 연구, 사회과학·인문학·예체능 분야의 연구 또는 산업상 고도기술의 연구·개발에 종사하려는 사람[교수(E-1) 체류자격에 해당하는 사람은 제외한다]
17. 기술지도 (E-4)	자연과학 분야의 전문지식 또는 산업상 특수한 분야에 속하는 기술을 제공하기 위하여 대한민국 내 공공기관·민간단체로부터 초청을 받아 종사하려는 사람

18. 전문직업 (E-5)	대한민국 법률에 따라 자격이 인정된 외국의 변호사, 공인회계사, 의사, 그 밖에 국가공인 자격이 있는 사람으로서 대한민국 법률에 따라 할 수 있도록 되어 있는 법률, 회계, 의료 등의 전문업무에 종사하려는 사람[교수(E-1) 체류자격에 해당하는 사람은 제외한다]
19. 예술흥행 (E-6)	수익이 따르는 음악, 미술, 문학 등의 예술활동과 수익을 목적으로 하는 연예, 연주, 연극, 운동경기, 광고·패션 모델, 그 밖에 이에 준하는 활동을 하려는 사람
20. 특정활동 (E-7)	대한민국 내의 공공기관·민간단체 등과의 계약에 따라 법무부장관이 특별히 지정하는 활동에 종사하려는 사람
21. 비전문취업 (E-9)	「외국인근로자의 고용 등에 관한 법률」에 따른 국내 취업요건을 갖춘 사람(일정 자격이나 경력 등이 필요한 전문직종에 종사하려는 사람은 제외한다)
22. 선원취업 (E-10)	다음 각 목에 해당하는 사람과 그 사업체에서 6개월 이상 노무를 제공할 것을 조건으로 선원근로계약을 체결한 외국인으로서 「선원법」 제2조 제6호에 따른 부원(部員)에 해당하는 사람 가. 「해운법」 제3조 제1호·제2호·제5호 또는 제23조 제1호에 따른 사업을 경영하는 사람 나. 「수산업법」 제8조 제1항 제1호, 제41조 제1항 또는 제57조 제1항에 따른 사업을 경영하는 사람 다. 「크루즈산업의 육성 및 지원에 관한 법률」 제2조 제7호에 따른 국적 크루즈사업자로서 같은 조 제4호에 따른 국제순항 크루즈선을 이용하여 사업을 경영하는 사람
23. 방문동거 (F-1)	가. 친척 방문, 가족 동거, 피부양(被扶養), 가사정리, 그 밖에 이와 유사한 목적으로 체류하려는 사람으로서 법무부장관이 인정하는 사람 나. 다음의 어느 하나에 해당하는 사람의 가사보조인 1) 외교(A-1), 공무(A-2) 체류자격에 해당하는 사람 2) 미화 50만 달러 이상을 투자한 외국투자가(법인인 경우 그 임직원을 포함한다)로서 기업투자(D-8), 거주(F-2), 영주(F-5), 결혼이민(F-6) 체류자격에 해당하는 사람 3) 인공지능(AI), 정보기술(IT), 전자상거래 등 기업정보화(e-business), 생물산업(BT), 나노기술(NT) 분야 등 법무부장관이 정하는 첨단·정보기술 업체에 투자한 외국투자가(법인인 경우 그 임직원을 포함한다)로서 기업투자(D-8), 거주(F-2), 영주(F-5), 결혼이민(F-6) 체류자격에 해당하는 사람 4) 취재(D-5), 주재(D-7), 무역경영(D-9), 교수(E-1)부터 특정활동(E-7)까지의 체류자격에 해당하거나 그 체류자격에서 거주(F-2) 바목 또는 별표 1의3 영주(F-5) 제1호의 체류자격으로 변경한 전문인력으로서 법무부장관이 인정하는 사람 다. 외교(A-1)부터 협정(A-3)까지의 체류자격에 해당하는 사람의 동일한 세대에 속하지 않는 동거인으로서 그 체류의 필요성을 법무부장관이 인정하는 사람 라. 그 밖에 부득이한 사유로 직업활동에 종사하지 않고 대한민국에 장기간 체류하여야 할 사정이 있다고 인정되는 사람

24. 거주 (F-2)	가. 국민의 미성년 외국인 자녀 또는 별표 1의3 영주(F-5) 체류자격을 가지고 있는 사람의 배우자 및 그의 미성년 자녀 나. 국민과 혼인관계(사실상의 혼인관계를 포함한다)에서 출생한 사람으로서 법무부장관이 인정하는 사람 다. 난민의 인정을 받은 사람 라. 「외국인투자 촉진법」에 따른 외국투자가 등으로 다음의 어느 하나에 해당하는 사람 1) 미화 50만 달러 이상을 투자한 외국인으로서 기업투자(D-8) 체류자격으로 3년 이상 계속 체류하고 있는 사람 2) 미화 50만 달러 이상을 투자한 외국법인이 「외국인투자 촉진법」에 따른 국내 외국인투자기업에 파견한 임직원으로서 3년 이상 계속 체류하고 있는 사람 3) 미화 30만 달러 이상을 투자한 외국인으로서 2명 이상의 국민을 고용하고 있는 사람 마. 별표 1의3 영주(F-5) 체류자격을 상실한 사람 중 국내 생활관계의 권익보호 등을 고려하여 법무부장관이 국내에서 계속 체류하여야 할 필요가 있다고 인정하는 사람(강제퇴거된 사람은 제외한다) 바. 외교(A-1)부터 협정(A-3)까지의 체류자격 외의 체류자격으로 대한민국에 5년 이상 계속 체류하여 생활 근거지가 국내에 있는 사람으로서 법무부장관이 인정하는 사람 사. 비전문취업(E-9), 선원취업(E-10) 또는 방문취업(H-2) 체류자격으로 취업활동을 하고 있는 사람으로서 과거 10년 이내에 법무부장관이 정하는 체류자격으로 4년 이상의 기간 동안 취업활동을 한 사실이 있는 사람 중 다음 요건을 모두 갖춘 사람 1) 법무부장관이 정하는 기술·기능 자격증을 가지고 있거나 일정 금액 이상의 임금을 국내에서 받고 있을 것(기술·기능 자격증의 종류 및 임금의 기준에 관하여는 법무부장관이 관계 중앙행정기관의 장과 협의하여 고시한다) 2) 법무부장관이 정하는 금액 이상의 자산을 가지고 있을 것 3) 대한민국 「민법」에 따른 성년으로서 품행이 단정하고 대한민국에서 거주하는 데 필요한 기본 소양을 갖추고 있을 것 아. 「국가공무원법」 또는 「지방공무원법」에 따라 공무원으로 임용된 사람으로서 법무부장관이 인정하는 사람 자. 나이, 학력, 소득 등이 법무부장관이 정하여 고시하는 기준에 해당하는 사람 차. 투자지역, 투자대상, 투자금액 등 법무부장관이 정하여 고시하는 기준에 따라 부동산 등 자산에 투자한 사람 또는 법인의 임원, 주주 등으로서 법무부장관이 인정하는 외국인. 이 경우 법인에 대해서는 법무부장관이 투자금액 등을 고려하여 체류자격 부여인원을 정한다. 카. 자목이나 차목에 해당하는 사람의 배우자 및 자녀(법무부장관이 정하는 요건을 갖춘 자녀만 해당한다)
25. 동반 (F-3)	문화예술(D-1)부터 특정활동(E-7)까지의 체류자격에 해당하는 사람의 배우자 및 미성년 자녀로서 배우자가 없는 사람[기술연수(D-3) 체류자격에 해당하는 사람은 제외한다]
26. 재외동포 (F-4)	「재외동포의 출입국과 법적 지위에 관한 법률」 제2조 제2호에 해당하는 사람(단순 노무행위 등 이 영 제23조 제3항 각 호에서 규정한 취업활동에 종사하려는 사람은 제외한다)

27. 결혼이민 (F-6)	가. 국민의 배우자 나. 국민과 혼인관계(사실상의 혼인관계를 포함한다)에서 출생한 자녀를 양육하고 있는 부 또는 모로서 법무부장관이 인정하는 사람 다. 국민인 배우자와 혼인한 상태로 국내에 체류하던 중 그 배우자의 사망이나 실종, 그 밖에 자신에게 책임이 없는 사유로 정상적인 혼인관계를 유지할 수 없는 사람으로서 법무부장관이 인정하는 사람
28. 관광취업 (H-1)	대한민국과 "관광취업"에 관한 협정이나 양해각서 등을 체결한 국가의 국민으로서 협정 등의 내용에 따라 관광과 취업활동을 하려는 사람(협정 등의 취지에 반하는 업종이나 국내법에 따라 일정한 자격요건을 갖추어야 하는 직종에 취업하려는 사람은 제외한다)
29. 방문취업 (H-2)	가. 체류자격에 해당하는 사람: 「재외동포의 출입국과 법적 지위에 관한 법률」 제2조 제2호에 따른 외국국적동포(이하 "외국국적동포"라 한다)에 해당하고, 다음의 어느 하나에 해당하는 18세 이상인 사람 중에서 나목의 활동범위 내에서 체류하려는 사람으로서 법무부장관이 인정하는 사람[재외동포(F-4) 체류자격에 해당하는 사람은 제외한다] 1) 출생 당시에 대한민국 국민이었던 사람으로서 가족관계등록부, 폐쇄등록부 또는 제적부에 등재되어 있는 사람 및 그 직계비속 2) 국내에 주소를 둔 대한민국 국민 또는 별표 1의3 영주(F-5) 제5호에 해당하는 사람의 8촌 이내의 혈족 또는 4촌 이내의 인척으로부터 초청을 받은 사람 3) 「국가유공자 등 예우 및 지원에 관한 법률」 제4조에 따른 국가유공자와 그 유족 등에 해당하거나 「독립유공자예우에 관한 법률」 제4조에 따른 독립유공자와 그 유족 또는 그 가족에 해당하는 사람 4) 대한민국에 특별한 공로가 있거나 대한민국의 국익 증진에 기여한 사람 5) 유학(D-2) 체류자격으로 1학기 이상 재학 중인 사람의 부모 및 배우자 6) 국내 외국인의 체류질서 유지를 위하여 법무부장관이 정하는 기준 및 절차에 따라 자진하여 출국한 사람 7) 1)부터 6)까지의 규정에 해당하지 않는 사람으로서 법무부장관이 정하여 고시하는 한국어시험, 추첨 등의 절차에 따라 선정된 사람 나. 활동범위 1) 방문, 친척과의 일시 동거, 관광, 요양, 견학, 친선경기, 비영리 문화예술활동, 회의 참석, 학술자료 수집, 시장조사·업무연락·계약 등 상업적 용무, 그 밖에 이와 유사한 목적의 활동 2) 한국표준산업분류표에 따른 다음의 산업 분야에서의 활동 가) 작물 재배업(011) 나) 축산업(012) 다) 작물재배 및 축산 관련 서비스업(014) 라) 연근해 어업(03112) 마) 양식 어업(0321) 바) 천일염 생산 및 암염 채취업(07220) 사) 제조업(10~34). 다만, 상시 사용하는 근로자 수가 300명 미만이거나 자본금이 80억 원 이하인 경우에만 해당한다. 아) 하수, 폐수 및 분뇨 처리업(37) 자) 폐기물 수집, 운반, 처리 및 원료재생업(38) 차) 건설업(41~42). 다만, 발전소·제철소·석유화학 건설현장의 건설업체 중 업종이 산업·환경설비 공사인 경우는 제외한다.

	카) 육지동물 및 애완동물 도매업(46205) 타) 기타 산업용 농산물 도매업(46209) 파) 생활용품 도매업(464) 하) 기계장비 및 관련 물품 도매업(465) 거) 재생용 재료 수집 및 판매업(46791) 너) 기타 생활용품 소매업(475) 더) 기타 상품 전문 소매업(478) 러) 무점포 소매업(479) 머) 육상 여객 운송업(492) 버) 냉장 및 냉동 창고업(52102). 다만, 내륙에 위치한 업체에 한정한다. 서) 호텔업(55101). 다만, 「관광진흥법」에 따른 호텔업은 1등급·2등급 및 3등급의 호텔업으로 한정한다. 어) 여관업(55102) 저) 한식 음식점업(5611) 처) 외국인 음식점업(5612) 커) 기타 간이 음식점업(5619) 터) 서적, 잡지 및 기타 인쇄물 출판업(581) 퍼) 음악 및 기타 오디오물 출판업(59201) 허) 사업시설 유지관리 서비스업(741) 고) 건축물 일반 청소업(74211) 노) 산업설비, 운송장비 및 공공장소 청소업(74212) 도) 여행사 및 기타 여행보조 서비스업(752) 로) 사회복지 서비스업(87) 모) 자동차 종합 수리업(95211) 보) 자동차 전문 수리업(95212) 소) 모터사이클 수리업(9522) 오) 욕탕업(96121) 조) 산업용 세탁업(96911) 초) 개인 간병 및 유사 서비스업(96993) 코) 가구 내 고용활동(97)
30. 기타 (G-1)	별표 1, 이 표 중 외교(A-1)부터 방문취업(H-2)까지 또는 별표 1의3의 체류자격에 해당하지 않는 사람으로서 법무부장관이 인정하는 사람

참고문헌

강유진(1999). 한국 남성과 결혼한 중국 조선족 여성의 결혼생활 실태에 관한 연구. 한국가족관계학회지, 4(2).

강철구(2002). 서론 : 서양문명과 인종주의. 한국서양사학회 편. 서양문명과 인종주의. 지식산업사.

______(2009). 우리 눈으로 보는 세계사. 용의 숲.

경향신문(2019. 1. 2). 파독 노동자 잊었나…'인간다운 삶' 기본권 보장 않는 한국.

곽준혁(2007). 다문화 공존과 사회적 통합. 대한정치학회보, 15(2), 23-42.

광주여성발전센터(2003). 외국인 주부 실태조사.

국가기록원. theme.archives.go.kr

국가인권위원회(2015). 건설업 종사 외국인근로자 인권상황 실태조사.

____________(2019). 인권용어사전. https://www.humanrights.go.kr.

국회입법조사처(2010). 다문화정책의 추진실태와 개선방향. 정책보고서 제2호.

권 승(2009). 다문화사회의 구현을 위한 지방정부의 과제 : 담당공무원의 인식분석을 기반으로. 사회복지정책, 36(1), 35-60.

김광수(2018). 남아프리카공화국의 인종 갈등과 화해 그리고 공존을 향한 "평화개념" 맥락화에 대한 역사적 고찰 : 우분투와 진실과 화해위원회를 중심으로. 한국아프리카학회지, 53, 3-44.

김명현(2010). 사회생활의 원리. 인성교육위원회 편. 참삶의 길. 대구가톨릭대학교출판부, pp. 79-104.

김미나(2009). 다문화 사회의 진행 단계와 정책의 관점. 행정논총, 47(4), 193-223.

김범수 · 서은주 · 손병돈 · 정재훈 · 조석연 · 최현미 · 신승연 · 최승희(2007). 다문화 사회복지론. 양서원.

김상학(2004). 소수자 집단에 대한 태도와 사회적 거리감. 사회연구, 1, 169-206.

김세훈(2006). 문화사회의 문화정책. 한국행정학회, 서울행정학회, 한국거버넌스학회 2006년도 하계공동학술발표대회 발표 논문집, pp. 461-470.

김소연(2016). 주권과 인권의 역사적 발전과정과 글로벌 시대의 새로운 관계정립. 고려대학교 대학원 박사학위논문.

김안나 · 김양미 · 최승아 · 김민지(2013). 이주여성, 그들의 삶과 꿈. 공동체.

김안나 · 이숙진 · 김양미 · 김민지(2011). 이주여성이 말하다. 문예미디어.

김양미(2018a). 대학생을 위한 사회봉사 입문. 대구한의대학교출판부.

______(2018b). 사회복지법제론. 공동체.

김영화 · 신원식 · 임성옥 · 손지아(2013). 현장에서 본 사회문제. 양서원.

김오남(2006). 이주여성의 부부 갈등 결정요인 연구. 가톨릭대학교 대학원 박사학위논문.

김윤진 · 김광수(2013). 남아프리카사. 다해.

김이선・황정미・이진영(2007). 한국사회의 수용현실과 정책과제. 한국여성정책연구원.
김재경(1997). 독일의 외국인 정책에 관한 연구. 한독사회과학논총, 7(1), 211-240.
김지혜(2019). 선량한 차별주의자. 창비.
김찬호(2001). 사회를 보는 논리. 문학과 지성사.
김혜숙(2002). 대학생이 중요시하는 가치와 북한 사람 및 대북정책에 대한 태도와의 관계에 대한 조사. 한국심리학회지, 16, 35-50.
_____(2007). 우리나라 사람들이 가지는 가치가 소수집단에 대한 편견적 태도에 미치는 영향. 한국심리학회지 : 사회 및 성격, 16, 35-50.
김희자(2008). 외국인에 대한 청소년의 사회적 거리감. 한국사회, 9(1), 255-282.
남기민(2010). 사회복지정책론. 학지사.
남북하나재단. www.koreahana.or.kr.
___________(2019). 2018 북한이탈주민 사회통합조사.
내일신문(2019. 10. 17). 이주노동자 임금체불 갈수록 는다.
노컷뉴스(2019. 11. 29). "감히 날 무시해" 폭언・폭행에 골병드는 외국인 노동자. www.nocutnews.co.kr
뉴시스(2013. 12. 18). 파독광부・간호사 국외희귀기록물 대거 공개. www.newsis.com
동아일보(2008. 5. 7). "사랑엔 인종없다" 법적 인정 받아내. http://www.donga.com
문경희(2007). 한국에서 다문화주의 모색 : 국제결혼이주여성을 중심으로. 21세기정치학회보, 16(3), 67-93.
박경태(2009). 인종주의. 책세상.
박기관(2009). 다문화시대의 결혼이민자의 실태와 정책과제. 한국지방자치학회 동계학술대회자료집, pp. 87-106.
박성혁・김자영・배화순・이수진(2016). 다문화 관련 법률 및 제도. 집문당.
박수미・정기선(2006). 사회적 소수자에 대한 편견적 태도에 관한 연구. 여성연구, 70, 5-25.
박현정(2004). 광주・전남지역 국제결혼 한 이주여성 실태보고. 광주・전남지역 국제결혼 한 이주여성 실태보고 및 토론회. 광주 여성의 전화 부설 가정폭력상담소.
박호성(2012). 자연의 인간, 인간의 자연. 후마니타스.
법무부 출입국외국인정책본부(2019a). 2018 출입국・외국인정책 통계연보.
_______________________(2019b). 2019년 10월호 출입국・외국인정책 통계월보.
법제처(2019). http://www.law.go.kr
보건복지부(2005). 국제결혼 이주여성의 실태조사 및 보건복지 지원 정책 방안.
서울신문(2016. 5. 3). 샤넬・돌체도 사로잡은 '히잡'…수백만원 호가하는 명품으로.
_______(2018. 7. 29). 편견의 그물에 갇힌 우리...안전망서 쫓겨난 다문화.
_______(2019. 10. 18). 위대한 탐험가 수난시대...콜럼버스, 쿡 등 동상 훼손 이유는.
설동훈(2005). 다문화 사회에서의 조화와 공존. 국제인적교류 지원을 위한 세미나 발표문. 법무부.

송민애(2008). 다문화사회에서 이주여성의 몸 경험. 연세대학교 대학원 박사학위논문.
슬로우 뉴스(2013. 12. 9). 넬슨 만델라와 소웨토 항쟁. slownews.kr.
시사저널. http://www.sisajournal.com
신군재(2016). **글로벌 다문화 이해**. 무역경영사.
신원선(2019). **영화를 통해 본 결혼반대의 사회사**. 한국학술정보.
양계민(2009). 한민족의 정체성과 자민족중심주의가 청소년의 다문화 수용성에 미치는 영향. **한국청소년연구**, 20(4), 387-421.
양순미(2006). 농촌 국제결혼 부부의 적응 및 생활실태에 대한 비교 분석 : 중국, 일본, 필리핀 이주여성 부부 중심. **농촌사회**, 16(2).
양애경 · 이선주 · 최훈석(2007). 여성결혼이민자에 대한 지역사회의 수용성 연구. 한국여성정책연구원.
양옥경(2017). **사회복지 윤리와 인권**. 공동체.
양혜우(2005). 이주의 여성화와 국제결혼. 사회통합을 위한 시민사회 릴레이 토론회 : 참여정부 2년, 사회통합정책 평가와 과제 종합 자료집. 대통령자문빈부격차차별시정위원회.
엄한진 · 이선미(2006). 전지구적 맥락에서 본 한국의 다문화주의 이민논의. 한국사회학회 동북아시아위원회 용역과제, pp. 13-46.
여성가족부(2019). 2018년 전국다문화가족실태조사 분석.
연합뉴스(2010. 8. 12). US SOUTH DAKOTA CRAZY HORSE MEMORIAL.
________(2018. 6. 17). 서툰 한국말에, 따돌림에…학교 떠나는 다문화 아이들.
________(2018. 12. 23). 파키스탄서 또 명예살인…18~21세 사촌 4명 희생돼.
________(2019. 1. 4). 보이지 않는 아이들(하) 미등록 대물림에 차별 '유엔협약' 위배.
염운옥(2019). **낙인찍힌 몸**. 돌베개.
우국희 · 임세희 · 성정현 · 최승희 · 장연진 · 좌현숙(2015). **사회복지 윤리와 철학**. 공동체.
우수명 · 주경희 · 김희주(2015). **다문화사회복지개론**. 양서원.
원숙연(2008). 다문화주의시대 소수자 정책의 차별적 포섭과 배제 : 외국인 대상 정책을 중심으로 한 탐색적 접근. **한국행정학보**, 42(3), 29-49.
원 철(2002). 나치즘의 인종주의. 한국서양사학회 편. **서양문명과 인종주의**. 지식산업사.
위 흠(2003). 국제결혼과 여성폭력에 관한 정책 제안을 위한 원탁토론회 자료집.
유네스코. www.unesco.or.kr
유시민(1988). **거꾸로 읽는 세계사**. 푸른나무.
윤인진 · 송영호(2009). 한국인의 국민정체성과 다문화 수용성. 한국사회학회 2009전기 사회학대회, pp. 579-591.
이금연(2003). 이주여성의 결혼과 가족. **국경과 인종, 피부색과 문화의 차이를 넘어 평등과 연대를 향해**. 이주노동자지원단체연대.
이순배 · 공명숙 · 김정훈 · 조윤희 · 남윤정(2014). **한국의 다문화현상 이해**. 공동체.
이은숙(2007). **한국사회와 다문화가족**. 양서원.

이정은 · 이병욱 · 정창호(2017). 다문화 사회와 철학. 자유문고.
이종일(2012). 사례분석을 통한 한국 인종편견 특성. 사회과교육연구, 19(4), 95-120.
이창언(1998). 캐나다 소수민족의 민족 정체성과 사회문화 적응. 한국문화인류학, 31(2), 559-596.
이철수(2013). 사회복지학 사전. 혜민북스.
이현정(2009). 우리의 미래 다문화에 달려 있다. 소울메이트.
인태정(2009). 다문화 사회 지향을 위한 인종의 사회적 거리감고 문화적 다양성 태도 연구. 국제지역연구, 13(2), 339-370.
장태한(2001). 한국 대학생의 인종 · 민족 선호도에 관하여. 당대비평, 14, 99-113.
재외동포신문(2018. 6. 18). [오래된 이민이야기] 한쪽 소매가 잘린 파독 간호사의 간호복. http://www.dongponews.net
정기선(2004). 한국인의 국가정체성 국제비교 : 자격 요건 평가를 중심으로. 한국인의 국가정체성, 불평등지각, 노동지향, 가족가치 : 국제사회조사와 한국종합사회조사 자료를 이용한 국제비교연구. 성균관대학교 서베이리서치센터. 한국학술진흥재단.
정영경(2018). 교사의 다문화 감수성이 다문화 교수효능감을 매개로 교사-다문화가정 학부모간 의사소통에 미치는 영향. 건국대학교 대학원 박사학위논문.
정하성(2007). 다문화청소년이해론. 양서원.
정하성 · 황택주 · 이장현(2008). 인간과 사회 : 인간사회의 이해와 미래지향적인 삶의 발전. 백산출판사.
조원탁 · 박순희 · 서선희 · 안효자 · 송기범 · 이형아 · 한신애(2014). 다문화사회의 이해와 실천. 양서원.
주간경향(2018. 9. 19). 일상 속 스스럼 없는 외국의 다문화주의. weekly.khan.co.kr,
주재원(2018). 매개된 북한이탈주민과 타자화의 문화정치. 지역과 세계, 42(1), 5-40.
주진우(2018). 서울시 이주노동자 실태와 노동권 보호 방안. 서울연구원 정책리포트, p. 248.
지종하 · 정명주 · 차창훈 · 김도경(2009). 다문화 정책이론 확립을 위한 탐색적 연구. 사회복지정책, 36(2), 471-501.
최근정(2003). 우편주문신부 그 현황과 성매매로서의 의미. 국제성매매 근절 운동팀 강연회 자료집.
최금혜(2004). 한국 남성과 결혼한 중국 조선족 여성들의 한국에서의 적응기 생활 체험에 관한 연구 : 여성주의적 고찰. 아시아여성연구, 44(1).
최무현(2008). 다문화시대 소수자정책 수단에 관한 연구 : 참여정부의 다문화정책을 중심으로. 한국행정학보, 42(3), 51-77.
최윤철(2016). 한국 이주법제의 변천과 전망. 일감법학, 33, 505-532.
최충옥 · 모경환 · 김연권 · 박성혁 · 오은순(2010). 다문화교육의 이해. 양서원.
최 현(2005). 한일 시티즌십 비교 : 시민의 공적영역 지향성과 능동성을 중심으로. 한국종합사회조사심포지엄. 성균관대학교 서베이리서치센터.
_____(2008). 인권. 책세상.

최훈석 · 양애경 · 이선주(2008). 여성결혼이민자에 대한 지역사회 수용성 : 안산고 영암의 지역주민을 중심으로. 한국심리학회지 : 사회문제, 14(4), 39-69.

통계청(2017). 이민자 체류실태 및 고용조사.

______(2019). 2018년 다문화 인구동태 통계. 통계청 보도자료(2019. 11. 6).

______. http://kosis.kr

통일부. www.unikorea.go.kr

______(2019). 2019 북한이탈주민 정착지원 실무편람.

한겨레 신문(2014. 12. 10). [조한욱의 서양사람] 샤프빌 학살.

__________(2016. 8. 29). "무슬림은 테러리스트"…히잡 쓴 여성 쫓아낸 프랑스 식당.

한국민족문화대백과. http://encykorea.aks.ac.kr

한국염(2005). 지구화와 이주의 여성화, 한국 이주 여성의 실태와 과제.

함정현 · 황창주 · 소광섭(2008). 한국의 다문화 사회 형성과 지방자치단체의 역할. 동방학, 15, 423-451.

행정안전부 국가기록원(2019). www.archives.go.kr.

허영식(2010). 다문화사회와 간문화성. 강현출판사.

홍기원(2007). 다문화사회의 정책과제와 방향 : 문화정책의 역할과 과제. 한국행정학회 동계학술대회 논문집, pp. 909-928.

홍종열(2014). 창조경제란 무엇인가. 커뮤니케이션 북스.

EBS지식채널e(2007). 지식e 1. 북하우스.

KBS(2019. 2. 19). "폴란드, 나치 부역"…이스라엘-폴란드 '홀로코스트' 재충돌.

SBS(2019. 11. 29). "불우이웃도 많은데 왜 난민만 돕죠?" 정우성의 대답.

THE L.(2017. 8. 18). [Law&Life-무너진 코리안드림 ②] 외국인근로자 부당대우 백태 http://m.thel.mt.co.kr

Aristoteles(1981). *Ethika Nikomacheia*, 정명오 역. 니코마코스 윤리학. 대양서적.

Banaji, M. R., & Greenwald, A. G.(2013). *Blindspot : Hidden Biases of Good People*, 박인균 역. 마인드버그. 추수밭.

Bennett, M. J.(2004). Becoming interculturally competent. In J. S. Wurzel(Ed.), *Toward Multiculturalism : A Reader in Multicultural Education.* Newton, MA : Intercultural Resource Corporation.

Bennett, J. M., & Benntt, M. J.(2004). Developing intercultural sensitivity : An integrative approach to global domestic diversity. In D. Landis, J. M. Benntt, & M. J. Benntt(Eds.), *Handbook of Intercultural Training*(3rd ed.), London : Sage, pp. 147-165.

Berlin, Isaiah(1969). *Four Essays on Liberty, "Two Concepts of Liberty"*. Oxford University Press.

Castles, Stephen & Mark J. Miller(2003). *The Age of Migration : International Population Movements in the Modern World*(3rd ed.). New York : Guilford press.

Chen, G. M., & Starosta, W. J.(1996). Intercultural communication competence : A synthesis. In B. Burleson(Ed.), *Communication Yearbook 19.* Thousand Oaks : Sage.

______________________(1997). A review of the concept of 120-intercultural sensitivity. *Human Communication, 1*(-), 1-16.

Cuche, Denys(2009). *La notion de culture dans les sciences sociales*, 이은령 역. 사회과학에서의 문화 개념. 도서출판 한울.

Dahrendorf, R.(1973). *Homo Sociologicus.* London : Routledge and Kegan Paul.

Donnelly, Jack(2002). *International Human Rights,* 박정원 역. 인권과 국제정치 : 국제인권의 현실과 가능성 및 한계. 오름.

__________(2003). *Universal Human Rights in Theory and Practice*. Ithaca : Cornell University.

Gilbert, Neil & Paul Terrell(2005). *Dimension of Social Welfare Policy.* Englewood Cliffs, New Jersey : Prentice Hall.

Hall, Edward T.(2000). *Beyond Culture,* 최효선 역. 문화를 넘어서. 한길사.

Hesse. Hermann(1919). *Demian,* 송영택 역, 데미안. 동서문화사.

Higham, J.(1993). Multiculturalism and Universalism : A History and Critique. *American Quarterly, 45*(2), 159-219.

Kenneth, B. Clark & Mamie, P. Clark(1947). Racial identification and preference in negro children. In E. L. Hartley(Ed.), *Readings in Social Psychology.* New York : Holt, Rinehart, and Winston.

Martin N. Merger(1994). *Race and Ethnic Relations : American and Global Perspectives*(3rd ed.). Belmont.

Micheline, R. Ishay(2004). *The History of Human Rights : From Ancient Times to the Globalization Era.* Berkeley : University of California Press.

Niebuhr, Reinhold(1992). *Moral Man and Immoral Society,* 이한우 역. 도덕적 인간과 비도덕적 사회. 문예출판사.

Peterson, B.(2004). *Cultural Intelligence : A Guide to Working with People from Other Cultures*. Intercultural Press.

Rothfarb, S.(1992). Perceptions of intergroup relations in secondary schools of Miami Dade County Public Schools: Results of the Student Multicultural Relations Survey. Office of Educational Accountability, Miami-Dade County Public Schools. (ERIC Document Reproduction Service No. ED408373)

Sigmund Freud(1930). *Das Unbehagen in der Kultur*, 강영계 역. 문화에서의 불안. 지식을 만드는 지식.

UN(1987). *Human Rights : Questions and Answers.* New York : United Nations.

UN Center for Human Right(2005). *Human Rights in Social Work Practice,* 이혜원 역. 인권과 사회복지실천. 학지사.

UNHCR(유엔난민기구). www.unhcr.or.kr.

찾아보기

저/자/약/력

■ **김양미**
대구가톨릭대학교 사회복지학(석사, 박사)
대구가톨릭대학교 사회복지학과 외래교수
대구가톨릭대학교 사회통합연구소 선임연구원
현 희망나눔연구소 소장
대구한의대학교 노인복지학과 교수

주요 논문 및 저서
'근로소득보전세제의 국가간 비교연구'
'사회서비스에 대한 제공자의 주관적 인식 유형 연구'
'미국사회복지정책의 경과와 특징'
'장애인 인식에 대한 연구: 복지계열과 재활계열 대학생 중심으로'(공저)
'봉사활동을 통한 예비사회복지사의 장애인식 변화 탐색'(공저)
'장애인식 개선 프로그램 개발을 목적으로 한 예비사회복지사의 장애인에 대한 태도 연구'(공저)
『한부모가족지원사업에 대한 성인지적 분석』(공저)
『이주여성이 말하다』(공저)
『이주여성, 그들의 삶과 꿈』(공저)
『2015년 대구시 중점 지역사회서비스투자사업 공급실태조사 연구』(공저)
『사회복지법제론』
『중독 측정과 평가』(공저)
『(대학생을 위한) 사회봉사 입문』

사례와 법제로 살펴보는
다문화사회와 문화다양성

|저자| 김양미

|1판 1쇄| 발행 2023년 10월 25일
|1판 2쇄| 발행 2024년 3월 15일

|발행인| 김 동 훈
|발행처| 공 동 체

|주소| 경기도 고양시 일산동구 호수로 358-39, 동문타워 I 905호(백석동)
|전화| 031) 814-3000(대표)
|팩스| 031) 814-3100
|홈페이지| http://www.compub.co.kr
|전자우편| compub@naver.com
|출판등록| 2005년 10월 6일
|등록번호| 제396-2005-36호

|ISBN| 979－11－6725－529－7
정가 16,000원

저자와 협의하여 인지를 생략합니다.
무단전재와 복제를 금합니다.